U0603644

集人文社科之思　刊专业学术之声

集 刊 名：数字经济与法治

主办单位：南开大学竞争法研究中心

DIGITAL ECONOMY AND LAW (Vol.4)

编辑委员会

主　任	王晓晔（中国社会科学院法学所）
	佟家栋（南开大学）

委　　员（姓氏笔画为序）

王先林（上海交通大学）	孟雁北（中国人民大学）
冯　果（武汉大学）	林　平（山东大学）
刘　刚（南开大学）	林秀芹（厦门大学）
刘大洪（中南财经政法大学）	陆小华（天津大学）
何　霞（中国信息通信研究院）	陈　兵（南开大学）
宋华琳（南开大学）	姚　羽（东北大学）
宋建宝（中国应用法学研究所）	赵　星（南开大学）
张　敏（西北工业大学）	高晋康（西南财经大学）
张占江（浙江大学）	戚聿东（北京师范大学）
张玉志（南开大学）	梁　正（清华大学）
张守文（北京大学）	盛　斌（南开大学）
时建中（中国政法大学）	黄　勇（对外经济贸易大学）
李　青（中国经济体制改革研究会）	谢登科（吉林大学）

编辑部

主　任	陈兵			
成　员	程　前　赵　青　徐　文　马贤茹　林思宇			
	郭光坤　董思琰　傅小鸥　刘永集　林逸玲			
本辑编辑	林逸玲			

2025年第1辑（总第4辑）

集刊序列号：PIJ-2022-472

中国集刊网：www.jikan.com.cn/ 数字经济与法治

集刊投约稿平台：www.iedol.cn

集刊全文数据库（www.jikan.com.cn）收录
国家哲学社会科学文献中心收录
中国知网（CNKI）收录

南开大学竞争法研究中心｜主办

数字经济与法治

DIGITAL ECONOMY AND LAW (Vol.4)

2025 年第 1 辑（总第 4 辑）

主编　陈　兵

社会科学文献出版社
SOCIAL SCIENCES ACADEMIC PRESS (CHINA)

2025 年第 1 辑　总第 4 辑
2025 年 5 月出版

数字经济与法治

学术专论

个人数据跨境侵权的法律适用困境与纾解 …………… 王雅霖　付裕媛 / 3
公共训练数据资源平台的构建逻辑与制度保障 …… 袁　康　夏　菲 / 22
反垄断法的号召和目标
　………………〔美〕赫伯特·霍温坎普 著　杨莉萍　梁佩欣 译 / 41
三层选排法在个人信息侵权责任认定中的适用 …… 刘经靖　刘思婷 / 99

法治专栏（新兴领域）

论数据产权登记效力体系的构建 ………………… 张　龙　董　晴 / 127
数字经济背景下数据资产担保规则研究 ………… 李畑昕　孔东菊 / 154
网络平台市场治理的优化路径研究 ……………… 李俊辉　程宝库 / 177

实务研究

论个人信息侵权的归责原则与适用
　——基于《个人信息保护法》第 69 条第 1 款的研究
　………………………………………… 陈　宇　曾荣燏 / 205
智能审判中自动化决策拒绝权的实现困境及化解
　………………………………………… 邢贺通　杜美欣 / 226
论基于数据属性的"三维定位"数据确权法 ……………… 陈　福 / 244

会议综述

以高水平法治保障和推动低空经济高质量发展
　　——低空经济创新与安全法治沙龙回顾 ………… 陈　兵　胡一帆／265

Abstract ……………………………………………………………… ／275
约稿函 ……………………………………………………………… ／282

学术专论

个人数据跨境侵权的法律适用困境与纾解

王雅霖　付裕媛*

摘　要：随着数字经济的发展，个人数据跨境侵权事件频繁发生。由于我国尚无专门针对个人数据跨境侵权的冲突规范，因此个人数据的司法保护不足。目前，理论界对于个人数据权的法律属性形成了人格权、物权以及知识产权三种理论，然而，个人数据跨境侵权在适用人格权侵权冲突规范、一般侵权冲突规范以及知识产权侵权冲突规范时存在连结点确定困难、被侵权人权益保护不到位、数字经济发展受阻等现实困境。因此，应对现有的冲突规范进行改革和创新，引入意思自治原则和弱者利益保护原则软化属人法，并加强最密切联系原则的适用；同时引入数据来源国和最强保护国作为现有连结点的补充和例外，构建专门的个人数据跨境侵权冲突规范。

关键词：个人数据跨境侵权　法律适用　属人法　数据来源国法最强保护国法

随着互联网信息技术的发展，全球迎来了新一轮技术革命，数字经济成为未来发展的重点方向，也成为各国角力的主战场。数据作为数字经济的核心要素，是推动产业数字化转型升级的强大力量。数字经济的全球化发展有赖于数据的跨境流动，随着个人数据的广泛流通与利用，非法采集、处理与滥用数据的现象屡见不鲜，严重侵害了数据主体的合法权益。面对日益增多的个人数据跨境侵权案件，世界各国纷纷采取行动，制定了

---

* 王雅霖，兰州大学法学院副教授，研究方向为国际私法；付裕媛，兰州大学法学院硕士研究生，研究方向为国际私法。

3

一系列旨在保护个人数据的法律法规。目前，在194个国家中，有137个国家已经制定保护数据和隐私的法律规范。[①] 然而由于各国在历史沿袭与法律观念上的差异，这些法律法规在保护个人数据的维度与力度上各不相同，加剧了法律冲突现象。在处理个人数据跨境侵权案件时，若依据不同国家的法律进行裁决，往往会导致截然不同的判决结果。因此，妥善解决个人数据跨境侵权的法律适用问题可增强案件结果的确定性和可预测性，有助于数据主体维护自身权益，也有利于法院惩戒侵犯个人数据的不法行为，树立本国司法权威。

一 探索与争鸣：个人数据权的法律属性之争

法国哲学家柏格森曾说："对新的对象必须创出全新的概念。"[②] 要解决个人数据跨境侵权的法律适用问题，首先需要明确个人数据的概念和法律属性。面对这个来自网络空间的全新产物，目前人类难以描绘出它的具体图景，也难以对个人数据的概念达成共识。与此同时，理论界对个人数据权的法律属性也莫衷一是，有学者持人格权说，认为个人数据是人格权的客体；有学者持物权说，认为应将个人数据纳入物权的保护体系；还有学者持知识产权说，认为应将个人数据作为知识产权的保护客体。正是基于对个人数据权法律属性的不同认识，才为个人数据跨境侵权案件冲突规范的适用提供了多种可能。

（一）个人数据权具有人格权属性

个人数据权具有人格权属性，即认为个人数据的含义与隐私和个人信息类同，个人数据权是一种人格权。持此观点的学者认为将个人数据置于《民法典》人格权编保护，实现了从意思自治到人格尊严价值的发展，契合了"从身份到契约"[③] 的命题。

首先，从文义解释的视角来看，人格权是围绕人的内在价值与尊严构建的一系列权利，具体体现在对个人独特法益的保护上，诸如生命权、健

[①] 参见联合国贸易和发展会议网站，https：//unctad.org/page/data-protection-and-privacy-legislation-worldwide。

[②] 袁世全主编《中外名句大辞典》，上海辞书出版社，2012。

[③] 〔英〕梅因：《古代法》，沈景一译，商务印书馆，2012。

康权、名誉权、自由权、信用权、隐私权以及贞操权等。① 随着社会变迁和社会关系的复杂化，各国立法中人格权的范围不断扩展，人格权益日渐增加。个人数据囊括了姓名、身份证号、家庭住址、信用评级、行动路径、各类证件编号、经济收入以及个人兴趣等多样信息，这些信息深刻反映了个人的独特人格尊严与自由选择意愿。因此，这些蕴含着姓名权、肖像权、名誉权、荣誉权以及隐私权的个人数据，凸显了人格权的法律特性。②

其次，从体系解释的角度来看，《民法典》在人格权编下专章规定了"隐私权和个人信息保护"，在立法上明确了个人数据的人格权属性。在法律语境下，个人数据承载着特定的意义，其被纳入具体的人格权范畴加以保护，旨在捍卫个体的人格尊严与平等地位，确保个人能平等且自主地掌控自己的数据。唯有明确个人数据的人格权属性及权属界限，才能为其后续在其他法律领域的保护奠定基础。将个人数据权确立为一种独立的人格权，不仅能有效避免个人数据权与隐私权在内涵上的混淆与重叠，还可精确划定个人数据权的权利范畴，促进该权利的顺利行使，并防止对他人的行动自由造成不合理的限制。③

最后，从规范价值的维度来看，个人数据被赋予权利的价值根基在于对人格尊严的捍卫以及对人的自主性的尊重。人格尊严，作为人类成员应享有的基本权利，构成了普遍人格权的核心要素。步入数字时代，人类行为与社会生活正经历数据化转型，大数据技术和算法凭借详尽的用户数据，能够精准描绘出用户画像，这一过程实质上构建了个体在网络空间中的"数字化身"。这一"数字化身"不仅象征着主体在数字交互中的身份与资格，还全面映射了数据主体信息。因此，个人数据蕴含了独特的人格价值，具有人格权的属性。④

（二）个人数据权具有物权属性

个人数据权具有物权属性，即认为个人数据权是一种物权，个人数据

---

① 王泽鉴：《民法概要》，中国政法大学出版社，2003。
② 李爱君：《数据权利属性与法律特征》，《东方法学》2018 年第 3 期。
③ 王利明：《论个人信息权的法律保护——以个人信息权与隐私权的界分为中心》，《现代法学》2013 年第 4 期。
④ 杜明强：《论作为新兴人格权的个人信息权》，《北方法学》2023 年第 5 期。

是物权的保护客体。1995 年《俄罗斯信息、信息化与信息保护法》规定信息资源是财产的组成部分，是所有权的客体。此种权利保护模式将数据定性为"物"，纳入了物权的保护范畴，成为近代法中将信息作为"物"保护的立法典型。① 该观点持有者认为，物权是指法律赋予权利人的、针对特定物体所享有的、直接可操控且排除他人干涉的权利。个人数据权具备物权的绝对性、特定性和支配性等特征。就绝对性而言，姓名、肖像、身份信息等个人数据由数据主体产生，数据主体拥有和行使个人数据权无需任何相对人的配合，任何第三方个体均无权介入数据主体行使其权利的过程，这一权利展现出了不受外界干扰的绝对性和面向所有外部主体的对世性。就特定性而言，在以《德国民法典》为代表的"物债二分"法律体系下，物权必须指向特定的物。② 个人数据是客观存在于网络空间的特定信息载体，网络平台和数据主体可以对特定数据行使占有、使用、收益和处分的权利，符合普遍社会认知下的特定性。就数据的可支配性而言，数据主体能够根据自己的意愿自由行使相关权利，无须受到他人意志或外部义务人行为的约束。第三方对个人数据的收集、整理、操作和使用，必须事先获得数据主体的许可，尤其针对敏感个人数据，往往还需数据主体提供明确的书面授权，方可进一步进行加工与处理。③

个人数据权包含类似于物权内容的所有权和用益权。《中关村数海大数据交易平台规则（征求意见稿）》第四十四条出现了"侵犯数据所有权"说法。早前有学者提出了数据原发者拥有数据所有权与数据处理者拥有数据用益权的二元权利结构，从权利内容上肯定了数据作为物权客体的合理性。④ 2022 年底，中共中央、国务院发布《关于构建数据基础制度更好发挥数据要素作用的意见》，首次以官方立场提出了数据产权的概念，并据此构建了一套数据资源持有权、数据加工使用权、数据产品经营权"三权分置"的数据产权运行制度。⑤ 这一文件的发布强化了数据资源的物权属性。无论是数据所有权、用益权的二权分离模式还是数据资源持有

① 齐爱民：《论信息财产的法律概念和特征》，《知识产权》2008 年第 2 期。
② 李永军：《论我国〈民法典〉物权编规范体系中的客体特定原则》，《政治与法律》2021 年第 4 期。
③ 林刚、徐建波：《揭开虚拟财产的属性面纱——基于法律解释论角度》，《北京邮电大学学报》（社会科学版）2023 年第 5 期。
④ 申卫星：《论数据用益权》，《中国社会科学》2020 年第 11 期。
⑤ 申卫星：《数据产权：从两权分离到三权分置》，《中国法律评论》2023 年第 6 期。

权、数据加工使用权、数据产品经营权的三权分置，均是在物权语境下对数据权利的再分配。

（三）个人数据权具有知识产权属性

个人数据权具有知识产权属性，即认为个人数据权是一种知识产权。《民法总则（草案）》第一百零八条曾将"数据信息"纳入知识产权客体范畴，虽然该规定最终未获通过，但引发了可否将数据纳入知识产权客体范畴的讨论。① 该观点持有者认为，其一，个人数据与知识产权客体具有一个共同的特征，即都是无体无形物。尽管当前学术界对于知识产权所涵盖的对象尚未达成普遍共识，但从众多讨论的核心要点中可以提炼出，知识产权所保护的客体本质上是无体无形物。② 知识产权是一种独特的财产权利形式，它不同于有体财产所有权，而是表现为一种无形的财产权，其本质特征在于，权利所指向的对象并不具备物质形态。无论是以比特为单位存储于物理媒介上的数据，还是数据中所包含的内容，个人数据均展现出无形性的特性。③

其二，个人数据权与知识产权的客体均具有法律上的独立性。知识产权的对象之所以具有独立性，是源于法律的明确规定，而非依赖其作为"知识"所依附的具体载体。个人数据是以比特形式所承载的内容，并非比特本身，该内容可协助民事主体取得或转让某种民事权利，因此个人数据也具有独立性。④

其三，个人数据权与知识产权的客体均具备一定的独创性。从各国的立法状况看，目前虽尚未形成作品独创性的判定方法，⑤ 但基本遵循着"体现智力成果"的底层逻辑。大量个人数据经过数据主体同意或许可后被采集，经过规模化的深度加工，发生数据"质"的改变和"量"的集聚形成数据产品，这样的数据产品是海量个人数据的集合形态和规模呈现，是经过数据收集和整理而在内容的选择或编排上体现

---

① 肖冬梅：《"数据"可否纳入知识产权客体范畴?》，《政法论丛》2024 年第 1 期。
② 何蓉：《企业数据的知识产权保护》，《深圳社会科学》2024 年第 2 期。
③ 李爱君：《数据权利属性与法律特征》，《东方法学》2018 年第 3 期。
④ 肖冬梅：《"数据"可否纳入知识产权客体范畴?》，《政法论丛》2024 年第 1 期。
⑤ 王国柱：《著作权法中作品独创性的审美逻辑》，《法学研究》2023 年第 3 期。

智力成果的可视化产品，所以这样的数据产品是具有独创性的智力成果。① 个人数据吻合知识产权客体的发展理论，具有知识产权客体的属性表征。

综上，对个人数据权法律属性的认识在"人格权"、"物权"和"知识产权"之间徘徊，这也导致个人数据跨境侵权的法律适用在人格权侵权冲突规范、一般侵权冲突规范和知识产权侵权冲突规范之间反复试探。事实上，无论是从理论上分析还是从实践中考察，个人数据跨境侵权适用以上三类现有的冲突规范均具有不小的风险与挑战。

二　风险与挑战：个人数据跨境侵权中现有冲突规范适用的困境

随着互联网技术的发展以及跨境贸易的繁荣，个人数据跨境侵权案件的数量也在与日俱增。在缺乏统一实体法直接调整的情况下，冲突规范依然是处理该类纠纷的首要选择。我国法律体系中尚无专门解决个人数据跨境侵权纠纷的冲突规范，因此从当前对个人数据权法律属性的不同认识出发，个人数据跨境侵权似乎既可适用人格权侵权冲突规范，也可适用一般侵权冲突规范，还可适用知识产权侵权冲突规范，然而这些冲突规范适用于个人数据跨境侵权纠纷时显得"貌合神离"。

（一）人格权侵权冲突规范适用的困境

个人数据跨境侵权适用人格权侵权冲突规范是我国司法实践中的常见做法，也是将个人数据纳入人格权客体保护的必然结果。但这一做法的合理性存疑，从而造成了人格权侵权冲突规范适用的困境。

第一，个人数据是否为人格权的保护客体有待商榷。首先，个人数据具有人格权难以覆盖的财产性。《民法典》人格权编明确规定了对个人信息的保护，个人信息权益作为一种人格权益为立法所接受，国内部分学者对此也予以支持。不过，数字经济的核心是数据，其中数据的主要来源是个人数据。收集来的个人数据经过深度处理后可转化为具有财产价值的重

---

① 胡小伟、夏小琼：《数据知识产权保护的客体证成》，《私法》2023 年第 2 期。

要资产。① 具言之，其一，公司交易中形成的个人数据集合是重要的公司资产。例如，面向网络用户的科技型公司的合并与收购，其中收集的个人数据也被纳入公司合并或收购的范围。其二，个人数据本身已成为交易客体，可直接作为数据法律关系的交易对象。目前，美国已经形成庞大的数据交易市场，其中有相当数量的数据经纪商专门从事个人数据交易。其三，消费者交易合同中随时发生的个人数据交换带来了诸多潜在利益。权利人日常的线上消费可间接帮助平台捕捉消费者的个人喜好和消费习惯，有助于平台精准推荐促进消费；对众多个人数据的海量分析，也有助于企业及时调整经营策略，实现企业经济效益最大化。因此个人数据在数字经济中具有广阔的商业利用前景，个人数据权相对于传统的人格权有所不同，个人数据蕴含着巨大的财产价值。其次，个人数据权的所有内容并不能被人格权涵盖。个人数据权具有复合性，包括删除权、查阅权、知情同意权、更正权、封存权等，是兼具人格权、财产权等多重性质的新型权利，具有复杂性。②

第二，由于个人数据并不完全贴合人格权属性，个人数据跨境侵权适用人格权侵权冲突规范也是削足适履，合理性不足。在个人数据跨境侵权纠纷中，最常见的争议焦点是侵权行为成立与否的问题，通常情况下，原告主张构成侵权，而被告则以言论自由进行抗辩。《涉外民事关系法律适用法》第四十六条对互联网跨境人格权侵权行为的法律适用仅确立了"被侵权人经常居所地法"作为单一系属，这一规定虽然体现了对受害者权益保护的高度重视，但与全球多数国家的立法惯例格格不入。③ 其过度倾向于受害者利益保护的连结点设定，可能对言论自由这一宪法权利构成潜在威胁。例如，一位外籍人士声称其个人数据在中国的互联网平台上遭到侵犯，并据此在我国法院提起诉讼，并且该外籍人士所在国家的法律对个人数据的保护标准高于我国，那么，即便被告无法预知其行为会在原告所在国造成侵权后果，根据我国现行的法律适用规则，被告仍可能被判定承担责任。以"被侵权人经常居所地"作为连结点导致了对原告利益的过度保

---

① 彭诚信、史晓宇：《个人信息财产价值外化路径新解——基于公开权路径的批判与超越》，《华东政法大学学报》2022年第4期。

② 王秀秀：《大数据背景下个人数据保护立法理论》，浙江大学出版社，2018。

③ 许凯：《论跨国侵害精神性人格权的法律适用——兼评我国〈涉外民事关系法律适用法〉第46条》，《浙江社会科学》2013年第3期。

护，这种偏向于一方的法律选择机制，可能会让我国的新闻媒体在涉及国际诽谤的案件中面临不公平的对待，即被告的行为即使完全符合行为发生地的法律规定，也可能在原告经常居所地被判定为侵权行为，这无疑对被告言论自由等宪法权利及正当期望构成侵害。

第三，以"被侵权人经常居所地法"作为个人数据跨境侵权法律适用规范的唯一系属公式，也未必能够达到保护数据主体权利的最佳效果。首先，从属人法的角度来看，《涉外民事关系法律适用法》第四十六条以"被侵权人经常居所地法律"作为唯一系属公式，需要克服经常居所地本身带来的界定困难。我国现行法律对经常居所地的界定标准不够完善，仅依据居住时限而不顾居住意图的界定标准在涉外民事领域不够合理。① 其次，仅以被侵权人经常居所地作为唯一的法律选择依据，缺乏灵活性。例如，当同一主体对位于不同国家的众多受害者实施了跨境个人数据侵权时，若依据各被侵权人经常居所地的法律，有的判定为不构成侵权，有的则判定为构成侵权，这就可能导致相似的案件得出不同的判决结果。② 最后，随着个人数据的跨境流动，相关法律事实的要件也在不断流动，导致个人数据跨境侵权法律适用动态法律冲突的产生。这不仅使数据法律关系中的经常居所地在空间上呈分散状态，而且在时间上，经常居所地实际指向的法域也并不稳定和唯一。③

第四，《涉外民事关系法律适用法》第四十六条有碍于数字经济的发展。《"十四五"数字经济发展规划》指出，"十四五"时期，我国数字经济应把握数字化发展新机遇，推动我国数字经济健康发展。"被侵权人经常居所地"作为个人数据跨境侵权之诉的唯一连结点无疑会增加跨国公司的合规成本。对于数据控制者和处理者来说，其应了解、掌握并严格遵守各数据主体所在地法律，极大地提高了数据控制者和处理者的风控成本，阻碍了跨国数据的传输和交易，增加了合理预见行为后果的难度，减损了法律适用结果的稳定性和可预见性，加剧了国际范围内数据保护法律的冲突，从而影响数据流通和信息产业在我国的发展。④

---

① 何其生：《我国属人法重构视阈下的经常居所问题研究》，《法商研究》2013年第3期。
② 徐伟功、张亚军：《从单一到多元：互联网跨境人格权侵权法律适用制度之反思与重构》，《国际法研究》2023年第2期。
③ 林萌：《涉外夫妻财产关系中的动态法律冲突与解决路径》，《武大国际法评论》2021年第3期。
④ 肖夏：《个人数据保护之冲突规则研究》，《求是学刊》2019年第6期。

（二）一般侵权冲突规范适用的困境

在"物权"属性的视域下，个人数据跨境侵权可适用一般侵权冲突规范进行法律选择。根据《涉外民事关系法律适用法》第四十四条，一般侵权行为的法律适用遵循"意思自治—共同属人法—侵权行为地法"的系属选择路径。但基于双方当事人实际地位不对等、经常居所地和侵权行为地确定困难等原因，该冲突规范与个人数据跨境侵权的法律适用存在矛盾之处。

第一，意思自治原则在侵权领域的运用本就备受阻碍。意思自治原则最初是合同关系法律选择的首要原则，后逐步扩展至婚姻家庭、侵权等领域。① 目前，有不少学者认为，在特定案件处理中，应赋予受害人适度的法律选择权，使其能够根据自身利益考量，挑选出最有利的法律适用规则。这种将法律选择决定权从法官手中转移至受害人手中的做法，更能促进案件的公正审理。② 然而，不同于合同之债，侵权之债的产生并不依赖当事人的主观意愿，而是直接源于损害行为这一客观事实。侵权法承载着重大的社会功能，其核心价值之一是维护国家内部的社会秩序，这与刑法具有一定的异曲同工之处，两者在判定侵权或犯罪行为时，都遵循"行为实施—结果产生—因果关系确立"的逻辑推理路径。鉴于此，主权国家在解决侵权纠纷的法律适用问题时，往往不会轻易赋予当事人过多的自主选择权。此外，由于数据法律关系的双方当事人实际地位不对等，意思自治原则无法得到充分遵守。在互联网领域，鉴于个人数据的虚拟性和可复制性，个人数据跨境侵权案件往往面临连结点众多的问题，因此有学者认为在数据侵权领域适用意思自治原则将会为法律选择提供更广阔的空间，有助于简化个人数据法律关系中连结点繁多所带来的复杂性，既彰显了对数据主体权利的重视，也提高了解决纠纷的效率。③ 实则不然，意思自治原则的完美实施需要建立在双方主体足够平等的基础上。在个人数据跨境侵权法律关系中，数据控制者、处理者往往使用事先拟制好的格式条款，其中已经包含法律选择的相关条文。这样的格式条款常常在网页上以较小字体、较多字数的形式出现，数据主体经常无法察觉到法律适用的相关条

---

① 刘仁山主编《国际私法》，中国法制出版社，2012。
② 肖永平：《肖永平论冲突法》，武汉大学出版社，2002。
③ 孙登科：《个人数据保护法律适用规则构建的基本逻辑》，《上海法学研究》2020年第1期。

款，甚至就算注意到也缺乏明确充分的解释，于是盲目勾选了"同意"。在数据主体与数据控制者实际地位不对等的情况下，这样的格式条款表面上是当事人意思自治的结果，实际上数据主体的真实意思并未得到充分表达，有时甚至违背当事人的意思，对数据主体造成了极大的不公。

第二，双方未达成意思自治的情况下，则需要选择共同属人法，然而共同经常居所地的确定面临困难。首先，侵权主体难以确定。一方面，当跨境侵犯个人数据的情形发生在境外时，碍于时间和空间距离，权利人难以及时发现侵权行为的发生，等到权利人意识到自己的个人数据权遭受不法侵害，侵权主体可能早已"人去楼空"。另一方面，由于个人数据在网络空间中的虚拟性和可复制性，个人数据被侵犯的事实可能发生在多个平台，被侵权人难以确定侵权主体，众多平台之间也可能互相推诿。其次，即使确定了侵权主体，侵权主体的经常居所地也难以认定。个人数据的跨境侵权案件多发于网络空间，作为侵权者的数据控制者、处理者的网络服务器常位于多国境内，有的甚至位于无人居住的荒岛上，难以符合我国关于经常居所地的认定标准，共同经常居所地更无从得知。

第三，双方当事人没有共同经常居所地或者共同经常居所地难以确定的，则需要适用侵权行为地法，而侵权行为地的认定面临困难。适用侵权行为地法是侵权冲突法的重要原则，也是"场所支配行为"理论的经典外化。① 目前，世界各国对侵权行为地的法律解释存在差异，有的国家解释为侵权行为发生地，有的国家解释为损害结果发生地，还有的国家解释为以上二者兼备。我国就是第三种情况。在处理个人数据跨境侵权案件时，"侵权行为发生地"在网络环境中可能表现为多种形式：它可以是侵权人实施侵权行为的物理位置，也可以是实施侵权行为的设备所在地，抑或是承载侵权行为的网站服务器所在地。这些地点各自分散难以认定。同时，对"损害结果发生地"的认定也较为困难，一些公众人物的个人数据被上传后，可能会在不同国家、地区同时被下载并广泛传播，此时权利人的人格尊严等将在不特定区域受损，损害结果发生地涉及众多国家和地区，因此难以确定。由此可见，在个人数据跨境侵权案件中确定一个明确可行的"侵权行为地"具有极大的挑战，传统的侵权行为地理论对于个人数据跨境侵权案件鞭长莫及。

---

① 李双元、欧福永主编《国际私法》（第五版），北京大学出版社，2018。

（三）知识产权侵权冲突规范适用的困境

在"知识产权"属性的语境下，可适用知识产权侵权冲突规范调整个人数据跨境侵权案件的法律选择问题，然而知识产权侵权冲突规范适用于个人数据侵权案件也面临诸多困境。

第一，个人数据的无形性并非成为知识产权保护客体的充分条件。众所周知，知识产权与无形财产权是一种包含关系，知识产权是无形财产的一种，无形财产的范围远大于知识产权。[①] 个人数据不仅具有作为资产的财产属性，还具有蕴含身份与隐私的人身属性。虽然网络空间的虚拟化特性赋予了个人数据非实体形态，但个人数据因其人身性与知识产权所保护的对象在本质上有所区别。其一，个人数据权不具有知识产权的地域性，一项发明或创作只有在申请并获得相应国家或地区的专利或版权后，才能在相应的范围内获得法律保护。但个人数据获得法律保护并不受地域的限制，也无须经过申请或审批，我国公民或在我国领土上发生的侵犯个人数据的行为均可以受到我国法律的规制。其二，个人数据权不具备知识产权的创新性。个人数据作为记录个体生理特征、社会属性及活动信息的客观资料，并不包含创新元素，不符合知识产权的"新颖性"标准。即便个人数据经过一系列加工与整理后能够转化为受知识产权保护的对象，这一过程也已然超越了个人数据保护的原始范畴。在此转化中，真正构成知识产权保护内容的是数据加工的方法或数据的排列组合方式，而非数据本身所承载的个人信息。

第二，个人数据的法律属性尚不明朗，即使将其视为知识产权的保护客体适用知识产权侵权冲突规范进行法律选择，也存在障碍。我国《涉外民事关系法律适用法》第五十条规定的知识产权侵权法律适用的路径是"协议选择适用法院地法——被请求保护地法"。协议选择适用法院地法的关键是该协议须在侵权行为发生后进行，且只允许选择法院地法。这样的协议选择存在法律适用"本地化"倾向，意思自治空间不够充分，不利于我国涉外法治的建设与发展。第二个系属公式中的连结点"被请求保护

---

① 吴汉东：《知识产权应用问题研究》，中国人民大学出版社，2019。

地"往往又是侵权人的住所地、户籍所在地或者主要营业地，[①] 与属人法的连结点重叠，但正如前文所述，在个人数据领域，侵权人的住所地、户籍所在地或者主要营业地均难以确定，因此，被请求保护地也存在认定上的困难。

三 改革与创新：个人数据跨境侵权法律适用规则的构建

我国目前尚无专门针对个人数据跨境侵权的冲突规范，适用人格权侵权冲突规范、一般侵权冲突规范以及知识产权侵权冲突规范都存在不同程度的障碍。因此要想对个人数据施以较好的保护，需要在厘清个人数据权法律属性的基础上，软化属人法连结点，扩大适用最密切联系原则，同时引进数据来源国法与最强保护国法作为补充和例外，构建更符合个人数据跨境侵权特点的法律适用规则。

（一）个人数据权的三维法律属性

目前，我国法律通过创设"权利"的方式对个人数据进行保护。《民法典》一百一十一条规定"自然人的个人信息受法律保护"，这为个人数据的保护提供了制度接口，但并未明确个人信息是否为一种权利。根据杨立新教授的观点，民法典规定的"个人信息"是一种独立的权利，原因有以下三个方面。一是法律规定保护的个人信息利益具有独立性，其与隐私权所保护的利益存在明显的界分。隐私强调信息的私密性，注重保护精神方面的利益；而个人信息强调的是身份信息的可识别性，是人身、行为状态的数据化表示，可进行商务智能分析，既有精神价值又有商业价值。因此个人信息具有独立性，个人信息权与隐私权各自边界明确。二是将个人信息作为一种权利对数据主体的权益保护更为妥善和周到。在没有规定个人信息权之前，对于个人信息的保护是通过隐私权来实现的，但随着数据网络的发展，仅仅保护个人隐私信息显然是不够的，个人身份信息保护的重要性日益凸显，确立个人信息权有助于对个人信息保护的同时进行精神

---

① 乔雄兵、陈文思：《涉外知识产权法律适用中被请求保护地法之界定》，《石河子大学学报》（哲学社会科学版）2024 年第 2 期。

损害赔偿救济和财产损失赔偿救济。三是域外有将个人信息作为权利保护的立法例支持。美国、德国都已在 20 世纪 70 年代确立了个人信息的权利保护模式，个人信息权作为独立权利保护的发展趋势越来越明显。[①] 我国《民法典》是将"个人信息"（也即本文所述的个人数据）作为一种权利保护，即个人数据权，其是指数据主体依法对个人数据所享有的支配、控制并排除他人侵害的权利。

如本文第一部分所述，个人数据权作为信息时代衍生的一种新型权利，其跨越了传统法律权利的分类边界，融合了人格权、物权以及知识产权的属性，但又保持了一定的独立性，无法被以上三种权利完全覆盖。个人数据权具有人格权、物权、知识产权的不同面向，其既关注个体的人格尊严和隐私保护，又重视数据的经济价值和控制权，还涉及数据的创新利用和知识产权保护，是一种兼具人格权、物权、知识产权三维法律属性的新兴权利。

由于个人数据权是一种兼具人格权、物权和知识产权属性的权利，个人数据跨境侵权法律适用的制度设计也应更加全面灵活。个人数据跨境侵权法律适用规则应在吸收借鉴人格权、物权、知识产权侵权冲突规范的基础上进行改革，同时引进新的法律选择规则，形成专门的个人数据跨境侵权冲突规范。

（二）构建个人数据跨境侵权法律适用新规则

1. 软化属人法连结点

对于个人数据跨境侵权法律适用规则，属人法的运用值得肯定。属人法依据个体的国籍、居住地来建立法律关联，常用于裁决与人的身份有关的各类涉外案件。[②] 由于个人的身份能力深受其所处社会环境的经济水平、政治制度、宗教信仰、法律规范等多重因素的影响，所以大多数国家以属人法为解决公民身份地位方面法律问题的首要规则。[③] 个人数据实质上是一种个人信息的客观记载，通常依附于数据主体的人身利益，其中个人的

---

① 杨立新：《个人信息：法益抑或民事权利——对〈民法总则〉第 111 条规定的"个人信息"之解读》，《法学论坛》2018 年第 1 期。

② 黄进主编《国际私法》，法律出版社，2005。

③ 宋晓：《属人法的主义之争与中国道路》，《法学研究》2013 年第 3 期。

人格利益最为重要，[①] 对个人数据的侵犯意味着对自然人尊严、人格的践踏，因此，无论是法理上还是情理上，将当事人的国籍国法、住所地法或经常居所地法适用于个人数据跨境侵权案件均合情合理。属人法规则应当是个人数据跨境侵权法律适用的重要规则。

如前文所述，以"被侵权人经常居所地"作为连结点有一定的合理性与可行性，但我国立法只规定"被侵权人经常居所地"一个连结点，在适用上难免存在僵化及保护不足的情况。因此，从最大限度保护弱者利益或受害者权利的角度出发，个人数据跨境侵权的冲突法有必要借鉴可能适用多个国家法律的马赛克规则，构建灵活的法律选择方法。[②] 故对于个人数据跨境侵权冲突规范的构建，可在属人法的基础上引进意思自治原则和弱者利益保护原则加以软化。该软化措施不仅契合了个案公正的价值追求，也达成了简化司法程序、提升裁判效率的目标。

具言之，在构建个人数据跨境侵权冲突规范时可增加属人法连结点的数量，供被侵权人单方选择或法官主动适用有利于受害人的准据法。允许当事人单方面选择适用法律，可以有效解决新型互联网环境下个人数据跨境侵权案件中法律适用的滞后性问题[③]，既是意思自治原则的具体体现，又是弱者利益保护原则的生动阐释。放眼世界范围内的国际私法立法规范，"弱者利益保护原则"都是各国遵守的不二法则。如德国法律规定，尽管侵权行为一般受行为国法律管辖，受害方也可以要求适用损害发生国的法律。瑞士《关于国际私法的联邦法》第一百三十九条规定，因利用传播媒介，特别是通过报刊、广播、电视或者其他公共信息媒介侵犯人格权而提出的请求，根据受害人的选择而适用：受害人的经常居所地法律、侵权行为人的营业地或者经常居所地所在国法律、侵权行为发生地国法律，前提是加害人应当预见结果将发生在该国。[④] 因此，我国个人数据跨境侵权法律适用规则可允许被侵权人在被侵权人经常居所地、侵权行为人经常居所地、国籍国、网络服务器所在地等连结点中进行选择。诚然，意思自

---

① 孙登科、汪玮：《个人数据跨境保护的法律冲突及解决机制探析》，《江苏海洋大学学报》（人文社会科学版）2021 年第 4 期。

② 徐伟功、张亚军：《从单一到多元：互联网跨境人格权侵权法律适用制度之反思与重构》，《国际法研究》2023 年第 2 期。

③ 徐伟功、张亚军：《从单一到多元：互联网跨境人格权侵权法律适用制度之反思与重构》，《国际法研究》2023 年第 2 期。

④ 邹国勇译注《外国单行国际私法立法选译》，武汉大学出版社，2022。

治原则与弱者权益保护原则也要受到侵权行为人对行为合法性的合理预期以及言论自由的限制，即被侵权人单方面选定某地的法律作为准据法的前提是侵权行为人能够预先认识到行为在被侵权人所在地具有违法可能性。需要指出的是，有人质疑增加连结点的数量会造成准据法难以确定的困局，对此，已有德国、瑞士学者给出了答案，对于涉及多个国家的国际人格权侵权案件，由受害人选择有利于自己的单一准据法反而会减轻法官选择法律的困难。[①]

2. 扩大适用最密切联系原则

为避免个人数据跨境侵权冲突规范规则的僵化，在个人数据跨境侵权法律适用规则中明确最密切联系原则无疑是明智之举。首先，最密切联系原则是司法适用可控性的理想模型[②]，在大陆法系国家得到了广泛采纳与实践。其次，由于该原则倾向于将法律适用与受害人利益的实际受损地相联系，既有助于维护受害人社会关系的稳定，也体现了对侵权行为人言论自由的尊重与考量。[③] 最后，最密切联系原则可有效提高司法效率，避免同案不同判的情况。对于群体性侵权的集体诉讼案件，根据我国《涉外民事关系法律适用法》第四十六条分别适用被侵权人经常居所地法，会极大加重外国法查明的负担，有悖司法任务简单化的根本目标。因此，将最密切联系原则明确纳入个人数据跨境侵权法律适用的规则体系显得尤为必要。

在处理涉及多方利益的个人数据跨境侵权法律冲突时，传统的侵权法律适用规则难以实现利益冲突的有效平衡。事实上，我国早前就有学者提议将最密切联系原则纳入侵权冲突法，《国际私法示范法》第一百一十三条就规定，"侵权事件的全过程表明当事人的住所、惯常居所、国籍、营业所以及其他连结点的聚集地与侵权事件有更密切联系的，适用该最密切联系地法。"最密切联系原则打破了传统冲突法中连结因素的单一模式，通过综合考量与案件相关的多种因素，显著增强了案件处理的科学性和全面性。因此，在侵权领域引入最密切联系原则，实际上是对传统侵权行为法律适用原则的发展

---

① Thomas Thiede, Colm P. McGrath, Mass Media, *Personality Rights and European Conflict of Laws*, http: // ssrn. com /abstract = 1964506.

② 田洪鋆：《最密切联系原则控制模式欧美比较研究》，《社会科学辑刊》2020 年第 1 期。

③ 刘仁山：《国际私法与人类命运共同体之构建——以〈涉外民事关系法律适用法〉实施为据》，法律出版社，2019。

与超越。① 在最密切联系原则得到理论界与实践界广泛认可的情况下，应当将其作为个人数据跨境侵权法律适用的一般规则。

详言之，首先，应扩大最密切联系原则的适用范围，除了传统的合同领域，让最密切联系原则也成为人格、隐私、个人数据等跨境侵权法律适用的原则。虽然我国《涉外民事关系法律适用法》第二条明确了当法律对涉外民事法律关系无规定时适用最密切联系原则，但不同类型的涉外民事关系具有不同特点，在分则中的具体领域规定最密切联系原则可增强法律选择的明确性和可操作性。其次，应规范最密切联系原则的适用标准。采用合法性准则，严格遵守冲突规范的字面含义和法律解释方法，实现从规范评价到准据法的具体化、现实化过程；保持客观性准则，法官在主观评价的过程中要超越自我偏好，尊重客观资料；采用合理性准则，接受合理性准则的向上、向下、向外审查，合理化个案法律选择的实质性依据与评价标准。② 最后，应明确最密切联系原则在法律适用中的排除规则。尽管该原则因灵活性和实用性而备受推崇，但它也存在一些潜在弊端。由于当前个人数据保护实体法尚未达成国际共识，因此为确保法律适用的准确性和稳定性，制定限制性条款尤为重要。③

3. 以数据来源国法为补充

在通过其他连结点因素不能找到准据法时，数据来源国法可以作为有效的补充。④ 在卫星网络通信领域，"来源国法"实质上是指产生纠纷时适用信号初次发出国的法律。映射到数据保护领域，数据来源国法主要是指权利授权国和信号初次发出国。1995 年欧盟颁布的《数据保护指令》第 4 条第 1 款 a 项曾规定"控制人在一成员国有机构，且数据处理行为在该机构的活动范围内实施，则（所涉数据保护）适用该成员国的法律"。⑤ 该规定为适用数据来源国法提供了早期的法律实践。

---

① 严凌成：《从首例公海邮轮侵权案看最密切联系原则的新发展》，《时代法学》2023 年第 6 期。

② 翁杰：《最密切联系原则的司法适用——以〈涉外民事关系法律适用法〉第 2 条为中心》，《法律科学（西北政法大学学报）》2017 年第 6 期。

③ 黄志慧：《国际人格权侵权法律适用问题之司法协调：从欧盟到中国》，《政法论坛》2015 年第 2 期。

④ 周霞蔚：《网络侵权的冲突法问题研究》，法律出版社，2012。

⑤ 肖夏：《云服务数据保护法律适用规则研究》，《中国国际私法与比较法年刊》2019 年第 2 期。

数据来源国与数据主体有着直接或者间接的联系，是数据主体个人数据传播的源泉地。在个人数据跨境侵权的法律适用中，适用数据来源国法有很大优势。首先，一方面，数据来源国往往与侵权行为的发生地相吻合，在这种情况下，适用数据来源国法律与适用侵权行为地法律具有一致性；另一方面，数据来源国作为数据主体信息的原生地，与数据主体之间存在不可分割的紧密联系。当事人在进行数据传输的过程中，通常是基于数据来源国的法律政策进行决策的。因此，我们可以合理推断，当事人在实施此类行为时已经默认接受数据来源国法律的约束，并愿意接受其制裁。综上所述，适用数据来源国的法律具有正当性。其次，当行为人通过网络上传个人数据时，其数据来源地通常较容易通过网络查询确定。尤其是一些公众人物的个人数据被上传后，可能会在不同国家、地区被同时下载并广泛传播，侵权行为地和结果发生地可能涉及众多国家和地区，此时适用数据来源国的法律可规避众多侵权行为地和结果发生地的选择问题。最后，适用数据来源国的法律有利于证据收集，便于案件审理和判决。在现实中，数据来源国法的适用有两种操作方式：一是几个国家之间签订双边或多边协定，按照平等互惠原则，其中一个国家设立数据管理机构赋予其他国家使用数据的权利，此时权利的授权国则为数据的来源国；二是如若使用数据没有经过授权，那么数据的初次发出地应当确定为来源国。当然，这一制度框架的有效实施离不开国内实体法的保障，尽管在实际操作中面临一定挑战，但不可否认的是，它构成了一种颇为合理且值得推崇的法律适用模式。

4. 以最强保护国法为例外

最强保护国规则最早出现在 1980 年《经合组织关于隐私保护和个人数据跨境流动的准则》第 22 段关于法律冲突的论述中。该论述指出，关于法律选择问题，处理这些问题的一种方法是确定一个或多个只能表明一个适用法律的连接因素。在国际网络空间中，由于位置的分散性和数据的瞬移性，以及分处各地的数据处理活动，实施这一方法尤其困难，可能出现涉及法律新颖性要素的若干连接因素。因此，为解决这个问题，有人建议，在可能适用若干法律的情况下，可以优先考虑为个人数据提供最佳保护的国内法。

当适用属人法、意思自治原则、最密切联系原则以及数据来源国法难以确定准据法时，可引入最强保护国法作为个人数据跨境侵权法律适用的例外原则，通过最强保护国法的结果导向确定最有利于数据主体的准据法。最强保护国法在现代国际私法领域的应用，不仅体现了法律发展的进步趋势，也强调了以保障权利为导向的价值理念。传统的国际私法规则由于通过特定的连接因素（如国籍、行为地或当事人意思自治）来适用法律，而这些连接因素并不总是能确保数据主体的权利得到最优保护，因此在面对跨境个人数据保护的问题时往往难以提供全面有力的法律保护。相比之下，最强保护国法通过选取对数据权利人保护力度最大的国家的法律作为准据法，充分考虑了数据主体的弱势地位，有效弥补了这一缺陷，突出了对个体权利最大化的尊重和保护。最强保护国法原则鼓励各国在数据保护立法上采取更加严格和完善的措施以吸引跨境数据流动，同时通过法律手段强化对数据主体的保护，有助于维护社会公平正义、促进数字经济健康发展。

需要指出的是，由于最强保护国法的判定标准不清，需要法官综合多方因素进行考量，易造成自由裁量权的滥用，因此其只可作为适用其他连接因素难以确定准据法时的例外原则，在不违背国家强制性规定和公序良俗的前提下，实现对数据主体权益保护的最大化。具言之，"最强保护"的判断标准不仅是对数据主体的个人权利保护程度的高低，还要结合数据法律关系的主体、客体、权利及法律责任等方面，并兼顾个案正义与社会正义综合判断。从数据权利的内容来看，个人数据权包含人格权和财产权，"最强保护"的侧重点究竟是人格权还是财产权抑或二者的结合，适用的时候可征求数据主体的意见，结合数据主体的诉求来判断。从适用的方式看，也需对法官主动适用或当事人自主选择进行考量，由于互联网情境下个人数据跨境侵权案件连结点数量众多，适用最强保护国法理论上需要知晓甚至熟悉多个国家的法律，这实际上是一个复杂且综合的价值判断过程，超越了单纯衡量受害人自身利益的范畴，因此理想的模式应当是以法官依职权主动介入为主导，同时合理吸纳并参考当事人的观点与意见。

综上，本文认为现有冲突规范无法有效解决个人数据跨境侵权的法律适用困境，在未来修订《涉外民事关系法律适用法》时，可制定专门的个人数据跨境侵权冲突规则，优先适用属人法，明确最密切联系原则的适用，同时引进数据来源国法和最强保护国法两个系属公式作为属人法和最密切联系原则失灵情况下的补充和例外。具体条文可设计如下：个人数据跨境侵权，由被侵权人选择适用当事人经常居所地法律、国籍国法律、网络服务器所在地法律；被侵权人没有选择的，适用当事人经常居所地法律、国籍国法律、营业所所在地法律或者其他与该侵权行为有最密切联系的法律；无法确定最密切联系地的，可以适用数据来源国法律；无法确定数据来源国的，可以适用该侵权行为关联地法律中能给个人数据提供最强保护的法律。

四 结语

纵观全球，对于个人数据权的法律属性尚未达成共识。若持人格权属性论，则存在连结点单一僵化、侵害言论自由以及阻碍数字经济发展的问题；若持物权属性论，个人数据跨境侵权适用一般侵权行为冲突规范时存在意思表示不真实、共同属人法难以认定以及侵权行为地确定困难的问题；若持知识产权属性论，个人数据跨境侵权适用知识产权侵权冲突规范时存在适用法律"本地化"倾向以及被请求保护地难以认定的问题。现存观点通过解释学的手段将个人数据跨境侵权置于现有冲突规范的规制下已不合时宜，打破既有冲突规范的禁锢，寻求个人数据跨境侵权法律适用新规则势在必行。故应通过意思自治原则以及弱者利益保护原则软化属人法连结点，并增强最密切联系原则的适用，同时引入数据来源国法和最强保护国法对个人数据跨境侵权法律适用予以补充，形成专门、全面的个人数据跨境侵权法律适用规则。

公共训练数据资源平台的构建逻辑
与制度保障

袁 康 夏 菲*

摘 要： 训练数据是人工智能模型训练的关键要素，但如今高质量的训练数据匮乏、数据资源获取难度大等因素形成了人工智能的数据困境，阻碍了人工智能的创新发展。在当前数据要素平台无法满足人工智能大规模、高质量、低成本的训练数据需求背景下，应加快建设公共训练数据资源平台。聚焦人工智能的数据需求，平台应具有汇聚、处理数据资源以及提供训练数据产品的基本功能。据此衍生出平台作为人工智能数字基础设施、训练数据的提供者以及数据要素价值发现、创造和共享主体的功能定位及建设平台的内在原理，并确立平台运营组织、数据资源汇聚、训练数据处理和数据产品提供的运营模式，通过探索平台生态发展的激励机制、优化平台数据质量管理制度、构建安全可信制度体系三个方面切实保障平台的功能实现，有效发挥平台对人工智能创新发展和规模经济的促进作用。

关键词： 人工智能 训练数据 数字基础设施

一 问题的提出

近年来，人工智能技术不断创新，深刻影响着社会生活和数字经济产业变革。2024 年 3 月 5 日第十四届全国人民代表大会第二次会议上，李强总理在《国务院政府工作报告》中首次提及人工智能，并在 2024 年政府

---

* 袁康，武汉大学法学院教授、博士生导师，研究方向为数字经济、公司法等；夏菲，武汉大学国家网络安全学院硕士研究生，研究方向为数字经济。

工作任务部分指出，要深化人工智能研发应用，开展"人工智能+"行动，打造具有国际竞争力的数字产业集群。由此观之，人工智能的发展已受到政府的高度重视。深化人工智能研发应用，是深入推进数字经济创新发展、大力推进现代化产业体系建设的重要举措。而算法、算力、数据是人工智能的三大支柱，数据是算法决策的基础，对模型训练和生成内容至关重要，人工智能大模型更是需要大规模的高质量数据集的"喂养"才能进行训练。① 海量的高质量训练数据集成为人工智能发展的关键因素。

然而，当前人工智能的发展却陷入了数据困境。一是高质量训练数据集逐渐匮乏。有学者称，高质量的训练数据将在 2026 年耗尽，这意味着如果数据利用效率没有显著提高或者高质量的训练数据供不应求，那么到 2040 年，大模型的规模增长将逐渐放缓。② 二是训练数据的质量参差不齐。例如，中文语料和中文开源数据集体量的严重不足，可能导致文化和价值观等大模型输出内容的偏差；③ 公共数据的授权运营机制可能具有数据质量不高、数据垄断风险等负面效应。④ 三是数据资源获取的难度增加。拥有海量数据的企业以此作为竞争力通常不愿开放数据资源；数据承载的在先权益和传统的法律保护模式使得研发者在收集、使用训练数据上处处受限。四是数据汇聚、处理等操作的经济成本过高。人工智能研发者需要大量技术、时间和资金投入数据汇聚、预处理、模型训练等过程，短期内难以获得大量融资和市场收益。而现有数据要素平台分别存在不同的现实问题，例如，数据交易平台内训练数据数量不足、场内交易不活跃；公共数据开放平台的数据种类与研发者数据需求不相匹配，数据的准确性、完整性、一致性、可靠性不足。⑤ 诸如此类问题限制了数据要素平台在人工智

---

① 以 ChatGPT 为例，GPT-1 是由 4.8G 未过滤原始数据训练，GPT-2 是由经人类过滤后的 40G 数据训练，GPT-3 是由从 45T 原始数据中过滤的 570G 数据训练，而 GPT-4 则是在该基础上又加入了高质量人类标注。见《大模型训练数据白皮书》，https://mp.weixin.qq.com/s/SFkMxxrYLZM_ RyL4T3bbBA。

② Villalobos, Pablo, et al., "Will We Run Out of Data? An Analysis of the Limits of Scaling Datasets in Machine Learning", http://arxiv.org/pdf/2211.04325v1.

③ 张欣：《生成式人工智能的数据风险与治理路径》，《法律科学（西北政法大学学报）》2023 年第 5 期。

④ 张涛：《公共数据授权运营中的国家担保责任及其调控面向》，《清华法学》2024 年第 2 期。

⑤ 闫志开：《政府开放高价值数据集的域外经验及其镜鉴》，《西安交通大学学报》（社会科学版）2024 年第 4 期。

能领域的功能和作用，数据资源的获得限制、训练数据集的质量差以及数据活动的成本高等难题仍待解决。

因此，亟须为人工智能领域提供一个规模大、质量高以及成本低的训练数据资源供给侧，以摆脱人工智能的数据困境，推动人工智能和数字经济的创新发展。2023 年发布的《生成式人工智能服务管理暂行办法》（以下简称《暂行办法》）第 6 条提出推动公共训练数据资源平台建设。《深圳经济特区数字经济产业促进条例》也对公共训练数据资源平台建设提出鼓励和支持。本文认为，公共训练数据资源平台通过多元路径汇聚原始数据以整合碎片化的数据资源，可以作为快捷便利的数据获取渠道为人工智能研发者提供大规模数据资源；公共训练数据资源平台通过一系列规范的数据处理操作提高训练数据的质量，再以免费开放和数据交易的方式为人工智能研发者提供高质量和低成本的训练数据产品。据此，公共训练数据资源平台或可满足人工智能发展的数据需求，成为促进人工智能产业发展的数字基础设施。基于人工智能的数据困境，推动公共训练数据资源平台的建设已具有现实紧迫性。本文聚焦如何从理论和制度层面建设公共训练数据资源平台，并力图为平台的建设实践提供理论指引。

二　公共训练数据资源平台建设的理论逻辑

公共训练数据资源平台的功能定位是平台充分发挥作用的前提，明确平台功能定位应聚焦人工智能的数据需求和平台的基本功能。在人工智能发展和数字经济的时代背景下，揭示公共训练数据资源平台建设的内在原理，也愈加凸显建设平台的必要性。

（一）公共训练数据资源平台的功能定位

公共训练数据资源平台，是汇聚、处理、提供用于人工智能模型训练的训练数据产品或服务的公共设施。平台本质上是一种公共设施，具有"公共性"。一方面，体现为平台致力于解决人工智能的数据困境，推动人工智能的创新发展。宏观而言，平台服务某一行业领域的发展，承担着促进数字经济发展的社会责任。另一方面，平台服务广泛的市场主体，包括数据供给方、数据需求方和其他相关参与者。平台向符合条件的参与者开放，不特定向任何个人或团体开放，提供平等交易的机会。公共训练数据资源平台在功能上具有"复合性"。平台的基本功能应满足人工智能对大规模、高质量、低成本训练数据的需求。平台基本功能包括：一是汇聚数据资源。平台通过授权、交易、公开等方式，从多个数据供给方获取大规模的原始数据资源。二是处理数据资源。平台通过一定的技术或管理手段对数据资源进行预处理、标注、分类等操作以提高数据质量。三是提供训练数据产品或服务。平台通过免费开放或数据交易的方式向数据需求者提供低成本的训练数据产品。除此之外，密切而频繁的数据流通和交易活动决定了平台还具有保障数据环境安全可信的重要功能和培育训练数据交易市场的作用。

公共训练数据资源平台本质上的"公共性"、功能上的"复合性"奠定了平台的基础定位为数字基础设施、训练数据汇集者和提供者以及充分发挥数据要素价值的重要主体。首先，公共训练数据资源平台是人工智能领域的数字基础设施。平台作为数据处理者，具有数字基础设施法律地位。[①] 平台本身是一个智能化的信息集成系统，依托强大的数据中心和算力资源对大规模数据资源进行汇聚、清洗、过滤、管理、存储和传输等操作，实现了平台的基本功能，同时形成并强化了数字基础设施地位。其次，公共训练数据资源平台是具有"公共性"的训练数据产品提供者。为满足大规模、高质量、低成本的训练数据需求，公共训练数据资源平台应运而生。换言之，建设平台的目的就是给人工智能研发者提供训练数据产品，为人工智能的创新发展提供源源不断的数据动力，进而推动人工智能规模经济的发展。并且，平台通过免费开放或"低成本"交易训练数据产品，体现了平台是具有公益属性的训练数据产品提供者，实现了数据资源社会化和数据社会价值。再次，公共训练数据资源平台是数据要素价值发现、创造、共享的主体。一方面，平台通过数据需求和数据之间的关联发现数据资源的价值，作为数据需求者与数据供给侧直接传递数据需求，从而高效地整合数据资源；另一方面，在数据要素流通利用中，平台作为数据处理者和数据交易主体，对数据资源实施管理和技术操作，从而提高了数据质量，充分挖掘数据要素价值，并通过开放共享和数据交易最大限度释放数据要素在人工智能领域的价值。总

---

① 王玎：《论数据处理者的数据安全保护义务》，《当代法学》2023 年第 2 期。

之，公共训练数据资源平台在数据要素价值的开发利用链上具有不可忽视的重要作用。

（二）公共训练数据资源平台建设的内在原理

在数据时代，数据作为新型生产要素，价值在于数据要素的流通利用。规模化的数据利用成为数字经济发展的活力源泉。海量的高质量训练数据用于人工智能领域是产生人工智能规模经济的内在原因。因此，在数字经济和人工智能发展的背景下，公共训练数据资源平台的建设契合共创共享数据要素价值的时代需求。

第一，建设公共训练数据资源平台以满足人工智能领域的公共物品需求。随着人工智能的发展，其对于数据的需求愈加旺盛，训练数据资源成为人工智能研发者的共同需要。因此，平台承载着汇聚、处理、提供训练数据的公共需求，成为人工智能行业的一种公共物品。公共物品有狭义和广义之分，[1] 一般是指个人消费这种物品不会导致别人对该物品消费的减少。[2] 数据需求者在平台内对数据产品的消费不会影响其他数据需求者对数据产品的消费权利和能力，亦不会对平台内的数据产品本身造成影响。换言之，任何数据需求者作为消费者，在符合平台准入条件的情况下，平台都能满足数据需求者的消费需求。并且，平台作为人工智能领域的数字基础设施，公共物品特性正是基础设施服务的公共性或公益性的来源。因此，平台的建设不仅可以满足人工智能领域的公共物品需求，对于人工智能的创新发展意义重大。

第二，建设公共训练数据资源平台有利于发展人工智能规模经济。大规模的训练数据和计算资源可以不断优化人工智能大模型，从而推动人工智能的发展和应用赋能，也由此带来人工智能规模经济的可能性。之所以称为"可能性"，是因为人工智能大模型的应用还在发展初期，其经济效益的前景还有较大的不确定性。[3] 根据马歇尔的规模经济理论，可以通过两种途径实现规模经济，即通过企业对生产资源的有效整合以及经营效率

---

① 沈满洪、谢慧明：《公共物品问题及其解决思路——公共物品理论文献综述》，《浙江大学学报》（人文社会科学版）2009 年第 6 期。

② 臧旭恒、曲创：《从客观属性到宪政决策——论"公共物品"概念的发展与演变》，《山东大学学报》（人文社会科学版）2002 年第 2 期。

③ 薛文生：《人工智能规模新经济》，《新金融》2024 年第 9 期。

的提高实现"内部规模经济",通过企业间的合理分工协作和区域优化布局实现"外部规模经济"。① 简而言之,人工智能规模经济取决于人工智能企业内部资源的整合和经营管理,同时有赖于人工智能相关企业之间的分工和行业生态系统的完善。在人工智能大模型发展的初期阶段和数据敏感时代,既要兼顾技术和经济的发展,又要保护数据主体的利益和数据安全,而企业对于多元利益的衡量不利于生产效率的提高,可能会限制内部规模经济,并且任何一条产业链上的单个节点都很难兼顾所有利益。因此,人工智能产业链必然导向合理分工,公共训练数据资源平台作为数字基础设施则承担数据产业链上数据资源的整合和分配任务,不仅能够完善人工智能产业链和生态系统,发挥外部规模经济效应,还可以在一定程度上弥补内部规模经济。②

第三,建设公共训练数据资源平台契合开放共享理念。如今,开放和共享的发展理念在数字时代创造出更广泛的经济社会价值。数据开放共享使全社会获得海量、多元的数据,进而对数据进行创新利用,有利于激发创新创业和经济活力。③ 在人工智能技术的发展中,数据要素是人工智能大模型发展的驱动力。建设公共训练数据资源平台,对数据资源集中管理和开放访问,可以最大限度提高数据利用效率,避免数据孤岛和资源浪费,并且以免费或公平交易的形式平等地向社会公众开放训练数据资源,共享安全可信的数据资源和环境。由此可见,平台的建设扩大了数据资源开放和数据交易的优势,同时作为数字基础设施向公众共享资源成果和发展利益,与开放共享的发展理念高度契合。

三 公共训练数据资源平台的运营模式

公共训练数据资源平台的运营模式为平台的运营组织和功能定位搭建了基本的运营框架。其中,确立平台建设运营的组织及内部关系是建设平台的首要问题。平台的运营组织扮演至关重要的角色,在平台的建设运营中起着战略规划和资源配置的作用。平台的基本功能决定了平台的业务运

---

① 〔英〕马歇尔:《经济学原理》,朱志泰、陈良璧译,商务印书馆,1981。
② 薛文生:《人工智能规模新经济》,《新金融》2024年第9期。
③ 杨大鹏:《数据开放共享的机制与对策研究:基于浙江的经验分析》,《中国软科学》2021年第S1期。

营模式，基于平台的基本功能分别构建相应的数据资源汇聚、训练数据处理和数据产品提供的功能运作机制。

（一）平台运营组织

公共训练数据资源平台的"公共性"实际上决定了政府公共部门参与平台建设的必要性，但由于政府职能的限制，必然需要私营部门的参与。二者以公私合作的形式联合建设运营平台，并分别承担不同职能。

公共训练数据资源平台的建设和运营应采用公私合作模式。平台的建设和运营不能单靠政府或者企业。平台本质上具有公共物品属性，而公共物品容易产生"搭便车"问题，使得私营市场普遍不愿意提供公共物品而导致"市场失灵"，故公共物品只能由政府来提供。① 但政府以公共服务为重心，对于数据的管理和数据平台的运营缺乏专业理论和技能，凭借政府职能无法支撑平台的建设运营，因此需要引入有能力、有资质的私营部门，以公私合作的形式初步确立平台的组织架构。② 公共训练数据资源平台本质上是人工智能领域具有公共性的数字基础设施。概因平台具有基础设施的自然垄断属性，即人工智能训练数据市场的总需求可以由公共训练数据资源平台以最小成本提供，实现规模效益。③ 因此平台的建设运营可以实施特许经营制度，公共部门和私营部门以特许经营协议的形式合作。

在公私合作建设运营平台过程中，公私部门各司其职，协同保障公共训练数据资源平台的价值发挥。公共部门通过收取一定的特许授权费用授予私营部门特许经营公共训练数据资源平台的权利，并以牌照作为私营部门和平台获得行政许可的权利凭证。但是，平台的相关基础设施建设和运营需要大量人力、财力支持，因此应鼓励一个省级区域集中资源建设一个公共训练数据资源平台，公共部门通过限制牌照数量避免市场上过度建设类似平台，减少资源的浪费和不必要的竞争。此外，公共部门须对平台的建设运营提供制度体系保障、资金支持等，以确立平台的公共价值和权威

---

① 邢会强：《PPP 模式中的政府定位》，《法学》2015 年第 11 期。

② 公私合作模式由来已久，是公共部门与私营部门合作提供公共物品的制度安排，可以有效保障公共物品的提供。见张守文《PPP 的公共性及其经济法解析》，《法学》2015 年第 11 期。

③ 魏艳：《特许经营抑或政府采购：破解 PPP 模式的立法困局》，《东方法学》2018 年第 2 期。

地位。私营部门具有专业的技术和管理资源，与公共部门的资源优势互补。私营部门基于特许经营协议对平台拥有建设、运营和获得回报的权利，在平台的建设运营中私营部门应承担设施的采购和维护、人才的引进和管理、技术的创新和应用等职能，同时与公共部门共同分担平台运营风险，承担特许经营协议中约定的义务。

（二）数据资源汇聚

数据资源汇聚是公共训练数据资源平台实现基本功能、发现数据价值和整合大规模数据资源的重要手段。碎片化的数据资源分布和数据提供者不同的交付需求，决定了平台汇聚数据资源的多元路径。平台汇聚原始数据资源的路径有公共数据授权运营、数据交易、数据共享和公开获取。

第一，通过公共数据授权运营获取公共数据。高价值的公共数据是训练数据的重要来源，公共训练数据资源平台汇聚公共数据主要通过公共数据授权运营和免费开放两种途径。在公共数据授权运营模式下，存在两种运营方式：国有资本运营公司授权运营和特许经营。① 如今国内大部分地区都采取了设立国有资本运营公司的形式进行公共数据授权运营，而特许经营方式则受到一定时间和用途范围的限制。所以平台获取公共数据以国有资本运营公司授权运营为主，特殊必要的公共数据以特许经营方式获取。平台可与国有资本运营公司协商获取高质量、可用于模型训练的原始公共数据或公共数据产品的开发利用权利。而对于限制开放又是专业领域所必要的公共数据，无法通过授权运营方式获取的，可以向相关政府部门、公共服务机构获取公共数据特许经营权。

第二，通过数据交易获取数据。数据交易是平台获取非公共数据的主要途径。非公共数据包括企业数据、科研数据等公共数据之外非对外公开的数据资源，这类数据资源通常具有丰富的商业或研究价值，一般不对外开放，因此一般以数据交易的形式流通。数据交易发生在平等市场主体之

---

① 国有资本运营公司授权运营方式是指公共管理和服务机构将公共数据全权授予国有资本运营公司运营，通过其全资持股或参股新公司的方式统一实施对被授权数据的增值性开发利用。特许经营方式是指公共管理和服务机构与被授权主体协议约定被授权主体在一定期限和范围内投资运营被授权的公共数据，由其获得收益并提供公共产品或者服务。见刘阳阳《公共数据授权运营：生成逻辑、实践图景与规范路径》，《电子政务》2022年第10期。

间，具有公平性和竞争性的特点，并能够反映市场需求。① 因此，公共训练数据资源平台可作为交易主体与其他数据使用者具有相同的市场地位和竞争关系，而平台与非公共数据提供者之间则是横向民事法律关系，二者平等交易，协商数据价格、权利义务等合约内容。此外，交易以供需匹配为前提，在数据交易之前，平台可在内部挂牌数据需求，对响应需求的多个数据提供者进行筛选和评估。平台也可以依托当地数据交易所快速匹配供需关系，提高通过数据交易获取数据资源的效率。

第三，通过免费公开渠道获取数据。免费公开的数据获取渠道给公共训练数据资源平台带来了较低的获取成本，因此是平台获取数据资源的重要途径。具体而言，平台可以通过国内外开源数据集、公共数据开放平台以及数据爬取技术获取原始数据资源。例如，公共训练数据资源平台除通过公共数据授权运营汇聚公共数据以外，还可以通过公共数据开放平台获取免费公开的公共数据，在此过程中公共训练数据资源平台只需要遵守不同公共数据开放平台的相关要求。以上海公共数据开放平台为例，在该平台上获取公共数据时，双方只需要签署数据使用协议以明确双方的权利义务。

第四，通过数据共享交换数据。数据共享是公共训练数据资源平台与数据提供者交换不同数据资源的一种数据流通形式。平台与数据提供者之间的数据交换以满足各自不同数据需求为目的，不对交换的数据资源的类型、大小、领域、格式等提出严格的对等要求。这类似于"以物换物"的交易形式。此时，平台与数据提供者具有平等的民事法律地位，协商数据共享的形式和交易价格等合作事项。

（三）训练数据处理

通过数据汇聚机制获取的数据资源，因为数据类型不一、数据质量参差不齐等复杂的情况，可能达不到公共训练数据资源平台的数据质量标准和数据需求者相应的需求。平台作为人工智能数字基础设施和数据要素价值的创造者，需要对数据资源进行预处理、标注和数据分类管理等操作，以提高数据质量。

---

① 王珉：《数据交易场所的机制构建与法律保障——以数据要素市场化配置为中心》，《江汉论坛》2021 年第 9 期。

第一，对数据资源进行预处理。汇聚而来的原始数据可能存在冗余、不一致等问题而影响整体数据资源的质量，公共训练数据资源平台需要进行预处理操作以确保数据的质量并规范格式，使原始数据资源的质量达到一定标准。首先，平台对汇聚之后的数据资源进行质量评估，根据评估结果确定是否需要预处理。其次，对未达到质量标准的原始数据进行清洗，如含有语言文字的原始数据需要过滤敏感文本，含有图像数据的则需要调整图像大小、规范化像素值等。最后，对预处理后的数据资源进行质量评估，若未达到数据质量标准则继续进行预处理操作。虽然预处理流程结束后的训练数据质量有所提升，但仍不能满足人工智能模型训练需求，还需要数据标注等一系列处理。

第二，对数据资源进行标注。公共训练数据资源平台可针对数据需求者的需求提供个性化的数据标注服务。相对原始数据的预处理操作，数据标注工作则更加精细、成本更高，一般以具体的需求和任务为导向。例如，适用自然语言处理的训练语料，标注的过程涉及分词、词性标注、命名实体识别、句法分析、特征提取、数据增强、文本标准化等一系列操作。其中，命名实体识别是根据需求标注文本中的特定实体（如人名、地点等）。同时，平台在数据标注过程中应遵守相关的国家标准、行业标准和团体标准①，牢牢把控数据标注和训练数据的质量。

第三，对训练数据产品进行分类管理。对经过数据质量评估的训练数据产品按照不同的维度进行分类，有助于平台高效地管理和提供数据产品。平台在进行数据资源分类时根据《数据安全技术　数据分类分级规则》（GB/T 43697—2024），先按照行业领域划分一级目录，再按照数据业务、数据类型、数据主体、数据用途分别划分二级目录，形成索引系统，实现数据产品发现、检索的功能，从而实现训练数据产品清单一目了然。

（四）数据产品提供

公共训练数据资源平台作为数据提供者，向数据需求者提供训练数据

---

① 数据标注相关的标准有《人工智能　面向机器学习的数据标注规程》（GB/T 42755—2023）、《人工智能医疗器械　质量要求和评价　第 3 部分：数据标注通用要求》（YY/T 1833.3—2022）、《信息技术　人工智能　面向机器学习的数据标注规程》（T/CESA 1040—2019）、《针对内容安全的人工智能数据标注指南》（T/ISC 0005—2020）。

产品是其基本功能。数据产品提供模式是平台发挥基本功能和实现共享数据要素价值的方式。平台应根据数据需求者的要求、成本考量、技术实现等因素设置合理的数据产品提供模式。

公共训练数据资源平台提供数据资源的主要方式为免费开放和数据交易。一是免费开放，即平台向数据提供者免费开放数据资源。概因平台对免费开放的数据资源投入较低成本，平台基于"公共性"承担该部分成本，并放弃相应的财产权。例如，对于通过免费公开路径获得的数据资源和以数据共享获得的数据资源，平台的获取成本较低，可以将其作为福利性数据资源投放给更多的数据需求者。二是数据交易，即数据需求者须向平台支付一定费用以获取训练数据产品。在此之前，平台应对训练数据产品进行合理的定价。在交易中，平台和数据需求者可以协商数据产品的交易价格，保证双方对"低成本"达成共识。在提供训练数据产品的全过程中，平台作为数据提供者和交易场所应记录协议签订、交付对象、技术实现等信息，以确保交易的透明度和可信度，形成良好的合作生态。此外，交易中的交付方和技术实现方式等具体细节均可以通过协议约定的方式确定。值得一提的是，数据产品的提供最终都会以技术方式实现。平台提供数据的技术实现方式一般为"数据流通技术+安全技术"。理想情况下，数据流通技术如开放 API 接口、电子邮件、便携式存储设备等可以实现平台与数据需求者之间端到端的数据传输，但时刻面临的安全风险威胁着训练数据产品按约定的时间和质量交付。为此，平台有必要在数据流通技术的基础上应用安全技术，提高安全防护能力。

四 公共训练数据资源平台的制度保障

构建公共训练数据资源平台建设的制度体系是平台能够落地实施的前提条件和重要保障。这就需要我们根据平台的功能和运营模式合理地构建制度体系和实施机制，确保平台安全、合规、稳定运行。

（一）探索平台生态发展的激励机制

建立公共训练数据资源平台生态系统，平台私营部门和平台参与者是关键因素，探索平台生态发展的激励机制应以二者为落脚点。

1. 以公共资源扶持私营部门

如前所述，公共训练数据资源平台的运营组织包括公共部门和私营部门，二者以特许经营协议的形式合作。特许经营机制实际上是政府将竞争机制和市场力量引入公共服务的供给，通过公私部门的紧密合作为社会提供更多优质的公共服务和产品。[①] 但私营部门不是政府的附属物或非公益组织，本质上仍是具有逐利性的市场主体。因此，若无利益之驱动，其断不会作为特许经营者参与特许经营项目。[②] 单凭特许经营许可并不足以提高私营部门的积极性，还需要适当的公共资源支持加以激励。

根据外部效应理论，当社会边际成本收益与私营边际成本收益发生背离时，市场机制无法充分发挥作用。当产生负外部效应时需要政府通过税收优惠或财政补贴等手段干预，[③] 故激励企业参与平台建设运营需要政府财政补贴、税收优惠方面的政策。政府补贴是政府根据一定时期的政治、经济方针和政策，按照特定目的，直接或间接向微观经济主体提供的无偿资金转移。[④] 其中，政府创新补贴能有效激励产出，一方面可以支持私营部门创新平台运营的模式，使平台高效、稳定地运行；另一方面政府创新补贴在一定程度上可以减少平台的经济成本，帮助私营部门持续运营平台。[⑤] 此外，对于平台的政府补贴形式还包括现有的企业房租补贴、企业人才补贴等。税收优惠政策旨在推动产业的快速发展，促进人工智能的科技创新。人工智能产业作为高新技术产业，享有税收优惠政策。鉴于平台在人工智能产业的关键地位，其具有高新技术企业、技术先进性服务企业、软件生产企业的认定资质，并享有相应的15%和"两免三减半"企业所得税税率征收优惠、增值税优惠、研发费用加计扣除税收优惠、企业职工培训费用税前扣除优惠等。总之，税收优惠不仅能够减轻平台的税负，还能鼓励平台的服务创新和可持续发展。

---

① 章志远：《公用事业特许经营及其政府规制——兼论公私合作背景下行政法学研究之转变》，《法商研究》2007 年第 2 期。

② 陈阵香、陈乃新：《PPP 特许经营协议的法律性质》，《法学》2015 年第 11 期。

③ 陈庆海、傅小雪、张冠吉：《伦理规范视角下人工智能产业健康发展的税收优惠政策探讨》，《税务研究》2023 年第 8 期。

④ 孙东民、刘莎莎、王亚男：《市场竞争、产权与政府补贴》，《经济研究》2013 年第 2 期。

⑤ 张同斌、高铁梅：《财税政策激励、高新技术产业发展与产业结构调整》，《经济研究》2012 年第 5 期。

2. 以资金配置激励参与主体

在训练数据交易市场中，公共训练数据资源平台和其他市场主体具有相同的市场竞争地位。平台在无激励机制的情况下难以提升市场竞争力，而具有逐利性的参与者在利益衡量中可能压制与平台的合作积极性，不利于数据资源在人工智能训练数据市场的流通利用。因此，在数据资源流入（汇聚）和数据产品流出（提供）两个阶段，应针对数据提供者和数据需求者，分别以收益分配机制、差异收费机制激励二者与平台的互动。

以收益分配机制激励数据提供者支持平台汇聚数据资源。当法律体系能够为人们从事的经济活动提供获得收益的预期时，便意味着法律体系可以为人们从事能够创造价值的活动提供激励。① 换言之，平台可以通过建立数据收益分配机制为数据提供者与平台的交易活动提供收益预期，激励数据提供者配合平台的数据资源汇聚工作。提供"公共物品"和"准公共物品"是政府的公共职能之一，公共数据本身具有"准公共物品"属性，因此政府开放或授权公共数据给具有公共物品属性的公共训练数据资源平台运营，具有"当仁不让"之责。故数据收益的分配不宜过多，但仍需要回馈一定收益以形成长效激励：公共数据提供者可以较低价格与平台置换公共数据开发利用的特许经营权以覆盖提供者的生产管理原始成本。② 此种方式当然针对平台通过公共数据授权运营的路径获取公共数据，因为公共数据授权运营并不是完全免费，所以平台需以"较低价格"置换。所谓"较低价格"是基于平台的"公共性"和公私合作制属性，公共数据提供者给予平台低于其他私营数据开发企业的价格优惠，具体价格高低和置换形式可参考各地交易所开展的一系列实践探索或交由第三方数据资产评估机构评估确定。此外，平台应承担与公共数据开放或授权运营机构的合作费用，如流程手续费用、数据来源者审查和数据质量评估费用等。对于非公共数据提供者，平台可以通过协商确定与数据提供者分配收益的比例，由此充分发挥平等交易主体之间自主协商的制度优势。同时，非公共数据提供者可以基于数据收益权要求平台承诺至少付出一定费用以覆盖数据提供者的数据生产、收集和管理成本。

---

① 徐博禹、刘霞辉：《激励相容法律体系促进经济增长的作用机制研究》，《福建论坛》（人文社会科学版）2021 年第 9 期。

② 赵正等：《数据财政视角下公共数据有偿使用价值分配的理论基础与政策框架》，《电子政务》2024 年第 2 期。

以差异收费机制鼓励数据需求者参与训练数据产品交易。合理的收费机制旨在提供一种社会公众均认可的适度收费服务，符合法律鼓励交易的价值导向。首先，平台为交易主体的信息交互和交易环境创造安全可信的条件，离不开平台对软硬件、人力等资源的投入与运营依赖。因此需要根据交易标的额设定阶梯式的提成费用标准，向数据需求者收取合理费用以覆盖平台的建设成本和支持平台的可持续运营。其次，平台的"营利性"在于通过数据交易对买方合理收费，但对交易方无差别的收费则会背离"公共性"宗旨。因此，应根据买方的数据使用目的和买方类型适当地减免费用，此为平台"公共性"之体现。具体而言，一是对以公共服务为训练目的的数据需求方减免费用。所谓"以公共服务为训练目的"是指数据需求方不论"营利性"或"非营利性"，也不论规模大小，只要交易使用的数据产品是用于公共服务类模型训练的，都有享受平台减免费用的权利。平台的数据产品最终服务于公共利益，正是平台建立之宗旨，故可以为此类交易的需求方减免费用。二是从数据需求者的主体类型看，可以为从事人工智能研发的小微企业和科研机构减免费用。企业在前期投入技术研发的时间、人力和资金已然是沉没成本，况且企业在短期内难以获得收益，不利于企业持续进行创新性研发。一些公共科研机构与学术界联系紧密，注重理论和实践的结合，处于行业创新的前沿。因此，对从事人工智能研发的中小企业和科研机构适当减免交易服务费用能够缓解其数据获取上的经济压力，有效减轻其在人工智能研发过程中的成本负担，促进数据需求者与平台的互动互信。

（二）优化平台数据质量管理制度

训练数据的质量决定人工智能模型训练的质量，提供高质量的训练数据产品是平台的核心功能，也是作为人工智能数字基础设施的内在要求。平台亟须构建数据质量管理制度，严格把控数据质量风险。在数据资源的汇聚和处理过程中，数据来源和数据处理操作影响训练数据产品的质量，针对数据资源汇聚和处理过程中可能出现的质量风险，构建数据质量管理制度应从以下三个方面展开。

第一，建立数据提供者和数据审查登记制。对数据提供者的主体资质、安全能力等进行审查可以判定主体所提供的数据资源是否合规、是否具有保障数据安全的能力。数据质量的把控应从数据来源入手，平台的数据源头即数据提供者可能存在数据提供者主体资质不足等风险，因此平台需要进行严格的审查。首先，对数据提供者的主体信息、信用和安全能力等资质进行审核并登记。审核数据提供者的征信记录以及相关的行业资质或许可，例如增值电信业务经营许可证、金融许可证等，以确保其具备合法开展业务的资质；评估数据提供者在数据安全保护方面的能力，包括其是否建立了完善的数据安全管理体系、是否有相应的安全技术措施、是否有定期的安全审计和风险评估机制等。其次，对原始数据的大小、范围、类型、来源等详细情况和合法性进行审核登记。审查原始数据是否被授权采集、获取或受第三方委托存储、管理。对于涉及个人信息的数据，需要确保数据来源的合法性，即数据提供者已获得个人信息主体的同意或存在其他合法性基础。

第二，明确数据质量标准。精确的数据质量标准是进行数据质量评估的前提。而《信息技术　数据质量评价指标》（GB/T 36344—2018）的六大评价指标，即规范性、完整性、准确性、一致性、时效性、可访问性，适用于人工智能模型训练的原始数据有失精准性。需要根据不同行业的特性调整数据质量评价指标，譬如《面向机器学习的电信数据规范　数据质量》的评价指标根据机器学习的电信数据特征在六大指标的基础上调整为"规范性、完整性、准确性、一致性、有效性、适量性、时效性、可靠性"八大指标。因此，平台应根据行业及数据特征细化质量评估指标并制定类型化和精确化的质量标准，提高评价体系的准确度，严格把控数据产品质量。

第三，建立数据质量评估制度。数据质量评估对数据资源的汇聚和处理过程有着不可忽视的重要作用，直接决定了数据资源是否需要预处理、标注等操作，同时影响平台对训练数据产品的投入成本和管理措施。汇聚的数据资源如未经过质量评估和数据分析调整，则可能出现数据代表性不足①、数据时效性偏差问题，导致模型出现系统性误差，从而影响训练模型的精确度和可信度，引发数据质量风险。因此，在对数据进行质量评估时，评估重点在于数据内容，即评估数据内容是否达到了客观真实性、均

① 数据代表性不足是指在收集原始数据时忽略了数据的维度，如数据维度不足以覆盖各行业领域或数据在各垂直领域的量级不均衡，收集的语言类训练数据可能存在英语语料明显多于中文语料以及中西方文化价值观的明显差异。见张欣《生成式人工智能的数据风险与治理路径》，《法律科学（西北政法大学学报）》2023 年第 5 期。

衡性和准确性的数据质量标准。明确了数据质量评估标准后，应规范数据质量评估的流程，引进相应的评估工具和评估方法。对原始数据或训练数据产品进行质量评估后应持续跟进评估结果，及时调整、优化数据质量，以系统性预防数据质量风险。

第四，制定数据定期更新机制。数据时效性偏差是影响数据质量的重要因素。数据时效性偏差是指平台获取的原始数据以及所提供的训练数据产品没有及时更新或更新频率过低。数据承载着信息，而信息可能会因政策、经济等有所变化，所以数据也是动态变化的。同样，原始数据应定期覆盖更新，保持数据的动态性和真实性。因而数据交易也不是"一锤子买卖"，交付的数据产品也需要及时更新。具体而言，平台与参与者之间应协商明确原始数据的更新频率、更新方式、数据更新范围等。更新方式包括手动更新、定时更新、自动化更新。对于不常变动的数据可以手动更新或定时更新；对于重要的业务数据和高频更新的数据应建立自动化更新系统。平台还可以通过建立数据更新监控系统，对数据的更新情况进行跟踪和分析，并及时调整数据更新策略，以确保数据的准确性和及时性。除此之外，时刻面临的数据安全风险也威胁着数据资源的质量。因此，平台构建数据安全保障体系对于数据质量的提高同样具有显著作用。

（三）构建安全可信的制度体系

在当前愈发强调数据安全的时代，保护数据安全是公共训练数据资源平台的应然逻辑。根据数据安全相关法律，采取数据安全保障措施既是合规要求，也是平台的客观需要。可信是交易的前提，保障交易可信才能促进数据流通和训练数据交易市场的健康发展。为促进平台与其他参与者之间的数据交易，平台在保障数据安全的基础上还需要创造可信环境。因此，平台需要根据可能面临的安全和可信风险分别构建数据安全保障体系、数据交易可信机制。

1. 构建数据安全保障体系

数据安全保障体系统摄公共训练数据资源平台所涉及的数据活动全过程，以技术规范和管理制度建构数据安全保障体系的整体框架。

第一，形成数据安全技术规范。平台的运营机制涉及大量数据活动，从数据资源流入到流出，平台数据安全风险贯穿始终，而数据安全风险大多由技术缺陷引发，因此技术规范优先的思路是对数据风险的直接回应。[①] 首先，应确定基本数据安全技术要求。平台作为人工智能领域的数字基础设施，汇聚、存储和处理海量数据的过程使得数据安全风险显著增加，如数据传输至服务器可能存在泄露风险等。为此，平台应设置基本的数据安全技术规范，至少应包括访问控制、数据分类分级、数据加密、数据备份与恢复等法定要求的安全技术。其次，细化关键场景的技术标准。如在平台交付数据产品的场景中，应部署安全通道、数据加密技术；以接口形式交付训练数据产品的，应制定接口安全控制策略以确保数据在传输过程中的完整性和安全性；在平台与算力中心进行数据传输的场景中，可能存在参与者不可信、算力滥用、拒绝服务攻击等安全风险。[②] 平台可引入"零信任架构"（Zero Trust Architecture，ZTA），针对用户访问以"从不信任，始终验证"的原则强化身份认证机制，以应对安全风险。[③]

第二，确立数据安全管理制度。数据安全技术及其规范是数据安全管理的工具，而数据安全管理制度是以数据安全相关法律为依据，为数据活动自治提供规范指引。首先，应明确数据安全管理组织和负责人。确定领导和监督部门，对确保数据安全的职责进行明确划分，有利于数据活动的监督管理。其次，建立风险监测和应急处理机制。为实现事故成本最小化，平台应具有风险监测预警能力以及事后应急响应能力。平台应针对可能发生的网络攻击、基础设施故障等网络数据安全风险建立风险监测和预警系统，当监测到此类风险时，应当立即采取补救措施，包括但不限于暂停服务、修改权限等。最后，建立责任承担机制。构建责任承担机制首先应根据安全风险明确违规行为及可能造成的后果，再合理分配责任、设置奖惩机制。合理的责任承担机制可以给行为人提供一定的行为预期，识别和预防安全风险，从而提高平台整体的数据安全意识和防护能力。

2. 构建数据交易可信机制

数据交易是平台汇聚、提供数据资源的重要途径，而交易主体之间的

---

① 许可：《数据交易流通的三元治理：技术、标准与法律》，《吉首大学学报》（社会科学版）2022 年第 1 期。

② 高凯辉、李丹、陈力：《算力网络资源管理安全架构与关键技术》，《信息通信技术》2023 年第 3 期。

③ 王若晗等：《零信任架构的回望与未来发展研究》，《信息安全研究》2024 年第 10 期。

信任是交易的前提。平台作为交易主体同样面临信任难题。只有构建平台与参与主体之间的信任机制，才能开展后续的数据流通交易。构建数据交易可信机制主要从应用可信技术、建立信息报告制度和引入第三方机构入手。

第一，联合多项可信技术保障交易安全。平台和其他交易主体都掌握着数据交易信息，而如何保证平台和其他交易主体都无法对数据随意篡改是亟待解决的问题。为便于追溯和防止篡改数据交易记录，平台应引进区块链技术、隐私计算中的可信执行环境技术。利用区块链技术可以记录平台内每一笔交易或数据流向，并实现交易记录数据的不可篡改性与透明性，同时联合隐私计算技术即在可信执行环境中处理交易类数据。两项技术的联合是平台实现交易互信的重要保障。

第二，建立信息报告制度保证交易公开透明。数据主体之间存在天然的信息差，任何一方都难以排除第三方的身份伪造和冒用风险，从而导致对对方安全能力的信任危机，信息报告制度的建立基于诚实信用原则和交易主体理性，旨在确保交易的透明和公平，保障交易主体的知情权。交易前，依据《民法典》第五百条有关缔约过失的规定，平台与参与者签订数据使用协议或者数据交易合同时，平台作为交易主体应该将订立合同有关的重要事项报告给对方，否则造成损失的，应当承担赔偿责任。其中的"重要事项"指数据提供者和数据的审查报告、数据质量评估报告、资质证明材料和说明文件等可能影响对方价值判断和决定的内容。交易中，数据产品的交易定价可能会因政策、市场情况变化，因此平台需要及时报告相关信息，避免双方因信息差出现分歧，影响协商进度和交易效率。此外，由于数据活动具有延续性，可能存在需要定期更新数据的情形，平台应定期向交易方报告数据产品交付相关信息。交易后，平台应向数据提供者报告其提供的数据资源使用或交易详情。基于收益分配制度，平台应向数据提供者分配部分训练数据交易产生的收益，同时确保数据提供者知晓相关信息，以便合理分配收益，提高平台的可信度。

第三，引入第三方数据资产评估机构确保数据合理定价。在数据有偿交易的模式下，平台和数据提供者、数据需求者均为利益攸关方，不足以对交易标的理性定价。即使平台基于"公共性"而给出低成本的数据定价，但数据需求者出于利益考量对此难以信任。虽然协商机制可以充分保障双方的权利，但无法确定议价范围，从而导致双方难以达成共识，影响交易效率。因此，需要引入权威的第三方数据资产评估机构，对训练数据产品进行价值评估和合理定价。对训练数据产品合理定价有利于数据公平交易、培育训练数据交易市场。平台以机构的定价建议作为训练数据产品的定价依据，不仅具有可信度，还有利于平台和参与主体之间的利益平衡。当然，第三方权威机构的定价建议并不是交易主体之间的最终交易价格，为满足人工智能大模型"低成本"获取训练数据的需求，在定价建议和成本考量的范围内，平台可基于"公共性"部分让利。由此可见，引导第三方数据资产评估机构参与数据交易对于信任机制建立和交易市场的培育具有重要意义。

五　结语

人工智能的创新发展需要突破高质量训练数据供给不足、数据获取的难度大和经济成本高的困境。建立公共训练数据资源平台是推动人工智能发展的关键措施。基础设施是处在"上游"的产业部门，其完善程度影响一个国家或地区的经济发展。[①] 公共训练数据资源平台作为人工智能数字基础设施，不仅实现了汇聚、处理、提供数据资源的基本功能，还发挥促进数据要素在人工智能领域流通利用的重要作用。基于平台的运营组织和基本功能搭建平台的整体框架，同时以主体扶持激励措施、数据质量管理制度和安全可信制度体系保障平台的功能和价值正常发挥，确保平台安全、可持续地运营。公共训练数据资源平台能够成为推动我国人工智能领域创新发展的关键力量，进而推动数字经济和社会健康发展。

---

① 刘艳红、黄雪涛、石博涵：《中国"新基建"：概念、现状与问题》，《北京工业大学学报》（社会科学版）2020 年第 6 期。

反垄断法的号召和目标[*]

〔美〕赫伯特·霍温坎普 著[**]　杨莉萍　梁佩欣 译[***]

摘　要：目前，关于反垄断法的目标，存在三种主流观点：一是控制企业规模，二是保护竞争过程，三是增进消费者福利。在法律实践中应用这些观点时，效果呈现不同的优劣。例如，控制企业规模的观点可能会忽略大企业在推动经济增长和促进创新方面所发挥的积极作用；而保护竞争过程的观点又缺乏明确的法律基础和决策工具。尽管增进消费者福利的观点在理论上具有吸引力，但在实际操作中鲜少被直接评估。此外，其定义和衡量标准也饱受争议。因此，反垄断法的目标应当更加明确地集中于推动市场竞争和增进消费者福利，而不是仅仅关注企业的规模或抽象的竞争过程。未来，反垄断政策和实践应更加聚焦产出和价格的实际变动，以及这些变动对消费者和劳动者福利所产生的影响。

关键词：反垄断法　企业规模　竞争过程　消费者福利

---

[*]　由于篇幅限制，本文原文导语、引言以及部分注释略过。为保留译著原貌，英文参考文献格式遵照原文。

[**]　赫伯特·霍温坎普（Herbert Hovenkamp），美国宾夕法尼亚大学凯里法学院及沃顿商学院詹姆斯·G. 迪南（James G. Dinan）讲席教授。感谢埃里克·霍温坎普（Erik Hovenkamp）、伊奥娜·马林斯库（Ioana Marinescu）和史蒂文·萨洛普（Steven Salop）对论文初稿的意见，以及妮基·布拉萨（Nikki Bourassa）所提供的研究协助。

[***]　杨莉萍，法学博士，福州大学法学院副教授，研究方向为反垄断法、知识产权法、数据法；梁佩欣，福州大学法学院竞争法研究中心研究助理。

第一部分　产出限制与早期《谢尔曼法》

早期的反垄断案件裁决主要集中在如何界定垄断行为及其对竞争造成的损害问题上。反垄断法的主要法律渊源是普通法①，其中《谢尔曼法》（Sherman Act）第 1 条的"贸易限制"一词指的是对产量或贸易量的限制。这一表述的出现先于现代经济学中的"福利"概念，而"福利"概念很大程度上是 20 世纪二三十年代的产物。② 相比之下，第 2 条中的"垄断"一词在 1890 年还没有成熟的含义。从历史角度而言，它主要指的是政府授予的专有权，包括专利权。

早期的反垄断裁决对《谢尔曼法》前两条都采用了"限制贸易"的表述。垄断违法行为被定义为"限制产量"或"限制生产"，限制产量通常与提高价格联系在一起。不仅是《谢尔曼法》的这两个条款③如此规定，美国各州的反垄断法亦如是规定。④

1900 年罗斯福当选副总统后主张加强反垄断执法，打击"限制生产"和"控制价格"的共谋行为。《谢尔曼法》第 2 条所禁止的"垄断"是指"价格更高而产量减少"的一个经济概念。⑤《欧盟运作条约》（TFEU）第102 条也将滥用支配地位称为"限制生产"。尽管 1914 年通过的《克莱顿法》（Clayton Act）受进步主义的影响巨大，但其实质性条款也采用了类似的经济术语。此外，《克莱顿法》的重点仍然是减少产量和价格提高问题。《克莱顿法》规制那些可能会导致"大幅减少竞争"或有"垄断倾向"的

---

① 早期的反托拉斯学术研究均强调了这一点。E. g. , Herbert J. Friedman, "The Trust Problem in the Light of Some Recent Decisions", 24 *YALE L. J.* 488, 494 (1915); accord Charles Grove Haines, "Efforts to Define Unfair Competition", 29 *YALE L. J.* 1 (1919); Albert M. Kales, "Good and Bad Trusts", 30 *HARV. L. REV.* 830 (1917).

② See, e. g. , Arthur C. Pigou, *The Economics Of Welfare* (4th ed. 1932); see also J. R. Hicks, *The Scope and Status of Welfare Economics*.

③ See, e. g. , Nelson v. United States; Alexander v. United States, 201 U. S. 117, 118 – 119 (1906); Addyston Pipe & Steel Co. v. United States, 175 U. S. 211, 236 (1899); United States v. Standard Oil Co. , 173 F. 177 (E. D. Mo. 1909), aff'd, 221 U. S. 1 (1911); United States v. U. S. Steel Corp. , 223 F. 55, 61 (D. N. J. 1915), aff'd, 25 U. S. 417 (1920).

④ See, e. g. , State v. Ark. Lumber Co. , 260 Mo. 212, 169 S. W. 145, 174 (1913); State v. Duluth Bd. Of Trade, 107 Minn. 506, 533 – 534 (1909); Chicago Wall Paper Mills v. General Paper Co. , 147 F. 491 (7th Cir. 1906).

⑤ 15 U. S. C. § 2; see also Herbert Hovenkamp, *Monopolizing Digital Commerce*, 1689 (2023).

价格歧视、搭售、排他性交易和兼并等行为。1936 年《罗宾逊－帕特曼法案》（Robinson-Patman Act）则转而使用了与此不同的概念，即企业如被证明对特定竞争者造成损害，则违反该法。

多数反垄断法的目标的表达都是具有经济性质的法律语言。自反垄断法通过以来，人们一直在寻找可以表达反垄断非经济目标的替代方案，如正义或公平，但这些方案并没有在成文法中体现，也从未达成广泛共识。[①]在需要制定具体法规条文时，这些替代方案往往因难以达成统一而显得支离破碎。这种现象本质上是一种源于对过往时代怀念的小企业保护主义——在那个时代，经济领域的主导力量是分销系统和技术水平相对落后的小型企业，而支持这些企业的行业协会及其他组织则掌握着强大的话语权。[②]

第二部分　评估反垄断法的号召和目标

一个具有价值的法律目标必须对具体条文具有一定的意义。然而，"消费者福利"并未给《谢尔曼法》第 1 条中的禁止价格垄断协议增加任何实质意义，"保护竞争过程"也没有对确定特定行为是"垄断"还是只是"减少市场竞争"提供帮助。相反，福利标准可能是最有用的，因为它对竞争、垄断和增长作出了经济上的界定，并使用经济工具来辅助解释。

反对"规模"、"保护竞争过程"和"消费者福利"也可以被描述为号召或目标。号召旨在获得广泛认同，即使是对具体规则或结果持有强烈异议的人也不例外。作为一种原则性的宣言，成功的号召必须鼓舞人心且不容置疑。谁会不同意反垄断应该保护"竞争过程"呢？"保护竞争过程"只是一个号召，而不是目标。

虽然号召可以得到广泛认同，但其缺点是无法识别违法行为。事实上，这也是它们能够获得如此广泛认同的原因所在。与号召相比，"目标"

---

① See Herbert Hovenkamp, "The Invention of Antitrust", 95 *S. CAL. L. REV.* (forthcoming 2022).

② See also Herbert Hovenkamp, "Are Monopolists or Cartels the True Source of Anticompetitive US Political Power", *Promarket* (Aug. 3, 2022), https://www.promarket.org/2022/08/03/are-monopolists-or-cartels-the-true-source-of-anticompetitive-us-political-power/ [https://perma.cc/JN S5-RUXE].

一词意味着一个确定的对象，就好比足球门或篮球架。虽然目标不太可能获得广泛认同，但一旦某一目标被接受，它就会围绕该结果产生更多的共识。这并不是说目标很容易衡量，事实上往往并不容易。虽然目标不能消除关于某个球员是否得分的所有争议，但是它创造了一套统一的衡量标准。

本文对有关反垄断法目标最常用的表述进行了评估。第一种表述是控制"规模"。该目标并不是法律解释的结果，也从未成为反垄断立法和司法的既定目标。第二种表述是"保护竞争过程"。该表述几乎总是被用作一种号召。虽然它听起来很有吸引力，但还没有人想出该如何将其转化为实际的决策工具。尽管意识形态的滥用和定义问题已经威胁到反垄断的有效性，但反垄断应该关注某种"福利"仍然是其目标的主流表达。

一 "规模"

（一）作为反垄断目标的绝对规模

虽然反垄断应关注公司"规模"的观点从未在法律中得到认可，但自反垄断运动开始以来这一观点一直受到公众的欢迎，并持续至今。① 该观点还拥有民粹主义的修辞优势，可以避免进行更精细的评估，且无须依赖专业知识。例如，确定一家公司的产品是否在界定明确的相关市场具有支配地位可能是一项技术性很强的工作，而确定一家公司是否"规模大"则不需要技术性认定。

实际上，当我们仅聚焦规模效应时，竞争政策中对"横向"与"纵向"影响的区分便显得无关紧要。竞争政策的一个既定原则是，横向安排（合并、卡特尔等）会消除参与者之间的竞争，增加联合体的有效市场份额，从而直接威胁市场竞争。相比之下，纵向安排不会消除参与者之间的竞争，也不会直接增加任何主体的市场份额。② 此外，纵向安排的效率远远高于横向安排的效率。因此，对于规制纵向限制竞争

---

① See, e.g., Frank Norris, *The Octopus: A Story of California* (1901); Tim Wu, *The Curse of Bigness: Antitrust Law in the New Gilded Age* (2018).

② 关于纵向安排与横向安排之间的主要区别，参见 Herbert Hovenkamp, *Federal Antitrust Policy: The Law of Competition and its Practice* (6th ed. 2020), Ch. 4 (horizontal), Ch. 9 (vertical)。

行为而言，证据捷径（如反垄断法的本身违法原则[①]）的适用性要弱得多。[②]

但如果我们只关心"规模"或"绝对规模"，那么企业是选择横向安排还是纵向安排就变得无关紧要了。横向收购 100 亿美元的资产与纵向收购 100 亿美元的资产一样，都会使公司规模扩大。然而，可以肯定的是，尽管纵向合并和横向合并都可能产生反竞争效应，但纵向合并导致反竞争后果的风险相对较低。

将"规模"本身视为洪水猛兽往往会忽视大公司的许多特点，而这些特点对经济和社会是有益的，甚至是不可或缺的。从这个角度来看，"规模"在民粹主义反垄断话语中的角色与"移民"在右翼民粹主义政治话语中的角色相似[③]，两者都用一个单一的术语简化一个复杂的现象。反移民言论忽视了这样一个事实：美国是一个移民国家，移民一直是美国经济和社会发展以及市场多元化的核心，新移民对经济增长至关重要。同样，大型商业公司也一直是推动美国经济增长、创新、多样性、增加就业机会和消费者福利提升的重要力量。规模和移民一样，都不应当受到责难。然而，两者都有煽动某些利益集团的修辞能力。

尽管在《谢尔曼法》颁布之前，关于"垄断"的讨论已经十分热烈，但作为一个法律术语，"垄断"并非指规模庞大的公司，而是指独家授权或特权。被认为是英国反垄断法渊源的 1623 年英国《垄断法》，也并未按规模确定其所要规制的目标。相反，它规制的是授予专有权的委托书、授权书、许可证、特许状和专利证书。[④] 在英国首个垄断案中（也是该案导致了《垄断法》的产生）[⑤]，被指为"垄断者"的人物是爱德华·达西（Edward Darcy）。他担任伊丽莎白女王侍从室的马夫，是女

---

① 本身违法原则的适用无须证明行为主体具有市场支配地位，也无须证明该行为具有明显的反竞争效果。See Phillip E. Areeda, Herbert Hovenkamp, *Antitrust Law* ¶*1509*（5th ed. 2023）（forthcoming）.

② See, e.g., NYNEX Corp. v. Discon, Inc., 525 U.S.128（1998）（单纯的纵向协议必须依据合理原则进行分析）.

③ See, e.g., Laura Finley, Luigi Esposito, *The Immigrant as Bogeyman: Exam-ining Donald Trump and the Right's Anti-immigrant Anti-PC Rhetoric*, 178（2020）.

④ Statute of Monopolies 1623, 21 Jac 1 c.3 § I（Eng.）.

⑤ Darcy v. Allein, 77 Eng. Rep. 1260（1602）. See Sidney T. Miller, *The Case of the Monopolies: Some of its Results and Suggestions*.

王身旁的资深仆人。他获得了从法国进口扑克牌的独家许可权，并因此每年向王室缴纳 100 马克的费用（相当于现今的 26000 美元）。① 从根本上说，该案牵涉王室与议会之间的争端，即议会认为王室随意授予了专有特权。

在《谢尔曼法》颁布之前，英国和美国法律中对垄断的理解主要集中在那些拥有独家授权的产品上，而不是大型企业。《谢尔曼法》颁布前许多有关"垄断"的判决都是针对小型建筑的，例如是否应认定一座独家收费桥梁拥有垄断权；② 即使是专利所赋予的"垄断"，通常也权力很小且有限。③ 总之，当时的专利"垄断"仅限于特定的产品或工艺，与拥有专利的公司规模无关。

然而，对"规模"的恐惧深植于反垄断法的历史之中。以进步主义小说家弗兰克·诺里斯（Frank Norris）为例，他在 1901 年出版的小说《章鱼》中，将一个虚构的加利福尼亚铁路描绘成"章鱼"，其触角"扼杀"了加利福尼亚农业和政治的多个方面。艾达·塔贝尔（Ida Tarbell）在 1904 年出版的《标准石油公司史》（*History of the Standard Oil Company*）中也提到了同样的隐喻。④ 同年，*Puck* 杂志刊登了著名的标准石油章鱼漫画，题为《下一个》（*Next*），描绘了标准石油章鱼对美国各机构不断扩张的统治，甚至包围了首都。⑤

章鱼的比喻极为生动。它不仅揭示了大公司的庞大规模可能构成的威胁，还阐明了这种"怪物"如何向二级市场扩张，并对所有它能够施加恶意影响的领域进行控制。章鱼的身体象征着生命的运作核心，而其无意识的触手则代表着无限的延伸能力。数十年后，这一比喻被广泛用于反对公

---

① 在伊丽莎白一世时期，1 英镑相当于如今的 400 美元，而 1 马克则相当于 2/3 英镑。因此，这份特许权的售价换算成今天的美元，大约是 26000 美元。

② The most well-known was Proprietors of the Charles River Bridge v. The Proprietors of the Warren Bridge, 36 U. S. 420（1837）. See also Huse v. Glover, 119 U. S. 543（1886）; Wright v. Nagle, 101 U. S. 791（1879）.

③ See, e. g., Adams v. Burke（谈及的是一项改进棺材盖的专利垄断技术，该技术使得棺材盖在打开时也能看到棺材铭牌）。

④ Ida M. Tarbell, *The History of th Standard Oil Co.*（1904）.

⑤ Udo J. Keppler, "Next!（illustration）in Digital Library", The Theodoreroosevelt Center At Dickinson State University, https：//www. theodorerooseveltcenter. org/Research/Digital － Library/Record? libID＝O277854［https：//perma. cc/FF23-D5FV］.

司对相关市场的纵向整合。① 其他进步派作家和某些法院②甚至更早就使用了这一比喻。不过，也有一些人对这一比喻提出了质疑。③ 即便如此，损害的根源也不是规模本身，而是大公司排除竞争对手的能力。

撇开"反对大规模"言论的大行其道不谈，我们很难找到一个仅仅因为企业规模过大就将其解散甚至处罚的反垄断案例。实际上，在早期的反垄断司法实践中，判断企业是否滥用市场支配地位的案件往往更接近于侵权案件，重点在于对不良行为的审查。反垄断法中并未包含任何条款，为限制"规模"本身提供一致且连贯的法律依据。

此外，如果反垄断法的目标是提供更高的产量、更低的价格、更佳的消费者满意度、更多的就业机会或更丰富的创新，那么仅仅针对规模的反垄断政策将无法达到预期效果。尽管上述内容与企业规模之间的关系是一个实践问题，但显然没有普遍证据表明，企业规模越大，以上某方面就会受到影响。恰恰相反，历史中许多证据揭示，反对大企业的大多数声音来自竞争对手，他们抱怨大企业提供了自身难以匹敌的低价和创新技术。

大企业的成本和价格往往低于小企业。事实上，这也正是小企业组成行业协会共同对抗大企业的主要原因。长达一个世纪以来，大企业支付的工资一直高于小企业。④ 在全球范围内，大企业相较于小企业在创新方面的投入更为显著。⑤ 因此，将"规模"认定为反垄断的威胁，往往会沦为

---

① See, e. g. , Exxon Corp. v. Governor of Maryland, (1978); see id. at 143 n. 8 (Blackmun, J. , concurring and dissenting in part).

② See, e. g. , State ex rel. Hadley v. Standard Oil Co. , (1908); State v. Racine Sattley Co. , 134 S. W. 400, 671 (Tex. Civ. App. 1911) (similar).

③ 在1900年，进步派经济学家约翰·贝茨·克拉克（John Bates Clark）认为"章鱼"一词并不足以描述托拉斯经济体的结构特征。John Bates Clark, *Trusts* (1900). See also Henry R. Hatfield, *The Chicago Trust Conference* (1899); Norbert Heinsheimer, *The Legal Status of Trusts*, 58 (1888).

④ See Nicholas Bloom, Faith Guvenen, Benjamin S. Smith, Jae Song, Till von Wachter, *Is the Large Firm Wage Premium Dead or Merely Resting?* But see Emanuele Colonnelli, Joacim T. G. , Michael Webb, Stefanie Wolter, *A Cross-Country Comparison of Dynamics in the Large Firm Wage Premium*.

⑤ 例如，德国的研究人员在对本国企业进行的实证研究中，持续地证实了这一结论的正确性。See Julian Baumann, Alexander S. Kritikos, *The Link Between R&D, Innovation and Productivity: Are Micro Firms Different?* Dirk Czarnitzki, Hanna Hottenrott, *R&D Investment and Financing Constraints of Small and Medium-Sized Firms*; cf. David B. Audretsch, Marian Hafenstein, Alexander Kritikos, Alexander Schiersch, "Firm Size and Innovation in the Service Sector", https://papers. ssrn. com/sol3/papers. cfm? abstract_ id = 3299312.

对低价、消费者和劳工福利以及促进创新等反垄断目标的攻击。

消费者的购买力和劳动力均具有可变性，因为他们对产品产量的变化很敏感。① 随着产量的增加，消费者和劳动者的福利会越来越好。相反，产量的降低有助于保护那些规模较小或尚未实现技术现代化的企业。虽然规模大可能确实会为反竞争行为创造机会，但在这种情况下，应查明并起诉这种行为本身，而非一概地针对企业规模。

如果反垄断的目标是保护创新能力较弱或产品成本较高的企业，那么以企业规模作为目标将更为有效。如果一家非市场支配地位企业提供（比具有市场支配地位企业）更高价或更低质的产品，它将面临失去大量销售额的风险。市场支配地位标准旨在解决这一问题。然而，如果一家企业提供更低的价格或更多的创新产品，即使它在市场中不占支配地位，也会损害成本较高或创新能力较弱的竞争对手。例如，连锁店的情况就说明了这一点，它们通过规模优势将许多单店零售商挤出了市场，即便这些连锁店各自所占的市场份额并不占据支配地位。即便是 20 世纪 30 年代促使美国国会通过《罗宾逊-帕特曼法案》的大型食品杂货连锁店 A&P，也只占当时全国食品杂货销售市场的 14% 左右②，甚至在任何地区其市场份额都不超过 20%。③ 因此，"规模"标准的价值取决于人们对反垄断政策目标的预先设定。以"规模"为焦点通常会使竞争者受益，而消费者和劳动者则会遭受损失。

众所周知，根据美国法律，规模大本身并不构成违反反垄断法的行为。④ 此外，限制"规模"的反垄断政策与旨在降低经济活动中市场支配地位的政策不同。作为反垄断目标的"市场支配地位"与"规模"

① See Herbert Hovenkamp, *Worker Welfare and Antitrust*.

② Marc Levinson, *The Great A&P and the Struggle for Small Business in America*（2011）.

③ See Maurice A. Adelman, *Dirlam and Kahn on the A & P Case*（1953）.

④ See, e. g., United States v. U. S. Steel Corp.（1920）; United States v. Aluminum Co. of America（Alcoa）; see also United States v. Int'l Harvester Co.（1927）; cf. United States v. Line Material Co.,（1948）; Among more recent decisions, see, e. g., Viamedia, Inc. v. Comcast Corp., 951 F. 3rd 429, 451（7th Cir. 2020）. See, e. g., United States v. U. S. Steel Corp., 251 U. S. 417, 451（1920）; United States v. Aluminum Co. of America（Alcoa）, 148 F. 2d 416, 430 n. 2（2d Cir. 1945）（quoting U. S. Steel, 251 U. S. at 451）; see also United States v. Int'l Harvester Co., 274 U. S. 693, 708 – 709（1927）; cf. United States v. Line Material Co., 333 U. S. 287, 310（1948）. Among more recent decisions, see, e. g., Viamedia, Inc. v. Comcast Corp., 951 F. 3d 429, 451（7th Cir. 2020）.

在功能上的区别在于，市场支配地位与价格上涨或市场产量减少的威胁直接相关。市场支配地位的技术定义是通过将价格提高至高于成本的水平来获利的能力。[①] 而"规模"与价格上涨或产量减少之间并不存在必然联系。

毋庸置疑，在特定的市场环境下，企业的规模大小与其在市场上的影响力或控制力之间存在一定的相关性。这是因为，企业的规模往往能体现其在市场中的影响力。然而，仅凭规模大小并不能直接得出上述结论。例如，在人口不足 3000 人的得克萨斯州奥佐纳市，汽车制造商克莱斯勒公司的规模是当地唯一一家游泳池承包商的数千倍。但这家游泳池承包商在这里可能拥有更大的市场力量，因为对那些希望在奥佐纳安装游泳池的人来说别无选择；而克莱斯勒则必须与福特、通用汽车、丰田、日产等公司同场竞技。因此，尽管克莱斯勒的规模要大得多（比游泳池承包商），但其在奥佐纳的市场影响力较小。

（二）《克莱顿法》与大公司、控股公司

19 世纪 80 年代末，美国各州开始制定更为宽松的公司法，旨在促进大型公司的发展。从那时起，各州竞相放宽公司法规定的这种转变就一直被抨击为是一场"竞次"比赛，[②] 甚至到了需要联邦政府以更强的反垄断或证券法干预的程度。[③] 然而，美国反垄断法与公司法的宽松趋势保持了一致，并为大型公司的发展提供了助力。最初《谢尔曼法》第 8 条规定，公司应被视为独立的"人"，并允许美国各州对任何规模或任何领域公司的权力和公司的任何活动不加限制。该条款要求这些公司的成立仅符合州法律的规定即可。[④] 25 年后，由进步派主导的美国国会对

---

① William M. Landes, Richard A. Posner, *Market Power in Antitrust Cases* (1981).

② 在很大程度上，正是公司特许经营税制度推动了这一运动。例如，在 20 世纪早期，新泽西州大约 30% 的年财政收入来自公司特许经营税的征收。Joseph F. Mahoney, *Backsliding Convert: Woodrow Wilson and the "Seven Sisters"* (1966).

③ On securities law, see Adolf Berle & Gardiner Means, *The Modern Corporation and Private Property* (Routledge 1932). See also Lucian A. Bebchuk, *Federalism and the Corporation: The Desirable Limits on State Competition in Corporate Law* (1992); William L. Cary, *Federalism and Corporate Law: Reflections upon Delaware* (1974). 关于新泽西州在进步时代居于引领者地位的实证依据，参见 Christopher Grandy, *New Jersey Corporate Chatermongering* (1989).

④ 最初的《谢尔曼法》第 8 条规定：本法中使用的"人"（person）或者"人们"（persons）一词，应被理解为包括——根据美国法律、任何美国属地法律、任何州法律或任何外国法律——成立或获得授权的公司与协会。Sherman Antitrust Act, ch. 647, 26 Stat. 209 (1890), codified at 15 U. S. C. § 7 (2018).

《谢尔曼法》中关于"人"的定义更为重视，将其主要限定为公司，并在《克莱顿法》第 1 条中予以规定。① 尽管表述方式很含蓄（如根据《谢尔曼法》第 1 条和第 2 条的规定，监禁被视为一种可能的刑事处罚选项，但仅限于自然人），但上述两条款均未明确将自然人视为反垄断法中的"人"。

新泽西州于 1888 年修订了公司法，引入了"控股公司"的概念，允许一家公司绝对控股或收购其他公司。② 随后，其他州也纷纷效仿这一做法。③ 股票交易使得控股公司成为公司合并的强大工具。新泽西州政府处理的首宗重大反垄断合并案件，正是由一家新泽西州控股公司促成的铁路合并案。④ 本案中，受到质疑的并非控股公司本身，而是利用控股公司将两条相互竞争的铁路线集中在一家公司的控制之下的行为。

在 1912 年，民主党总统候选人的反垄断政纲中，已经包含了对控股公司的先进批评论述。⑤ 这可能是伍德罗·威尔逊（Woodrow Wilson）和路易斯·布兰代斯（Louis Brandeis）在 1912 年美国总统大选前会面的结果。然而，联邦政府并没有在反垄断法中颁布任何禁令，各州也对民主党的请求置若罔闻。事实上，威尔逊总统时代的国会在《克莱顿法》中采纳了民主党反垄断纲领的大部分建议，但唯独没有采纳禁止控股公司的建议。相反，新法规明确允许成立控股公司，前提是它们不参与其他反竞争行为：本条规定，不阻止商业公司组建子公司以从事相关的合法业务，或组建自然合法的分支机构扩展其业务；也不阻止商业公司拥有、持有此类子公司

---

① 15 U. S. C. § 12（2018）.

② See N. J. Laws, 385, 445（1888）. On the history, see Phillip Blumberg, *The Transformation of Modern Corporation Law：The Law of Corporate Groups*（2005）. For contemporary commentary, see Edward Q. Keasbey, *New Jersey and the Great Corporations*（1899）.

③ 布兰代斯大法官曾在 Louis K. Liggett Co. v. Lee（288 U. S. 517, 1933）一案中扼要梳理了这一制度的历史沿革。

④ N. Sec. Co. v. United States, 193 U. S. 197, 301（1904）（裁定该合并违法，并认为"以规避法律为目的而设立控股公司的行为"并不能逃脱反垄断法的适用）.

⑤ See Democratic Party Platform of 1912（1912）, https：//www. presidency. ucsb. edu/documents/1912-democratic-party-platform [我们主张通过法律明确规定企业参与州际贸易的许可条件，其中包括（但不限于）对控股公司的限制……]. The Platform also called for limitations on interlocking directors, which was adopted in section 8 of the Clayton Act, 15 U. S. C. § 19, and further limitations on price discrimination, which were adopted in section 2, 15 U. S. C. § 13. On Progressive opposition to holding companies, see J. Newton Baker, The Evil of Special Privilege,（1913）.

的全部或部分股票，只要上述行为并不严重削弱竞争。①

截至 1932 年，控股公司研究领域的主要著作作者詹姆斯·C. 邦布莱特（James C. Bonbright）和加德纳·米恩斯（Gardiner Means）共同得出结论：美国几乎所有州都已修订了公司法，以允许控股公司的存在。②

这项关于单一"人"的法定定义包括公司，甚至是控股公司，通常决定了公司内部"单方"行为与通过合同进行关联交易行为之间的界限。例如，在公司法修改中允许控股公司存在时，也明确规定了母公司与全资子公司之间的安排应被视为单方行为，而非共谋。③ 从此方面而言，进步派国会制定的《克莱顿法》直接保护了企业规模免受任何形式的攻击。

（三）"规模"和布兰代斯

1. 布兰代斯：小企业与落后技术

布兰代斯大法官通常被认为是将"反规模"作为反垄断目标的先驱之一。在著名的利格特公司诉李案（Louis K. Liggett Co. v. Lee）的异议意见中，布兰代斯大法官坚决支持对规模过大的连锁店征收歧视性税收以抑制其发展。他主张，企业规模过大可能会像垄断或已被公认的贸易限制一样对社会造成危害。如果国家认为零售商的大型化（如公司连锁店）可能对公共福利构成威胁，那么它可以限制该行业的过度扩张或业务范围，就像禁止机动车辆的超限超载和城市建筑物的过高一样。④

布兰代斯大法官的观点是，对企业规模的监管与对卡车重量或建筑物高度的监管本质上并无太大区别。尤其值得关注的是，他主张即使连锁店不存在垄断的可能性，也没有限制贸易的行为，其规模仍应受到限制。

布兰代斯大法官指出，企业规模过于庞大可能引发的危害包括：侵犯

---

① 15 U. S. C. §18（2018）. This reflected the federal expansion of Commerce Clause reach expressed in Wickard v. Filburn. 317 U. S. 111（1942）.

② Ames C. Bonbright, Gardiner C. Means, "The Holding Company", 57 *Itspublic Significance, And Its Regulation*（1932）; see generally Herbert Hovenkamp, *The Classical Corporation in American Legal Thought*, 1669–1672（1988）.

③ See, e. g., Copperweld Corp. v. Independence Tube Corp., 467 U. S. 752（1984）. But see, e. g., American Needle, Inc. v. NFL, 560 U. S. 183（2010）.

④ Louis K. Liggett Co. v. Lee,（1933）（Brandeis, J., dissenting）. The reference to the height of buildings was very likely to Welch v. Swasey,（1909）, or else Village of Euclid v. Ambler Realty Co.,（1926）. For contemporary criticism, see J. Edward Collins, *Anti-Chain Store Legislation*（1939）.

个人自由和经济机会、劳动力受制于资本、形成垄断以及公司吸收资本并永续经营。这可能带来类似于中世纪封建土地所有权终身制的弊端①。此外，还有一种担忧，即大量资本的集中，特别是公司作为法人实体对资本的控制，可能固有的潜在风险。除此之外，布兰代斯并没有非常具体地说明连锁店将导致哪些类型的损害。他对"侵犯自由"的担忧似乎是天马行空的夸夸其谈，因为唯一的问题来自连锁零售商，而这些零售商的成功正是因为消费者喜欢它们。

正如布兰代斯所言，公司法的历史"反映了对公司的规模和活动范围的严格限制"，甚至体现了"机会平等的理念"。实际上，许多针对公司获得排他性授权的批评，都认为这是一种特权，可能会排斥竞争者。② 布兰代斯对各州逐渐取消对门店规模限制的做法深表遗憾。③ 因此，经济权力从大公司的所有者（股东）手中转移到了影响力日益增长的公司高管手中，这些公司也得以控制其所在州的经济和政治格局。他的结论指出，"规模"本身赋予了大型公司一种社会意义，而小型的私营企业单位通常不具有这种意义。

控股公司对于连锁店的扩张起着至关重要的作用。正如詹姆斯·邦布莱特（James Bonbright）所指出的，连锁店的发展在很大程度上得益于控股公司的机制——这大概是指控股公司的形式为收购小型杂货店股票提供了便利。④（因此）许多连锁店都是以控股公司的形式组织起来的。⑤

无论如何，那个时代的政治运动充满了狂热。20 世纪中期，美国一些州实施了反连锁的相关立法，而经济大萧条则进一步推动了这一趋势。1931~1937 年，共有 26 个州通过了类似的法律。⑥ 然而，针对控股公司的

---

① Liggett，288 U. S. 封建土地所有权终身制是英国封建土地所有制中的一种制度，其核心特征表现为土地所有权被永久性持有（通常由教会掌控），而所有土地实际占有人仅以不同等级的佃户形式存在。

② See Herbert Hovenkamp, *Enterprise and American Law*（1991）.

③ Liggett，288 U. S. at 550~564.

④ James C. Bonbright, "Recent Developments in the Law of Public Utility Holding Companies—A Comment", 31 *COL. L. REV.* 208, 208（1931）.

⑤ Godfrey N. Nelson, "Taxation of Corporate Holding Companies", 31 *Proc. Ann. Conf. Taxation Under Auspices Nat. Tax Assn*, 419（1938）; see also Ray v. Farley, 131 So. 365（Miss. 1930）; Lovett v. Lee, 198 So. 538（1940）. 以控股公司架构组织的多站点汽油分销商同样被纳入课税范围。

⑥ Daniel Scroop, *The Anti-Chain Store Movement and the Politics of Consumption*（2008）.

立法提案遭遇了挫折，甚至没有通过任何一般性立法。不过，1935 年通过的《公用事业控股公司法》（PUHCA）赋予了证券交易委员会解散或监管那些规模扩张至广泛地区的公用事业控股公司的权力。① 随后，为了推动能源政策中更多市场导向措施的实施，2006 年该法案被撤销。②

除了各州的反连锁立法外，美国国会还于 1936 年通过了《罗宾逊-帕特曼法案》，旨在通过削弱大型零售商获取更低批发价格的能力来限制其发展。③ 此外，美国国会还颁布了《米勒-泰丁斯法案》（Miller-Tydings Act)④。该法案旨在将各州允许维持转售价格的行为或达成"公平交易"的行为合法化，以保护小型零售商免受价格战的冲击。⑤ 所有这些立法的共同目标是保护传统的家族式单店零售商，使其免受来自大型企业的竞争压力。休伊·朗（Huey Long）是早期推动累进连锁税立法的关键人物之一。⑥他宣称自己"宁愿路易斯安那州有小偷和歹徒，也不要开连锁店"。⑦

然而，连锁店实际上很少涉及垄断。首先，它们数量众多，竞争充分。⑧ 其次，它们从未在相关的零售市场中占据垄断地位。不过，它们确实严重损害了上一代单店经营者的利益。⑨

---

① See Gulf States Utilities Co. v. FPC（1973）.

② Repealed by the Energy Policy Act of 2005, Pub. L. No. 109 - 158 § § 1264, 1274, 119 Stat. 594. See Joshua P. Fershee, "Misguided Energy: Why Recent Legislative, Regulatory, and Market Initiatives are Insufficient to Improve the U. S. Energy Infrastructure", 44 *HARV. J. LEGIS.* 327（2007）（critiquing the repeal）.

③ 15 U. S. C. § 13.

④ Miller-Tydings Act of 1937, Pub. L. No. 314, 50 Stat. 693（1937）. The Act was repealed by the Consumer Goods Pricing Act of 1975, Pub. L. No. 94 - 145, 89 Stat. 801 [amending 15 U. S. C. § § 1, 45（a）].

⑤ Laura Phillips Sawyer, *American Fair Trade: Proprietary Capitalism, Corporatism, and the ʻNew Competition,ʼ 1890 - 1940* （Cambridge Univ. Press, 2018）; Joseph C. Palamountain Jr., *The Politics of Distribution* 235 - 254（1955）. For contemporary reaction and analysis, see Note, "Resale Price Maintenance: The Miller-Tydings Enabling Act", 51 *HARV. L. REV.* 336（1937）.

⑥ Carl G. Ryant, "The South and the Movement Against Chain Stores", 39 *J. S. HIST.* 207, 213（1973）.

⑦ Carl H. Fulda, *Food Distribution in the United States, the Struggle Between Independents and Chains* （1951）.

⑧ Frederick John Harper, *The Anti-Chain Store Movement in the United States*, 1927 - 1940 1 - 2（1981）（据估算，1900 年符合"四个及以上门店"定义的竞争性连锁企业为 3000 家，但到 1929 年该数字已激增至 95386 家）。

⑨ 有关大型连锁店企业的历史沿革及其发展对中小商户的竞争威胁，参见 Richard C. Schragger, "The Anti-Chain Store Movement, Localist Ideology, and the Remnants of the Progressive Constitution, 1920-1940", 90 *IOWA L. REV.* 1011（2005）。

布兰代斯大法官承认，公司积累的资本曾经被视为一种用于促进私人商业活动高效开展的手段。尽管他承认规模较大的公司通常效率更高，但同时他也指出，这些公司"不仅有能力，而且有责任为公共财政贡献更多"。然而，他补充说国家无须将税率差异建立在"效率会随着规模的增加而提高"这一具有争议的基础之上。①

一个没有被布兰代斯承认的事实是，征收连锁店税的目的之一并不仅仅是让它们履行社会责任，而是意在将它们彻底排除在商业领域之外。几年后，众议员赖特·帕特曼（Wright Patman）和75名国会共同提案人提出了一项被喻为"死刑"的极端立法，目的也正是如此。整个连锁店事件是民主进程的巨大失败。在此过程中，立法机构并未充分关注那些只能通过选择购买或不购买某个商品或服务来表达意见的普通消费者（即"用脚投票"的消费者）。相反，它们听取了组织结构更为系统化的小型零售商协会的意见。

利格特公司诉李案实际上并非反垄断案件，而是一件挑战州税法的案件。尽管美国在1913年之前已有若干州制定了相关法律，但随着《罗宾逊-帕特曼法案》②的通过，反连锁店运动正式上升为反垄断问题。③《罗宾逊-帕特曼法案》被视为纯粹的利益集团立法产物，其通过是响应了美国批发杂货商协会的强烈要求。该协会的总法律顾问亨利·蒂加登（Henry B. Teegarden）不仅起草了该法案④，而且在很大程度上参与了法案的修订过程。⑤

在《罗宾逊-帕特曼法案》颁布之前，有关控股公司和连锁店争论的核心是对纵向一体化的担忧；但《罗宾逊-帕特曼法案》的出台并未回应

---

① Louis K. Liggett Co. v. Lee, 288 U. S. 517, 565（1933）（Brandeis, J., dissenting）.

② 15 U. S. C. § 13.

③ See Ewald T. Grether, "Fair Trade Legislation Restricting Price Cutting", 1 *J. MARKETING* 344（1937）; Ewald T. Grether, *Note*, *Experience in California with Fair Trade Legislation Restricting Price Cutting*, 640（1936）.

④ See Prohibition on Price Discrimination: Hearings on H. R. 8442 Before the H. Comm. on the Judiciary, 74th Cong. 9（1935）.

⑤ See U. S. Department of Justice, Report on the Robinson-Patman Act 114 - 124（1978）. For more on Teegarden's role, see Cecil E. Weller, Jr., "Joseph Taylor Robinson and the Robinson-Patman Act", 47 *ARK. HIST. Q.* 29（1988）; Andrew I. Gavil, "Secondary Line Price Discrimination and the Fate of Morton Salt: To Save it, Let it Go", 48 *EMORY L. J.* 1057, 1071-1076（1999）.

这一问题。美国联邦贸易委员会（FTC）则不同，它在自己的连锁店调查报告中提及了关于零售业纵向一体化的影响。① 报告的结论明确指出：显而易见，在委员会从法律层面审视连锁店的社会与经济利弊时，连锁店所拥有的众多市场优势并不违反现行的法律法规。诸如生产与批发、零售与分销一体化所带来的市场优势，以及避免信贷和送货服务所节省的成本，还有连锁店实现大规模广告效益的能力等，目前的法律并未对其明确规范或限制。委员会亦并未建议修改法律以限制这些市场优势。因为这样的限制措施不仅侵犯了私人的财产权和自主权，还忽视了市场竞争的原则，最终可能会损害以降低价格和生活成本为目的的公共利益。②

美国联邦贸易委员会得出的相对中立的结论本应引导国会在一年后停止审议零售业纵向一体化对市场优势和竞争市场的潜在威胁，然而，国会并未采取这一行动。国会在《罗宾逊-帕特曼法案》颁布前举行的听证会上只听取了单店零售商行业代表的意见，甚至未要求美国联邦贸易委员会或司法部提供陈述意见。③ 该法案遭到纽约众议员伊曼纽尔·凯勒（Emanuel Celler）的强烈反对。他是一位自由派人士，后来与他人共同提出了 1950 年的《凯勒-凯福弗法案》（Celler-Kefauver Act），这一法案加大了美国联邦法律中公司合并法律体系的整体执法力度。凯勒指出，《罗宾逊-帕特曼法案》旨在保护小型单店经销商，使其免遭能够轻松应对价格战的大型连锁经销商的冲击。他得出的结论是，法案显然对消费者不利，意图是在口蜜腹剑的言辞掩盖下，确保小企业和单店零售商的商业利润，而未考虑为消费者提供高效服务的重要性。

针对连锁店的反垄断运动与 21 世纪针对大型数字平台（包括谷歌、亚马逊、苹果和 Facebook）的运动有着异曲同工之处。首先，它们的发起在很大程度上带有民粹主义的色彩，因而忽视了商业组织和创新领域的很多经济学原理。其次，它们在很大程度上都是对零售和分销领域重大创新的保守派回应，这些创新受到了消费者的喜爱，但严重损害了那些故步自封企业的利益。其中包括对中介或中间商的需求急剧下降，这些中介和中

---

① Fed. Trade Comm'n, Final Report on the Chain Store Investigation, S. Doc. No. 4, 74th Cong., 1st Sess. (1935).

② Fed. Trade Comm'n, Annual Report (1935), https://www.ftc.gov/sites/default/files/documents/reports_annual/annual-report-1935/ar1935_0.pdf.

③ See Hugh Hansen, *Robinson-Patman Law: A Review and Analysis.*

间商曾经在制造商和零售商之间起到桥梁纽带作用，对小型零售商而言很重要，但往往被连锁店的纵向一体化所取代。最后，该运动建立在言过其实的损害理论和浅尝辄止的问题分析之上。这一点在《罗宾逊－帕特曼法案》通过后变得尤为明显。

反连锁店运动很大程度上是由利益集团推动的一场政治运动。支持这场运动的是那些在政治上组织严密的老牌单店经营者和固守落后技术的经营者。然而，它无益于最重要的两个利益相关者——消费者和劳动者。因此，反连锁店运动在几年后便因大量消费者持续坚定地支持连锁店而最终偃旗息鼓。①

布兰代斯大法官在利格特公司诉李案中的异议意见被收录在其 1934 年出版的《规模的诅咒》（*The Curse of Bigness*）一书中。② 除了利格特公司诉李案和另外一篇联邦最高法院案件的异议意见之外，该书所收录的所有作品均创作于 1916 年布兰代斯被任命为联邦最高法院大法官之前。后一篇判决异议意见来自联邦最高法院新州冰公司诉利布曼案（New State Ice Co. v. Liebmann）。③ 此判决异议揭示了布兰代斯对一个技术迅猛发展和分销模式经历重大变革的行业的疑虑。在该案中，多数法官废除了俄克拉何马州的一项规定，即商业制冰商必须获得政府许可，而申请许可的前提是必须证明其"符合公共利益且具有必要性"。首先，布兰代斯大法官在其异议意见中认为施加政府许可是合理的。他主张制冰设备的固定成本包括需要支付的贷款利息和设备折旧后的价值减少。因此，企业的成功取决于每家公司可获得的交易量，即销售的冰的数量。这一规定的目的是"通过防止浪费来保护公共利益"。当然，任何有固定成本的行业都可归属于这一类。其次，布兰代斯指出俄克拉何马州已宣布制冰业为"公共事业"。然而，尽管他承认制冰行业可能对公众健康具有重要意义，但他对于这一声明仍然持有保留意见。同时，他强调，确定哪些行业属于公共事业的权力属于各州。

---

① See Paul Ingram, Hayagreeva Rao, "Store Wars: The Enactment and Repeal of Anti-Chain-Store Legislation in America", 110 *AM. J. SOC*. 446 (2004).

② See Louis K. Liggett Co. v. Lee, 288 U. S. 517 (1933) (Brandeis, J., dissenting), reprinted in the Curse of Bigness: Miscellaneous Papers of Louis D. Brandeis (Osmond K. Fraenkel, Clarence M. Lewis eds., 1934) [hereinafter Curse Of Bigness].

③ New State Ice Co. v. Liebmann, 285 U. S. 262 (1932).

　　申请制冰许可证的条件是由美国国家制冰工业协会设定的。该协会是一个由小型和独立制冰生产商组成的利益集团，各州的分会独立运作。在该案发生时，协会成员控制着美国 84% 的商业冰块生产份额。[①] 有些州甚至对冰的价格进行管制。[②] 该协会所关注的核心议题之一是冰小贩和冰块销售代理所带来的影响，由于他们扩大了大型制冰厂的配送网络，这可能对小型及独立的制冰生产商构成潜在的竞争威胁。[③] 在 20 世纪 20 年代，随着低价电动制冰厂的兴起，这些工厂的冰售价通常低于当地传统冰块生产商的冰售价，于是冰小贩和冰块销售代理应运而生。这导致了一个结果，该行业在垂死之际遭遇了产能过剩的问题。[④]

　　除了对小贩进行打击，制冰业还采取了其他措施来限制产量。例如，根据 1925 年美国联邦贸易委员会关于制冰行业协会的报告，如果运送冰淇淋的卡车同时销售冰块，这将违反制冰协会的内部规定和行业标准。[⑤] 由此造成的损失显而易见，因为运输设备有明显的联合成本优势，所以如果同一辆车同时运送这两种商品，那么分摊到每单位商品上的设备成本就会降低，从而使得整体的运送成本低于分别运送冰淇淋和冰块的成本。

　　然而，对制冰业威胁最大、最致命的不是小贩，而是电动制冷技术。[⑥] 传统的制冰方法包括从冰冻的湖泊中采集天然冰，随后发展到在商业工厂中人工制造冰块。[⑦] 20 世纪初，机械式电冰箱首先进入零售店，随后进入家庭，最终扼杀了制冰业。[⑧] 1922 年，J. G. 布莱克（J. G. Black）主席在

---

① Brief for Petitioner, New State Ice Co. v. Liebmann, 285 U. S. 262 (1932), 1932 WL 33240, at ∗ 27–28.

② See Southwest Utility Ice Co. v. Liebmann, 52 F. 2d 349, 355 (10th Cir. 1931).

③ On the role of peddlers, see State ex rel. Kimbrell v. People's Ice, Storage & Fuel Co., 246 Mo. 168 (1912).

④ See L. B. Breedlove, "The Ice Industry: Its Economies and Future", 8 *J. Land & Pub. Utility Econ.* 234 (1932). For fact findings in the lower court, see New State Ice Co. v. Liebmann, 42 F. 2d 913, 917–918 (1930).

⑤ Fed. Trade Comm'n, Report On Open-Price Trade Associations 306 (1925) [hereinafter Open-Price Trade Associations Report], https: //babel. hathtrust. org/cgi/pt? id = UC1. $ b46743& view = 1up&seq = 9&skin = 2021.

⑥ For a good brief history of the industry, see A. R. Stevenson, Jr., "Refrigeration", 208 *J. FRANKLIN INST.* 143 (1919).

⑦ See Andrew Robichaud, "Frozen Over: Making Ice and Knowing Nature in Nineteenth-Century America", 27 *ENV'T HIST.* 519 (2022).

⑧ See Jonathan Rees, *Refrigeration Nation: A History of Ice, Appliances, and Enterprise in America* (2013).

制冰行业协会的致辞中称电冰箱是一种威胁，需要加以控制。他警告称：在某些特定的环境或情况下，使用机械设备提供的制冷或保鲜服务比传统使用冰块的方法往往带来更高的满意度。制冰业为此采取了多种策略，包括对非电冰箱进行长期补贴，旨在将客户锁定在老式制冰技术上。① 然而，与连锁店一样，电冰箱对普通消费者来说实在是太有吸引力了。如果他们想要冰箱，只要家庭预算允许他们就会购买。

在利格特公司案和利布曼案中，布兰代斯的异议意见凸显了两个显著特点。首先，他在很大程度上将自己的利益与那些采用过时的分销方式和旧技术的小型企业联系在一起，甚至不惜牺牲消费者和其他能够从更充分竞争市场中受益的群体的利益。其次，他对"规模"的担忧仅限于个别大公司，而忽视了行业协会带来的更大威胁。② 在连锁店和制冰业等行业中，真正的竞争威胁并非源自单一的大公司，而是由众多小公司联合形成的行业协会。这些小公司拥有足够的政治影响力来弥补其在生产效率或技术方面的不足。美国联邦贸易委员会在 1925 年关于行业协会的报告中也指出，几乎所有的协会都参与了立法游说活动。

2. 布兰代斯的效率困境

布兰代斯对连锁店及其他大型零售商的敌意，体现了他个人对商业效率的悲观态度。1914 年，在对美国商会（U. S. Chamber of Commerce）的一次公开演讲中，他承认企业能够通过规模扩张实现更高的效率。然而，它们往往在发展的早期就达到了效率的最大化（而不是随着规模的不断扩大而持续提高效率）。从这个角度来看，"在许多方面，规模的劣势大于规模的优势"。③ 他指出，大型企业的优势在于强大的知识收集和（信息）获取能力。在此范围内，他还提到了研究实验室，认为它们往往需要依赖大型企业才能维持。

布兰代斯坚信，效率是企业管理的产物，而非公司规模发展的结果。他是一位"泰勒主义"（或称"科学管理理论"）的狂热追随者，这一理

---

① See Rich Ling, Oscar Westlund, "Cold Comfort: Lessons for the Twenty-First Century Newspaper Industry from the Twentieth Century Industry", 4 *MEDIA INDUS.* 2 (2017).

② 关于布兰代斯对行业协会的保护性观点，参见 M. Browning Carrott, "The Supreme Court and American Trade Associations, 1921-1925", 44 *BUS. HIST. REV.* 320 (1970)。

③ The address was published as "The Democracy of Business." See Louis D. Brandeis, *The Democracy of Business*, *Curse of Bigness*.

论的目的是指导企业降低生产成本和节省生产时间。① 1912 年，他向成立不久的美国劳资关系委员会（United States Commission on Industrial Relations）建议，（通过工会、行业协会或其他形式的集体）组织起来的劳动者都应该接受科学管理。这就是他所倡导的通过"工业产品的公平分配"以及"劳动力在提高生产效率的方法中持续参与"实现科学管理的成果。② 他提出，赋予劳动者相应的代表权，定能在科学管理中寻找到与他们利益完全契合的位置。

科学管理之父弗雷德里克·温斯洛·泰勒（Frederick Winslow Taylor）关于节约成本的思想并非源自经济学的工业组织理论，而是植根于企业管理的工程经济学、标准化成本核算③、流水线生产、重复化生产以及劳动力专业化。④ 此种主张导致了另一种"产业组织理论"的出现，相比于经济学理论，这种主张与企业管理和系统工程学派更为一致。⑤

布兰代斯毕生维护劳动者利益。但讽刺的是，与大公司规模和纵向一体化相比，他所推崇的科学管理方法几乎不可避免地会在劳动者群体中引发更多的异化和不满。⑥ 例如，工程师（而非经济学家）德克斯特·金布尔（Dexter Kimball）在 1913 年发表的关于工业组织的文章中明确指出对科学管理方法导致的"劳动者（利益）减损"表示遗憾。

---

① See Louis D. Brandeis, "Organized Labor and Efficiency", 41 *ADVOC.* 567 (1911). On Brandeis and Taylorism, see Bradley C. Bobertz, "The Brandeis Gambit: The Making of America's 'First Freedom,' 1909 – 1931", 40 *WM. & MARY L. REV.* 557 (1999), and Richard P. Adelstein, "'Islands of Conscious Power': Louis D. Brandeis and the Modern Corporation", 63 *BUS. HIST. REV.* 614 (1989).

② See Louis D. Brandeis, *Efficiency Systems and Labor*, *Final Report and Testimony*, *Commission on Industrial Relations*, Senate Document, 64th Cong., 1st Sess. 991 – 1011 (April 28, 1916). The testimony was extracted in, *Curse of Bigness*.

③ See Leslie S. Oakes & Paul J. Miranti, "Louis D. Brandeis and Standard Cost Accounting: A Study of the Construction of Historical Agency", 21 *ACCT.*, *ORG. AND SOC'Y* 569 (1996).

④ See Frederick Winslow Taylor, *The Principles of Scientific Manage-Ment* (1911).

⑤ See, e. g., Dexter Kimball, *Principles of Industrial Organization* (3d ed. 1925). See also John Lee, *Industrial Organization* (1923) (same, British). For a good contemporary assessment, see C. Bertrand Thompson, "The Literature of Scientific Management", 28 *Q. J. ECON.* 506 (1914).

⑥ See, e. g., Harry Braverman, *Labor and Monopoly Capital: The Degradation of Work in the Twentieth Century* (1998). On Taylorism in the digital economy, see Brishen Rogers, "The Law and Political Economy of Workplace Technological Change", 55 *HARV. C. R. – C. L. L. REV.* 531 (2020).

社会活动家兼布兰代斯弟媳的约瑟芬·高德马克（Josephine Goldmark）在她 1912 年出版的《疲劳与效率》（*Fatigue and Efficiency*）一书中支持了布兰代斯的观点。[①] 她坚定支持泰勒提出的理论，即通过标准化和可重复的流程来提升效率。这些流程能够使员工以更少的体力投入生产出相同数量的产品，进而降低疲劳感。她认为，雇主可以通过给予员工更多的休息时间来应对效率的提高，而不是盲目地提高产出预期。

泰勒工业组织理论的一个显著特点在于，其不再强调大型企业的规模是业务增长的重要因素。例如，金布尔在其《工业组织原理》（*Industrial Organization*）（第三版）中指出，随着企业规模的扩大，管理成本会不成比例地上升。因此，许多大公司似乎已经过了"利用分工和机器来提高生产效率"的阶段。此外，他对纵向一体化的评价很高，认为纵向一体化有助于企业确保产品供应、优化生产方式，从而满足企业需求。他还曾经谈到营销成本是"我们智慧的污点"。他关于控制纵向一体化的少数论述几乎完全集中在劳动者管理问题上。

然而，劳动者并不认同布兰代斯关于效率的看法，泰勒主义与布兰代斯的观点以及反对科学管理的劳工组织之间长期存在对立。[②] 泰勒主义强调通过机械性重复动作来节约成本，并通过把工作分解成简单且特定的任务，然后分配给工人执行来实现效率的提升。美国进步主义时期的劳动经济学家约翰·R. 康芒斯（John R. Commons）将泰勒主义的目标描述为：我们的目标并非取代机器，而是深入分析构成技能的核心动作。首先，将工作拆解为基本单元，剔除那些耗时无效的动作，选择那些高效且简便的动作。接着，利用秒表对每个动作进行计时，并将节省时间的动作及标准时间详细记录在操作手册中。通过这种方式，即便是没有特定技能的工人也能借助这些操作手册迅速掌握工作方法。[③] 1912 年，模具工会的约瑟夫·F. 瓦伦丁（Joseph F. Valentine）在劳资关系委员会听证时称，使用秒表来评估工人的动作是一种"剥削性管理"[④]，"劳动者是人，他们不希望

---

① Josephine Goldmark, *Fatigue and Efficiency* （1912）.

② See Oscar Kraines, "Brandeis' Philosophy of Scientific Management", 13 *W. POL. Q.* 191 （1960）.

③ John R. Commons, "Book Review", 21 *AM. J. SOC.* 688, 688 （1916）.

④ "Efficiency Systems and Labor" 507, Final Report and Testimony, Commission on Industrial Relations （April 28, 1916） （testimony of Joseph F. Valentine, President International Molders Union）.

自己的劳动被秒表衡量"。

然而，在同一次听证会上布兰代斯却提出，为常规的劳动工作制定时间标准至关重要。只要方法得当，秒表计时就不会受到劳动者的反对，因为这是对劳动者最大的保护。了解劳动力成本的知识有利于为雇主和劳动者设定合理的期望值。此外，他提倡借助科学管理专家来制定工作方案，以提升效率，确保劳动者能够以最高的效率工作，并在这一过程中获得更高的薪酬。

几年后，美国劳资关系委员会发表了芝加哥大学政治经济学家罗伯特·霍克西（Robert Hoxie）关于科学管理与劳动的研究报告。霍克西的研究结论存在分歧，但总体上与下议院的结论较为一致。[①] 他最重要的结论之一是，由于强调机械性重复动作，科学管理偏向无技能的劳动者而不是熟练工人，这也导致了（熟练工人的）工资降低。最终他得出结论，科学管理对企业有利，但对劳动者不利。不过，他也确实相信，科学管理中的许多问题可以通过增强劳动者在与工作直接相关的决策过程中的发言权来解决。

泰勒主义确实提供了一种可以稍微摆脱规模束缚的方法。利用重复性劳动和标准化流程替代大规模生产，这是一种无需大型企业也能实现效率提高的机制。但布兰代斯对科学管理的拥护完全是在逆流而上。布兰代斯反对的连锁店也是科学管理的追随者，[②] 多店经营可以节省大量成本。[③] 通过改变管理策略、整理批发和零售环节，连锁店能够以低于单店零售商的成本进行分销。从科学管理的立场来看，可以把连锁店的成功归功于这些管理成本的节约，而不是公司规模。[④] 本质上，《罗宾逊-帕特曼法案》既反对大公司的规模，也反对采用科学管理的一些建议，如越过中间商，减少中间环节。该法案的第 2（c）条严格限制了公司试图绕过中间商，直接与供应商交易以获取低价的能力。联邦最高法院甚至对该法条进行解释，

---

① Robert F. Hoxie, *Scientific Management and Labor*（1916）.

② See, e.g., Walter S. Hayward, Percival White, *Chain Stores: Their Management and Operation*, at vii, 94（1925）.

③ See, e.g., A. W. Zelomek, "The New Trend in Distribution", 24 *J. AM. STAT. ASS'N.* 425（1925）; Malcolm D. Taylor, "Progressive Retail Management", in 209 *AN-NALS AM. ACAD. POL. & SOC. SCI.* 46（1940）.

④ 然而，泰勒所描述的诸多现象实质指向规模经济效应，例如 "以高薪招聘专业采购人员"，此类薪资水平在单体商店模式下通常难以负担由此产生采购成本。

以避免经纪人为了完成大宗交易而自愿降低佣金。[①]

布兰代斯质疑大企业之所以能以低于小企业的价格销售产品，是因为它们的成本更低。相反，他站在泰勒主义的立场认为，企业规模的过度扩张反而会导致经济效益的降低。他丝毫不担心公司通过（正常的市场竞争、提高效率、创新等）符合市场规律的方式实现经济增长。相反，他认为通过并购来消除竞争对手等垄断行为而实现的企业规模是畸形的，以至于实际上企业的成本可能更高。

3. 《罗宾逊-帕特曼法案》

布兰代斯对大型企业与效率之间关系的观点，在一定程度上阐释了《罗宾逊-帕特曼法案》的失败。它忽视了连锁店能够吸引众多消费者，尤其是低收入消费群体的真正原因。该法案制定的初衷是规制价格歧视行为，而不是基于对规模经济和纵向一体化的考量。推动该法案的政治力量远大于其背后的经济理论基础，也即该法案的通过更多是出于政治目的，而不是基于对经济效率和市场公平的深入分析。

《罗宾逊-帕特曼法案》几乎完全从定价的角度而非规模或纵向一体化的角度来定义连锁店问题。此外，该法案的初衷已与早期美国进步运动时期对掠夺性定价的担忧有所偏离，这一点从《克莱顿法》第 2 条中便可见一斑。[②]当时，人们认为企业有选择地（在某些市场）进行掠夺性定价是排挤竞争对手的重要手段，因为它们能够在其他地区收取更高的价格来弥补掠夺性定价市场中的损失。因此，这种选择性定价行为也是一种价格歧视行为。

在 20 世纪 30 年代，大型连锁店因能迫使供应商以低于小型商店的价格供货而受到监管机构的关注，其发展成为监管的重点。支持者将上述情形描述为一种有利于大型连锁店的"补贴"。《罗宾逊-帕特曼法案》众议院小组委员会主席、来自缅因州的众议员约翰·G. 厄特巴格（John G. Utterback）认为，该法案的目的是允许一家企业获益，而这种获益会给

---

① 15 U.S.C. §13 (c). See Fed. Trade Comm'n v. Henry Broch & Co., 363 U.S. 166 (1960). 道格拉斯大法官援引了对假经纪服务或虚构折扣替代不存在的经纪服务行为的规定；但在本案中，经查证存在真实的经纪服务及实质性的佣金削减行为。同前述案例，第 168~169 页。

② 故此，该法案被判定不适用于规制不同转售商之间的价格歧视行为。See, e.g., Mennen Co. v. Fed. Trade Comm'n, 288 F. 774 (2d Cir. 1923), cert. denied, 262 U.S. 759 (1923). 然而几年后，法院推翻了其既定立场。See George Van Camp & Sons v. Am. Can Co., 278 U.S. 245 (1929).

其他企业造成负担。为了阐明这一点，厄特巴格议员构想了一个情景："两个上游市场的购买者同时作为下游市场的竞争销售方。如果两方在商品转售方面相互竞争……为了获得竞争优势，其中一方以低于自己在该业务上的必要成本和利润的价格出售商品，那么它就不可避免地要在其他地区收取更高的价格以弥补这一损失，此时就可能存在价格歧视。"①

美国联邦贸易委员会在早期的《罗宾逊-帕特曼法案》适用中采取了这一模式。例如，在1939年美国冠军火花塞公司反垄断审查案中，美国联邦贸易委员会称，由于存在价格差异，那些支付较高价格的消费者实际上被迫变相补贴了其他支付较低价格的消费者。②

1934年，美国联邦贸易委员会在其《连锁店报告》中指出，能够获得较低的批发价格仅是连锁店与单店价格差异的一部分原因。③ 大部分成本的节省是纵向一体化和大规模采购的结果。例如，通过组建采购合作社，单店经营者能够显著减少与大型连锁店在批发价格上的差异。一些大型运营商因为自行承担了广告、中介和货运等职能，而获得了某些让步或优惠，这些做法涉嫌违反公平竞争原则或存在不当行为。尽管存在歧视性定价的问题，但《连锁店报告》强调，"制造商、批发商和零售商职能的整合"也非常重要。此外，《连锁店报告》还指出，连锁店的利润率低于单店。

美国联邦贸易委员会对于保护消费者的定位经常与布兰代斯关注小企业的理念发生冲突。例如，《连锁店报告》认为低收入人群比高收入人群更频繁地使用连锁店。这种差异后来成为"为什么贫困人群和有色人种在城市和农村地区购买食品的价格更高"问题的一个重要变量，也反映出连锁店更偏好在郊区选址的原因。④ 与此相对比，市中心的居民则大多数为

---

① 80 CONG. REC. 9416（1936）.

② See Complaint, Champion Spark Plug Co., F. T. C. No. 3977（Dec. 22, 1939），4 Fed. Reg. 4929；John T. Haslett, Price Discriminations and the Justifications Under the Robinson-Patman Act of 1936, 46 MICH. L. REV. 450, 457-458（1948）（quoting Champion Spark Plug and other complaints）.

③ Fed. Trade Comm'n, Final Report On The Chain Store Investigation 53 – 59（1934），S. DOC. NO. 4, 74th Cong., 1st Sess.（1935）［hereinafter CHAIN STORE REPORT］；see also Morr A. Adelman, "Price Discrimination as Treated in the Attorney General's Report", 104 U. PA. L. REV. 222, 233 – 234（1955）；Terry Calvani, "Government Enforcement of the Robinson-Patman Act", 53 ANTITRUST L. J. 921（1985）.

④ See, e. g., Judith Bell, Bonnie Maria Burlin, "In Urban Areas：Many of the Poor Still Pay More for Food", 12 J. PUB. POL'Y MKTG 268（Robert N. Mayer, Debra L. Scammon eds., 1993）.

小型单店的消费群体。

与布兰代斯的观点相反，《连锁店报告》强烈反对各州对连锁店实行递增累进税率。报告指出，上述做法的最终成本将会转嫁到广大的普通消费者身上。它特别反对那些可能会导致连锁店倒闭的征税行为："对连锁店征税以消除它们在竞争中的优势，实际上等于对消费者所认可的产品或服务征税，最终导致这部分消费者的生活成本增加。"

然而，1936 年的《罗宾逊-帕特曼法案》却对美国联邦贸易委员会《连锁店报告》的大部分内容置若罔闻。如前所述，该法案只关注价格问题，尽管低价（而不是高价）问题仍然被视为邪恶。它忽视了规模经济和纵向一体化的益处，而这正是连锁店能够快速成长的主要原因。

讽刺的是，该法案对价格问题的短视却意外地鼓励了纵向一体化。《罗宾逊-帕特曼法案》仅适用于向独立实体的销售行为，这意味着已经实现纵向一体化的企业在内部部门或子公司之间的内部销售行为不受该法案的约束。例如，如果一家连锁企业拥有自己的奶制品厂、农场、加工厂或送货卡车，那么这些实体之间的销售行为就不属于该法案规定的"销售行为"。此外，销售行为可能存在的法律风险诱使公司进行纵向一体化以规避《罗宾逊-帕特曼法案》的法律责任，而这显然不是立法者想要的结果。[1] 纵向一体化降低了公司的成本，从而带来了双重好处：首先，纵向一体化能够降低成本，这本身就是一个合理的商业决策理由；其次，纵向一体化也成为规避《罗宾逊-帕特曼法案》法律责任的一种策略。在其他情况下，企业只需拒绝与规模较小、运营成本较高的买家交易，就能规避该法案。[2] 法院并不会认定这些拒绝交易行为违法。[3] 无论如何，《罗宾逊-帕特曼法案》并未构成连锁店发展的重大障碍，反而为其迅猛增长提供了推动力。[4]

---

[1] See, e. g., Marius Schwartz, "The Perverse Effects of the Robinson-Patman Act", 31 *ANTITRUST BULL.* 733, 754 (1986).

[2] See Reinhold P. Wolff, "Monopolistic Competition in Distribution", 8 *L. & CON-TEMP. PROBS.* 303, 315 (1941).

[3] See Comment, "Refusals to Sell and Public Control of Competition", 58 *YALE L. J.* 1121, 1132-1133 (1949). 然而有法院判定，A&P 公司为规避《罗宾逊-帕特曼法案》所实施的供应商纵向整合行为构成了《谢尔曼法》所禁止的贸易限制行为。See United States v. N. Y. Great Atl. & Pac. Co., 67F. Supp. 626 (E. D. Ill. 1946), aff'd, 173 F. 2d 79 (7th Cir. 1949).

[4] See Frederick M. Rose, "The Evolution of the Robinson-Patman Act: A Twenty-Year Perspective", 57 *COLUM. L. REV.* 1059, 1061-1062 (1957) (noting rapid growth of chains following World War II).

《罗宾逊-帕特曼法案》是在缺乏对经济问题深刻理解的背景下，对大规模企业实施的一个令人遗憾的反垄断措施。它所代表的不过是那些小企业以及固守过时商业实践和技术的个人或企业的利益，却忽视了消费者和劳动者的合法利益。而消费者和劳动者是高产出和低价格最大的受益群体。

（四）超越布兰代斯学派的反规模论

1939 年接替布兰代斯大法官的联邦最高法院威廉·道格拉斯（William Douglas）大法官也提到了对规模（而非市场力量）的担忧。布兰代斯和道格拉斯两位都是支持使用反垄断法来限制企业规模的大法官，但他们的观点在联邦最高法院的判决中并非主流。在美国联邦政府诉哥伦比亚钢铁公司案（United States v. Columbia Steel Co.）[1] 的异议意见中，道格拉斯大法官对联邦最高法院因政府对市场定义存在缺陷而支持钢铁生产商合并的决定提出反对意见。道格拉斯大法官避而不谈市场定义问题，认为现在面临的是企业规模过大的威胁。然而，他随后从大企业控制市场价格能力的角度深入分析该问题。在这一过程中，他承认控制价格并不纯粹是规模大小的问题，而是企业控制市场能力的问题。

对"规模"的担忧同样在美国反垄断法的立法史中有所体现。德里克·C. 博克（Derek·C. Bok）在分析 1950 年的《塞勒-凯弗维尔法》（Celler-Kefauver Act）时指出，关于修订《克莱顿法》第 7 条的争论，主要涉及的不仅仅是经济因素，还包括其他诸多价值。他对在制定过程中有关高价格、创新或效率的声音寥寥无几感到遗憾。尽管国会议员们展开了关于竞争的讨论，博克却认为，讨论因强调了小企业的优点而具有强烈的社会含义和政治立场。[2]

博克进一步观察到，众议院在关于该修正案的报告中提出，应对那些可能导致市场竞争减少的合并行为进行干预。即便这些合并行为可能不会构成明显的反竞争行为，如限制贸易、创造垄断或企图垄断。这就要求在合并过程中需要关注一个重要问题：合并可能导致某些曾经在市场竞争中扮演重要角色的公司消失。它还规定，如果企业规模的扩大使一家公司相对于其竞争对手具有决定性优势，从而剥夺了竞争对手公平竞争的机会，

---

[1]　United States v. Columbia Steel Co., 334 U. S. 495, 535 (1948) (Douglas, J., dissenting).

[2]　See Derek C. Bok, "Section 7 of the Clayton Act and the Merging of Law and Economics", 74 *HARV. L. REV.* 226, 236-237 (1960); see also id. at 324 (discussing Milk Producers Ass'n v. United States, 362 U. S. 458 (1960)).

则必须密切关注其收购行为。

博克最终得出结论，各界对于"法案应在多大程度上纳入与经济竞争无关的价值或者是否应纳入此类价值"这一问题几乎没有达成共识。而且，他引用的言论均聚焦集中度过高的问题，而不是关于规模本身的问题。

（五）规模还是集中？

尽管布兰代斯大法官和道格拉斯大法官的观点存在分歧，但控制市场集中度和市场力量（而非规模本身）始终是反垄断法的主要目标。即使在20世纪中叶反垄断法执行最为严格和积极的时期，也未曾改变。与此相反，行业协会所代表的利益集团则反对规模本身，《罗宾逊-帕特曼法案》在通过时甚至明确要求证明企业具有市场支配力量才适用该法案。除此之外，法院从未将单纯的企业规模等同于竞争损害。即使是进步派法官（布兰代斯和道格拉斯除外），他们关注的焦点也是市场支配地位和集中度，而不是规模。评估市场集中度的方法和指标，由进步派经济学家在20世纪初发明，通常依赖调查数据确定市场中的企业数量及份额。这种方法一直存在很多问题，但至今仍在继续使用。

美国的反垄断政策从未禁止过没有导致市场集中度显著提高或没有增加企业市场力量等无损市场竞争的兼并。[1] 毋庸置疑，在20世纪60年代，引发反垄断执法机构介入的市场份额数据相较于现今而言，显得微不足道。[2] 在布朗鞋业公司合并案（Brown Shoe v. United States）中，联邦最高法院的裁决实际上超出了《克莱顿法》的原意和立法者的意图，可能包括了法律文本和立法历史没有明确涵盖的内容。在对相关市场及集中度的假设进行了详细分析之后，法院才禁止了该项合并。最高法院最终维持了地区法院关于合并损害竞争的判决，因为它使布朗鞋业公司能够以低于市价出售鞋子或以相同的价格提供更高质量的鞋子。[3] 当然，这其实是企业规模带来的威胁，而与市场份额无关。根据规模经济的程度或纵向一体化带来的成本节约，即使是市场份额较小的大型公司，其商品售价也可能低于小型对手。因此，成本和价格降低导致的是企业通过淘汰那些无法

---

① The Hart-Scott-Rodino Act, 15 U. S. C. § 18a.

② See, e. g., Brown Shoe Co. v. United States, 370 U. S. 294, 343（1962）; United States v. Von's Grocery Co., 384 U. S. 270, 280-281（1966）.

③ United States v. Brown Shoe Co., 179 F. Supp. 721, 738（E. D. Mo. 1959）, aff'd, 370 U. S. 294（1962）.

有效降低成本的企业来实现自身的增长，这是市场竞争中自然选择的必然结果。

尽管如此，在布朗鞋业公司合并案中，地区法院仍然认为，在确定对相关市场的影响时，企业通过合并能够控制的市场份额是需要考量的一个关键因素。不过，联邦最高法院几乎立即摒弃了这种观点，将价格上涨或质量下降作为衡量合并所引致的竞争损害的评估标准。① 布朗鞋业公司合并案和哥伦比亚钢铁公司合并案共同说明了绝对规模与价格控制之间的重要关系。如果像布朗鞋业公司合并案所认定的那样，实现了规模经济或纵向一体化的公司带来了产品价格的降低，那么即使市场份额相对较小的大企业也能对市场产生重大影响。连锁店的情况即是如此，尽管连锁店本身从未单独取得市场支配地位，但它们把许多小企业挤出了市场。

之所以（在反垄断法和市场竞争分析中）要求企业必须在相关市场中占有较高份额，是因为市场力量集中导致的高价（而非企业通过规模经济或其他方式实现的低价）才是人们所担心的恶果。这种差异触及了反垄断政策的核心：如果反垄断的目标是保护经营成本较高的企业免受规模较大企业的低价竞争冲击，那么市场份额可能并不重要，单纯的规模大本身就是问题所在；然而，如果反垄断的目标是保护消费者和劳动者免受市场支配地位情形以及由此导致的产量减少和价格上涨的冲击，那么企业实际的市场支配地位就必须存在或者具有现实威胁性。

道格拉斯法官在标准石油公司垄断案（Standard Oil Co. v. United States）的异议意见中也承认了这一点，该案的判决大约在哥伦比亚钢铁公司合并案一年后作出。他反对联邦最高法院宣布裁定石油公司与零售汽油站达成的独家经营协议违法，这与他一贯坚持强烈支持干预主义的反垄断立场截然不同。标准石油公司的分销协议规定，任何挂有标准石油品牌标识的加油站均不得提供其他品牌的汽油，这份协议涵盖了该地区 16% 的汽油零售商。如果这种协议会带来更高的定价，那么仅仅 16% 的市场份额并不足以对市场价格产生重大影响，因为消费者拥有众多替代品可供选择。然而，这并不是道格拉斯法官提出异议意见的主要原因。他所担心的是，

---

① See Herbert Hovenkamp, *Did the Supreme Court Fix Brown Shoe*? Stigler Ctr., Promarket (May 12, 2023).

对独家经营协议的普遍反对会迫使石油公司直接建立自己的"加油站帝国"。如果销售单一品牌能提高石油公司的经营效率，它们倾向于选择直接投资建立自己的加油站。这样的结果是，企业的单一品牌决策将变成单方面的市场行为，不再受反垄断法的约束。

除非我们真心希望遵循布兰代斯和道格拉斯的理论，步入一个反垄断法应该保护小企业和传统企业的极端世界。否则，对企业规模的担忧实际上只是主观臆断，缺乏任何逻辑严谨且合理的理论将规模与价格直接关联。除此之外，二者的理论还存在其他关于非经济方面因素的担忧，如人们可能担心大企业拥有更多不受欢迎的政治权力。

（六）规模与政治权力：行业协会问题

商主体无疑拥有巨大的政治力量。然而，在反垄断的历史长河中，包括布兰代斯所处的时代，行业协会的政治活动所引发的后果都要比单个大公司政治活动所造成的后果更为严重。事实上，行业协会在关于连锁店和制冰业许可的争议中所展示的政治影响力只是其潜在能力的冰山一角。法律史学家劳伦斯·弗里德曼（Lawrence Friedman）曾经指出，美国绝大多数的行业许可限制最初并非由政府设立，而是行业协会为了实现自身利益的保护。[①] 尽管动机复杂，但可以肯定的是，它们也有正当的理由关注和保护行业的服务质量与诚信度，以维护公共利益。行业协会和职业协会的活动均反映了这两种利益[②]，而反垄断法经常被用来维持这两种利益的平衡。

这就揭示了以规模大小作为损害市场竞争标准的另一个问题：相较于大型独立企业，市场上占支配地位的行业协会更有可能损害竞争，且在这

[①] See Lawrence M. Friedman, "Freedom of Contract and Occupational Licensing 1890–1910: A Legal and Social Study", 43 *CALIF. L. REV.* 487, 503 (1965); see also Aaron Edlin, Rebecca H. Allensworth, "Cartels by Another Name: Should Licensed Occupations Face Antitrust Scrutiny", 162 *U. PA. L. REV.* 1093, 1095 (2014); accord Rebecca H. Allensworth, "Foxes at the Henhouse: Occupational Licensing Boards Up Close", 105 *CALIF. L. REV.* 1567, 1571 (2017). On the extent of legislative capture by the industry, see Paul J. Larkin, Jr., "Public Choice Theory & Occupational Licensing", 39 *HARV. J. L. & PUB. POL'Y* 209, 210–216 (2016).

[②] See generally Gerald Berk, *Louis D. Brandeis and The Making Of Regulated Competition*, *1900–1932* (2009); Marc T. Law, Sukkoo Kim, "Specialization and Regulation: The Rise of Professionals and the Emergence of Occupational Licensing Regulation", 65 *J. ECON. HIST.* 723, 725 (2005).

方面成功的范例也很常见。一方面，行业协会明显可以通过共谋获利；另一方面，行业协会不太可能实现像大型企业那样高效的整合与协调，它们唯一擅长的领域是进行游说。对行业协会和卡特尔这类集体行为的反垄断关注是相似的，因为它们对市场竞争造成的潜在损害比单一企业的行为更大，因此需要更严格的反垄断法来加以规范。美国反垄断法中，国家行为抗辩原则的一个重要方面就涉及行业协会和职业协会的反竞争活动，这些协会通过游说政府成功影响了政府的市场政策。① 由行业协会和职业协会推动的反垄断决策数量远超对大型企业行为进行反垄断规制的数量。虽然布兰代斯反复表达了对大公司市场力量的担忧，但他终生都是那些所谓"公平交易"或类似协会的坚定支持者。实际上，这些组织往往是经销商形成卡特尔的幌子，其目的在于将那些成本较低、可能提供更具竞争力价格的竞争对手排除在市场之外。这也是法院在迈尔斯医药博士公司诉约翰·D. 帕克父子公司案（Miles Med. Co. v. John D. Park & Sons Co.）中认定转售价格维持协议违法的根本原因。② 该案中，法院推翻了一个通过维持转售价格来对抗折扣商的卡特尔协议。历史不断表明，行业协会的成员联合起来维持转售价格、反对连锁店、阻止采用低价策略的卖家进入新市场，以避免潜在的市场创新，确保现有市场格局的持续。③

1925 年，美国联邦贸易委员会对那些公开宣布并执行价格政策的行业协会进行了一项大型研究。研究报告指出，关于行业协会的众多投诉主要集中在转售价格维持问题上，而关于该问题的许多投诉又都是由行业协会推动形成的。此外，行业协会还颁布了一系列行业规范，这些规范间接地助长了价格操纵或阻碍了公司融入新的市场。在 1919 年的美国东部各州木材零售商协会案（Eastern States Lumber Association v. United States）中，法院适用《谢尔曼法》裁定一家小型木材零售商协会"禁止直接向消费者销售木材，绕过传统零售渠道的木材供应商进行交易"的规定违法。1955

① See, e.g., N. C. State Bd. of Dental Exam'rs v. Fed. Trade Comm'n, 574 U.S. 494, 514 (2015); Cal. Retail Liquor Dealers Ass'n v. Midcal Aluminum, 445 U.S. 97, 113 - 114 (1980); Goldfarb v. Va. State Bar, 421 U.S. 773, 791-792 (1975); see Phillip E. Areeda, Herbert Hovenkamp, Antitrust Law ¶¶221 - 228 (5th ed. 2020) (discussing numerous decisions).
② Miles Med. Co. v. John D. Park & Sons Co., 220 U.S. 373 (1911).
③ See, e.g., Daniel A. Crane, Tesla, "Dealer Franchise Laws, and the Politics of Crony Capitalism", 101 *IOWA L. REV.* 573, 575 (2016).

年，美国联邦贸易委员会主席爱德华·F. 豪瑞（Edward F. Howrey）曾对行业协会限制成员之间价格竞争的目的深表担忧。① 而且直到现在，这一趋势仍持续存在，多达 1/3 的卡特尔案件源于行业协会的活动。②

（七）反垄断目标中"规模"的结论

反垄断政策是否应该关注单一企业的规模本身，而不考虑其市场支配地位？实际上，反垄断政策不仅关注市场垄断，也关注那些具有支配地位的大型企业。然而，市场是由产品组成的（而非企业），许多大企业在其销售的单个产品市场上并不具有支配地位。尽管如此，防止企业规模过度膨胀始终是反垄断政策的核心目标，这一观点在民粹主义的言论中占据了一席之地，并且也吸引了相当一部分大众媒体的关注。归根结底，反垄断法目标仅仅是限制企业规模的观点，要么是为了保护小企业，或是出于对规模较小、成本较高企业的定价偏好，抑或对新技术可能损害规模较小老牌企业的担忧。无论是消费者，还是劳动者，在这一立场中总是受害方。

对规模绝对庞大的担忧还体现在对大型互联网平台的敌意上。通常，人们对这些平台的担忧并不聚焦于价格，虽然也会偶尔涉及垄断问题。总体而言，大型平台要么以极低的价格出售商品和服务，要么直接免费提供商品和服务。尽管免费的代价是平台会向第三方（如广告商）收取高额费用，但是消费者对这些公司的满意度普遍很高。③

---

① Edward F. Howrey, "The Federal Trade Commission Looks at Trade Associations", 6 *ABA ANTITRUST SECTION* 20（1955）. 关于 20 世纪 20 年代针对行业协会卡特尔的反垄断讨论，参见 Robert T. Joseph, "Feature: Trustbusters John Lord O'Brian Hoover's Antitrust Chief, Gives the FTC an Antitrust Lesson", 25 *ANTITRUST ABA* 88（2010），又见 Barak Orbach, "The Present New Antitrust Era", 60 *WM. & MARY L. REV.* 1439, 1448–1450（2019）。

② Christopher R. Leslie, "Cartels, Agency Costs, and Finding Virtue in Faithless Agents", 49 *WM. & MARY L. REV.* 1621, 1687–1688（2008）（citing numerous studies）.

③ See U. S. Customer Satisfaction with Google from 2002 to 2022（illustration），STATISTCA（July, 2022），https：//www. statista. com/statistics/185966/us – customer – satis – faction – with – google/ ［https：//perma. cc/R6EY – 4HG3］；2021 Customer Loyalty Leaders（illustration），in 2021's Top Brands Ranked by Customer Loyalty, MARKETING CHARTS（Oct. 20, 2021），https：// www. marketingcharts. com/industries/retail – and – e – commerce – 118573 ［https：// perma. cc/5TK3 – R597］（ranking brand loyalty with Amazon #1 and Apple #2）；Joshua Swingle, "Apple Tops Latest Customer Satisfaction Survey; Samsung Drops Two Places", *Phonearena*,（Sep. 21, 2021），https：//www. phonearena. com/news/apple – tops – customer – satisfaction – survey – samsung – drops – two – places_ id135181 ［https：// perma. cc/ D9VS – 27K9］（ranking Apple #1 with computers）.

当前，大型数字平台在运营的大部分市场中并不构成垄断地位，但也有一些特例，如谷歌在搜索引擎市场中占支配地位（超过 90%）；假设把电子书和纸质书视为不同的市场，亚马逊在电子书市场中也占支配地位①。然而，无论是 Facebook 还是亚马逊，在各自所涉及的众多产品或服务的市场中，均未形成垄断地位。然而，目前，针对自我优待行为的立法可能会改变这种状况。因为一旦相关的立法颁布，它将在没有进行有效市场力量筛选的情况下，仅仅从总规模的角度重新定义受法律规制的平台范围。②

二 "竞争过程"

如果说"消费者福利"是反垄断法最常提及的目标，那么"保护竞争过程"则是紧随其后的第二个目标。③ 与代表特定利益集团的观点（如反对大规模企业）相比，反垄断法旨在保护竞争过程的主张得到更多人的赞同。然而，这寥寥数字很少能为具体的决策提供指引。这意味着，它仅仅是一个号召而非目标。

"竞争过程"一词可能意味着自由民主体制中对过程的重视。在这一框架内，它可能代表了司法最低限度主义，即要求反垄断政策充当竞争市场中的裁判，提供判定规则，但其作用也仅限于此。这与对"自由市场"的承诺类似，是一种高度抽象的经济自由贸易原则，也意味着只需要采取最基本的措施来保证市场的正常运转即可。④ 同理，支持"竞争过程"作

---

① See "eBook Market Share: Amazon, Apple and Kobo, Booksliced", https://book sliced. com/books/the－exact－ebook－market－shares－of－the－major－players－in－the－industry－are－rather－difficult－to－come－by－but－here－are－some－esitmates/ (last visited Nov. 29, 2022).

② See James Langenfeld, Christopher Ring, Lucia Castiblanco, "American Innovation and Choice Online Act (S. 2022): Insights from Economics Regarding Self － Preferencing and Non-Discrimination", *AM. BAR ASS'N ANTITRUST NEWSL.* (Mar. 23, 2022). See also Herbert Hovenkamp, "Gatekeeper Competition Policy", *MICH. TECH. L. REV.* (2023) (forthcoming), https: //papers. ssrn. com/sol3/ papers. cfm? abstract_ id = 4347768.

③ See A. Douglas Melamed, "Antitrust Law and Its Critics", 83 *ANTITRUST L. J.* 269, 271-272 (2020); C. Scott Hemphill, Nancy L. Rose, "Mergers that Harm Sellers", 127 *YALE L. J.* 2078, 2080 (2018); Christopher R. Leslie, "The DOJ's Defense of Deception: Antitrust Law's Role in Protecting the Standard-Setting Process", 98 *OR. L. REV.* 379, 392 (2020) [hereinafter DOJ's Defense]; Jonathan M. Jacobson, *Antitrust Source, Another Take on the Relevant Welfare Standard for Antitrust* 1 (2015); Gregory J. Werden, "Antitrust's Rule of Reason: Only Competition Matters", 79 *ANTITRUST L. J.* 713, 713 (2014).

④ Cf. Francis Fukuyama, Liberalism And Its Discontents 4 (Farrar, Straus and Giroux eds., 2022).

为反垄断目标的逻辑可能在于，私主体可以自行成立行业组织（如标准制定组织等），实现自我监管从而保持市场竞争力和创新能力。反垄断法随后考量这些组织的决策是否符合竞争过程，但不会干预实际具体的商业决策。在这种情况下，我们应当假定，只要人人恪守规则，市场就会在不需要任何人干预的情形下良好运作。反垄断法只需确保规则得到遵守即可。

例如，在美国联邦贸易委员会诉 Rambus 公司案（Rambus, Inc. v. FTC）中，美国联邦巡回上诉法院认定，被告虽然违反了一些模糊不清的准则规范，但并不构成"竞争过程"标准测试下的垄断行为。更具争议的是，在美国联邦贸易委员会诉高通公司案（FTC v. Qualcomm, Inc.）中，第九巡回法院认定，从反垄断法旨在保护市场竞争过程的立场看，违反FRAND（Fair Reasonable and Non-discriminatory，公平、合理、无歧视）许可的义务的行为并没有违反反垄断法①，即便该行为存在排他性并导致产品价格上涨。显然，"保护竞争过程"甚至不涵盖我们所理解的竞争损害。这就使得保护竞争过程理论在追究反竞争行为法律后果时显得尤为无力。

大多数反垄断诉讼并不是发生在由行业规范调整的市场中。在这种情况下，提起反垄断诉讼的法理依据是什么？在美国的宪法体系中，财产权和自由权的程序保障主要源自第五修正案和第十四修正案，它们保障了既定的自由权和财产权、通知权、陈述意见的机会以及决策的合理和保护的平等性。即使是最坚定的自由放任主义者，也将合同制度、财产制度以及正当程序制度奉为圭臬。②

如果某项行为超出了合同有效的范畴，或因其他原因而违法，我们基本上就束手无策。作为反垄断的目标，保护竞争过程存在一个显著的缺陷：其定义不够明确，导致竞争过程在很大程度上依赖主观解释。③ 因此，它涵盖了各种相互矛盾的反垄断思想。

以搭售协议为例，这意味着卖方要求买方在购买某种产品或服务时，

---

① FRAND is a system for cross-licensing patents that operate on a common technology on "fair, reasonable, and non-discriminatory" terms. See generally Herbert Hovenkamp, FRAND and Antitrust, 105 CORNELL L. REV. 1683 (2020).

② See, e.g., Richard A. Epstein, *The Classical Liberal Constitution: The Uncertain Quest For Limited Government* (Harvard Univ. Press, 2017).

③ Cf. John M. Newman, "Procompetitive Justifications in Antitrust Law", 94 *IND. L. J.* 501, 514 (2019); Maurice E. Stucke, "Reconsidering Antitrust's Goals", 53 *B. C. L. REV.* 551, 568 (2012).

必须同时购买同一卖家的其他相关产品或服务。一家医院可能会拒绝为那些不使用自家麻醉师的病人提供手术。[①] 假定该协议在其他方面没有法律漏洞,那么反垄断中有关保护竞争过程的理论又能说明什么问题呢?该协议直接排除了竞争对手的麻醉师。然而,许多长期供应协议实际上也是间接排除了那些没有签订该协议的其他供应商。它们被排除在外产生了什么影响?根据已被广泛否定的杠杆理论,医院与自己麻醉师之间的搭售行为可能会导致更高的价格,但自由市场经济依然赋予了企业自主定价权。[②] 虽然,此种搭售行为可能存在医院的价格歧视行为,但在自由市场竞争下,许多销售政策本就如此。让我们首先考虑那些在市场中占据强势地位且只注重短期利益的消费者福利:在自由市场中,所有消费者都有权购买他们想要的任何商品,无论是单独购买还是作为套餐的一部分。然而,这一政策会导致人们坚持购买无扣衬衫、无皮的香蕉或无轮胎汽车。或者,我们可以附加一个市场力量要求,假设一个竞争性企业不可能在没有造成伤害的情况下实施捆绑销售。但这样的要求只是使伤害变得合理,而非必要。即便是具有垄断地位的服装商也应该能够坚持要求人们购买带有纽扣的衬衫。

综上所述,除非我们具备一些背景知识,以明确什么是明智的竞争政策,否则旨在"保护竞争过程"的反垄断目标并不能给我们带来多少帮助。在有关搭售的法律中,经济学提供了丰富的理论支撑,涵盖市场力量的行使、生产或交易成本的节约、价格歧视、对有害杠杆作用存在的争议、排他性行为等。[③] 因此"竞争过程"一词并未增加实质性的内容。

这种不明确性或许可以解释为什么保护竞争过程的理论既受到希望扩大反垄断执法范围的自由派的拥护,也受到希望缩小反垄断执法范围的保守派的支持。斯蒂芬·布雷耶(Stephen Breyer)大法官就曾援引此点,批评美国运通公司禁止与合作商家向消费者提供其他更低成本支付方式的做法,认为这一做法损害了竞争过程。他同样援引此点来证明 NYNEX 公司案中的购买设备移除服务的独家协议合法,因为此时仅对特定竞争对手造成了竞争损害。约翰·保罗·史蒂文斯(John Paul Stevens)大法官在异议

---

① See Jefferson Parish Hosp. Dist. No. 2 v. Hyde, 466 U. S. 2, 2 (1984).

② On ties and leverage, see 9 Phillip E. Areeda, Herbert Hovenkamp, *Antitrust Law* ¶1701b, 1710 (4th ed. 2019).

③ For a catalog of these harms, see 9 Phillip E. Areeda, Herbert Hovenkamp, *Antitrust Law* ¶¶ 1703–1711 (4th ed. 2018).

意见中也引用了"竞争过程"的概念。他主张，为了维护竞争过程要保护交易主体的独立性，因此，继续禁止最高转售价格维持协议具有必要性。然而，约翰·马歇尔·哈兰二世（John Marshall Harlan II）大法官在对阿尔布雷希特诉先驱公司案（Albrecht v. Herald Company）的异议意见中提出了截然不同的观点。他主张，在竞争过程中供应商有权实施最高转售价格维持协议。该案也是最初确立最高转售价格维持协议本身违法的一个判例。就对消费者的损害而言，哈兰大法官的论点更有说服力。他认为，根据本身违法原则，否认最高转售价格维持协议的非法性通常以牺牲消费者利益为代价，而偏袒那些具有市场力量的个别经销商。

某些低级别法院将竞争过程等同于高产出或低价格，这实质上是对消费者福利的掠夺。[①] 布雷耶大法官在第一巡回法院任职时，将对竞争过程的损害认定为"阻碍竞争基本目标实现，也即更低的价格、更好的产品和更高效的生产方法"的行为。这些目标本身无可厚非，然而，更直接地关注消费者福利和产出，能够更有效地解决这些问题。第九巡回法院的一项判决指出，鉴于反垄断法对"竞争过程"的关注，"有利于消费者的经济行为"将不会被认定为反垄断法所禁止的行为。这实际上是将竞争过程与消费者福利紧密相连。包括具有里程碑意义的微软公司垄断案（United States v. Microsoft Corporation）在内，很多案件都使用这一术语来区分损害竞争者的行为和损害消费者的行为。[②] 也有人用它来解释损害"竞争过程"的行为不同于仅仅损害竞争者的行为。[③] 在美国联邦贸易委员会诉高通公司案中，第九巡回法院以这种解释使高通的独家销售行为免于追责，尽管它也承认这一行为导致了价格上涨。[④] 这种结果似乎不符合较为合理的竞

---

① See, e. g., Fishman v. Estate of Wirtz, 807 F. 2d 520, 536, 566（7th Cir. 1986）; Brunswick Corp. v. Riegel Textile Corp., 752 F. 2d 261, 266（7th Cir. 1984）.

② See, e. g., St. Luke's Hosp. v. ProMedica Health Sys., Inc., 8 F. 4th 479, 486（6th Cir. 2021）; Cohlmia v. St. John Med. Ctr., 693 F. 3d 1269, 1280（10th Cir. 2012）; Viamedia, Inc. v. Comcast Corp., 951 F. 3d 429, 453（7th Cir. 2020）.

③ See Broadcom Corp. v. Qualcomm, Inc., 501 F. 3d 297, 308（3d Cir. 2007）（某项商业行为若仅对竞争对手造成损害，但未实质损害市场竞争机制本身，则不构成反竞争行为）. Euromodas, Inc. v. Zanella, Ltd., 368 F. 3d 11, 21（1st Cir. 2004）（same）.

④ Fed. Trade Comm'n v. Qualcomm, Inc., 969 F. 3d 974, 990（9th Cir. 2020）（若仅指控某行为"导致消费者选择减少或价格上涨"，并不足以认定为对市场竞争造成了损害，因为此类情况在自由竞争市场机制下亦可能合法存在。）（quoting Brantley v. NBC Universal, Inc., 675 F. 3d 1192, 1202 [9th Cir. 2012]）.

争过程标准或消费者福利标准。

2022 年 5 月，美国司法部反垄断局局长、助理司法部长乔纳森·坎特（Jonathan Kanter）在纽约市律师协会的米尔顿·汉德勒讲座（"汉德勒讲座"）中，提及了关于竞争性程序标准的补救和完善问题。① 在指出消费者福利标准的许多缺陷之后，他表示自己更倾向于采用范围广泛的竞争过程标准。他认为《谢尔曼法》是"经济自由的综合宪章，有助于我们的民主和社会结构的发展"。坎特进一步阐释，该标准强调"尊重员工"，赋予他们离职的权利。这同样意味着美国司法部可能对竞业禁止协议采取更为严格的立场。然而，如果该政策只是要求雇主对雇员表现得更加尊重，那么它与反垄断政策也没有什么关系。坎特还提出，消费者、农民和其他所有人"都应该有自由选择市场中不同报价的机会"。这表明可能要加大对纵向限制竞争行为的干预力度（尽管坎特这一主张所引用的法院判决实际上谴责的是限制竞标的横向协议）。② 无论如何，消费者可以在相互竞争的替代商品中自由选择，体现了对消费者福利的关注。

目前尚不清楚美国司法部反垄断局的执法政策将在多大程度上践行上述内容。这次演讲也未明确说明在考虑其他非经济利益的情况下如何适用反垄断法的细节问题。总之，"保护竞争过程"只是一个号召，而不是目标。尽管这个抽象的概念可能获得普遍的赞同，但人们对其能否成为制定实际决策的有效工具并不持乐观态度。反垄断律师可以将保护竞争过程作为目标，正如经济学家可以宣称其为"自由市场"效力，或者律师可以敦促人们行使正义。然而，这些号召在缩小争议范围方面作用甚微。

三 反垄断法中的"福利"标准

福利标准是一个与经济发展和公民福祉相关的可衡量目标。其既不涉及对规模的关注，也不涉及对竞争过程的关注。然而，遗憾的是，"消费者福利"的含义模糊不清引发了一定的争议，而且如何对其进行衡量也一

---

① Jonathan Kanter, Ass't Att'y Gen., Dep't of Just., "Milton Handler Lecture"（May 18, 2022）［hereinafter Kanter's Handler Lecture］（transcript available with the Columbia Business Law Review）. For good commentary, see Einer Elhauge, "Should the Competitive Process Test Replace the Consumer Welfare Standard?" *PROMARKET*（May 24, 2022）, https://www.promarket.org/2022/05/24/should-the-competitive-pro cess-test-replace-the-consumer-welfare-standard/［https://perma.cc/YFG7-J7MD］.

② Id.（quoting Nat'l Soc'y of Pro. Eng'rs v. United States, 435 U.S. 679, 695（1978））.

直备受困扰。从情感的角度来看，人们很难对与消费者福祉相关的主张提出异议。实际上，"保护美国消费者"是联邦贸易委员会成立的核心使命之一。这也凸显了它作为号召的重要性，但我们是否应该进一步探讨其更深层次的价值呢？

在探讨反垄断问题时，消费者福利定义存在两种解释，但人们并不总能理解二者之间的区别。根据第一种定义，反垄断旨在打击那些既造成垄断又降低成本的行为。如果垄断造成的损失超过了节约的成本，那么这种做法就应该是非法的。消费者福利的这一定义源自诺贝尔经济学奖得主奥利弗·威廉姆森（Oliver Williamson），却被罗伯特·博克（Robert Bork）不当借鉴。事实上，更准确的概念应该是"福利权衡"模型，这正是威廉姆森本人为其命名的正式概念。[1] 根据第二种定义，反垄断的目标是实现消费者净福利的最大化，这也被称为"真正消费者福利"[2]，以区别于"福利权衡"模型。如果交易效率的增益足够大，以至于节约的成本能够完全补偿甚至超过由于市场力量增加而可能对消费者造成的损害（如价格上升或选择减少），那么这种行为就是可接受的。这一定义的转变亦体现在2010 年《横向合并指南》（以下简称《合并指南》）的更新之中。不过，鉴于美国司法部反垄断局局长和联邦贸易委员会主席都对消费者福利标准提出了质疑，下一轮修订中是否会继续采用这一标准尚不明晰。当然，考虑到竞争过程标准的宽泛性，确保消费者不受损害的合并规则也可以与该标准保持一致。值得一提的是，确保消费者不受损害的标准通常会在与是否减少市场产出之间有明确的分界线。

无论何种定义，都对过度执法持审慎态度，并且尽量避免纳入那些虽然重要但与消费者经济福利无直接关联的因素。在 2022 年的汉德勒讲座中，坎特就如何利用反垄断法促进自由这一话题进行了深入阐述。他还批评了消费者福利标准，认为反垄断案件不应当简化为对价格或产出效应进行简单的计量经济学量化。至于这是否意味着要对那些实际导致市场产量增加和价格降低的商业行为实施反垄断执法，目前尚不清楚。鉴于《合并

---

[1] Oliver E. Williamson, "Economies as an Antitrust Defense: The Welfare Tradeoffs", 58 *AM. ECON. REV.* 18（1968）.

[2] This term comes from Steven C. Salop, "What is the Real and Proper Antitrust Welfare Standard? Answer: The True Consumer Welfare Standard", 22 *LOY. CONSUMER L. REV.* 336, 338–348（2010）.

指南》的一个重要目的是为具体案例提供指导，因此过于宽泛的执法对前述目标并无太大助益。

此外，他还指出消费者福利标准忽略了"工人、农民以及参与竞争经济的众多其他潜在受益者或利益相关者"。这确实揭示了博克"福利权衡"模型的一大弊端——忽视对劳动者利益的关注。然而，这并不是对真正的消费者福利标准的批评，消费者福利的正确定义应当是那些从市场产出增加中受益的人的福利。这一标准惠及包括劳动者在内的所有供应商和购买者。一般来说，随着市场产出的增加他们均会受益。

坎特的其他担忧是否会在反垄断政策中产生影响还有待观察。如果在一个反竞争行为的分析标准中，消费者、劳动力或其他供应商都没有受到损害，甚至还从中受益，而该行为却仍受反垄断法规制，那么这样的标准将很容易导致反垄断法不当扩张适用至那些本该由其他法律规制的领域。

（一）从历史角度看经济福利

新古典经济学中关于"福利"的标准可追溯到 20 世纪早期，通常将福利与帕累托最优联系起来，或与稍晚出现的"福利权衡"模型联系起来。① 在"福利权衡"模型中，重点强调从政策变革中受益群体（赢家）所获得的收益是否足以充分补偿那些因政策变化而受损群体（输家）的损失。这也构成了现代成本效益分析的重要基础。②

早在 20 世纪 30 年代，"消费者福利"这一更为具体的术语开始零星出现。其通常与商业欺诈和虚假广告③等行为紧密相连，有时也与管理家

---

① See generally Roger A. Mccain, *Welfare Economics: An Interpretive History* (2019). For a thumbnail history, see "Welfare Economics", 4 *New Palgrave Dictionary of Economics* 889–895 (John Eatwall, Murray Milgate, Peter Newman eds. 1987); Antoinette Baujard, *Welfare Economics* (GATE Working Paper No. 1333, 2013).

② See, e. g., John R. Hicks, "The Foundations of Welfare Economics", 49 *ECON. J.* 696 (1939); Nicholas Kaldor, "Welfare Propositions of Economics and Interpersonal Comparisons of Utility", 49 *ECON. J.* 549 (1939). On cost-benefit analysis, see Robin W. Broadway, "The Welfare Foundations of Cost-Benefit Analysis", 84 *ECON. J.* 926 (1974).

③ This was particularly true in reference to the Wheeler-Lea Act of 1938, 15 U. S. C. § 52, et seq. See, e. g., Saul Nelson, "Representation of the Consumer Interest in the Federal Government", 6 *L. & CONTEMP. PROB.* 151, 152 (1939). For more information on the scope of the Wheeler-Lea Act, see Milton Handler, "The Control of False Advertising Under the Wheeler-Lea Act", 6 *L. & CONTEMP., PROB.* 91 (1939).

庭的经济学——"家政学"有所联系。① 那时，这一术语尚未与反垄断法产生联系，主要是由进步派和制度主义经济学家倡导，在经济理论中加强对消费者权益的重视。② 20世纪50年代，当时最具影响力的公共经济学家约翰·肯尼思·加尔布雷思（John Kenneth Galbraith）在讨论降低消费者产品价格时引用了这一术语，并将其与微观经济的福利概念联系起来。他阐释道："在局部均衡的情况下，经济学长期以来一直将消费者福利最大化作为一个近乎绝对的目标。在保证质量的前提下，任何降低消费者产品价格的经济行为都被认为是积极的。这一标准在经济学家的职业道德和责任感中占据了核心地位。"③

加尔布雷思也论及了反垄断法，但其目的是反驳"由于市场会自动调节不平衡情形，如果市场上存在足够的买方抗衡力量，那么反垄断法是多余的"这一观点。加尔布雷思提出，基于抗衡力量的概念应赋予工会和农业联合体在反垄断法层面的豁免，因为这两个利益集团能通过集体谈判拥有与大型制造商讨价还价的能力。

在20世纪60年代的研究中，奥利弗·威廉姆森更加明确地探讨了消费者福利与反垄断政策之间的关系。他提出，当一种行为既导致产出减少的垄断又提升了生产效率时，就需要考虑福利权衡。④ 他也据此推断，如果一种行为所节省的生产成本大于因垄断导致的经济损失，那么这种行为就应被视为一种福利改善，而不应被视为违反反垄断法。

威廉姆森在最初的提案中并没有使用"消费者福利"一词，但他确实提到了垄断势力增加会导致消费者剩余的减少。⑤ 消费者剩余，即产出乘以消费者从每笔交易中获得的剩余，应与消费者福利相同。这里的剩余是指消费者愿意支付的价格与实际价格之间的差额。例如，如果消费者对一

---

① See, e. g., Albert S. Keister, "The Consumer Is Stirring", 3 *S. ECON. J.* 317, 327 (1937) (book review); *Consumer Problems in Wartime* (Kenneth Dameron ed., 1944).

② See e. g., Robert S. Lynd, "The Consumer Becomes a 'Problem'" 173 *Annals Am. Acad. Pol. & Soc.* Sci. 1 (1934).

③ See John Kenneth Galbraith, "Countervailing Power", 44 *AM. ECON. REV.* 1-2 (1954). See also John Kenneth Galbraith, *American Capitalism: The Concept Of Countervailing Power* (1956).

④ Oliver E. Williamson, "Economies as an Antitrust Defense: The Welfare Tradeoffs", 58 *AM. ECON. REV.* 18 (1968).

⑤ Oliver E. Williamson, "Economies as an Antitrust Defense: The Welfare Tradeoffs", 58 *AM. ECON. REV.* 18 (1968).

块面包的期待价格是 4 美元，但能以 3 美元的价格买到，那么这次交易就会产生 1 美元的剩余。

　　威廉姆森的"福利权衡"模型可以容忍更高的消费价格带来的产出减少，只要这种垄断造成的福利损失能够被生产效率的提高所抵消。这也表明，提高价格的行为有可能增加消费者福利。此外，他还得出结论，在大多数情况下一点点的效率收益就足以抵消相当大幅度的价格上涨。

　　1978 年，罗伯特·博克借用了威廉姆森的"福利权衡"模型，并赋予它一个新的名字"消费者福利"。这一概念被广泛沿用至今，并在反垄断学术界的保守派和新自由主义学派中产生了巨大影响。图 1 摘自博克的著作，阐明了"消费者福利"模型的内涵。[1]

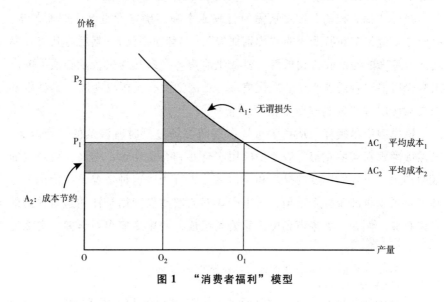

图 1　"消费者福利"模型

　　该模型假设了这样一种情况：市场最初是竞争充分的，以价格 P_1 和产量 O_1 运行。当 P_1 等于 AC_1（平均成本$_1$）时，表明市场在长期内处于完全竞争状态。但威廉姆森认为该图稚嫩，它既没有包括边际成本，也没有区分固定成本和可变成本。AC_1 和 AC_2 两条水平线仅指平均总成本，并没有说明其性质或来源。[2] 此时，企业合并、内部整合或其他类似做法可赋予该企业提高价格的市场支配力量，并产生阴影区域 A_1 所示的传统经济学中的

①　Robert H. Bork，*The Antitrust Paradox：A Policy At War With Itself* 107（1978）.

②　威廉姆森的文章从未提及固定成本、可变成本或边际成本。

"无谓损失"（福利净损失）。不过，这种做法也确实提高了生产效率，从而使企业的平均成本从 AC_1 降至 AC_2，所导致的效率增益或成本节约为阴影区域 A_2。根据威廉姆森和博克的观点，只有当福利净损失区域 A_1 大于成本节约区域 A_2 时，才需因福利减少而被规制。该模型有几点值得注意。威廉姆森和博克将"无谓损失"（福利净损失）A_1 界定为垄断的社会成本，并且采用了相对保守的估算值。[1] 然而，它不包括为获得垄断而实施反竞争行为的成本，也不包括竞争对手投资价值的损失。[2] 此外，威廉姆森的模型假定市场先前处于完全竞争状态，或至少市场价格等于生产成本，然后假定合并等行为造成了垄断。然而，如果我们从更现实的市场出发，就需要更大的生产效率增益来抵消所导致的"无谓损失"（福利净损失）。[3]

践行"福利权衡"模型所需的行政成本和不确定性也令人望而却步。我们必须量化垄断所造成的"无谓损失"（福利净损失），然后将其与效率增益所带来的经济收益相抵消。要量化消费者剩余的损失，就必须了解产出减少后消费者需求曲线的变化信息。正因如此，美国反垄断法案件中从未实际应用过"福利权衡"模型。[4]

该模型详尽阐释了从竞争市场向垄断市场过渡时所涉及的权衡取舍。虽然威廉姆森和博克都将该模型应用于合并和合资企业；然而，更现实的威胁则来自市场集中度的提高和类似的共谋行为。这种情况下，价格上涨和产量减少将波及整个市场，而生产效率的增益仅能用于评估参与并购的具体企业。例如，如果市场由 5 家公司组成，其中 2 家参与合并，那么这

---

① Made early on by George J. Stigler, "The Statistics of Monopoly and Merger", 64 *J. POL. ECON.* 33, 35 (1956).

② Examples of those making this critique include Keith Cowling and Dennis C. Mueller, "The Social Costs of Monopoly Power", 88 *ECON. J.* 727 (1978); Richard A. Posner, "The Social Costs of Monopoly and Regulation", 83 *J. POL. ECON.* 807 (1975); Herbert Hovenkamp, "Antitrust Policy and the Social Cost of Monopoly", 78 *IOWA L. REV.* 371 (1993).

③ See Herbert Hovenkamp, "Appraising Merger Efficiencies", 24 *GEO. MASON L. REV.* 703, 722 (2017).

④ 截至本文写作时，加拿大反垄断法体系在形式上仍遵循该学说的某种版本，但立法修改建议或将改变现行框架。参见 Comm'r of Competition v. Superior Propane, Inc., [2003] 3 F.C. 529, 556 (Can.). For critiques, see Richard O. Zerbe, Jr. & Sunny Knott, "An Economic Justification for a Price Standard in Merger Policy: The Merger of Superior Propane and ICG Propane", 21 *RSCH. L. & ECON.* 409, 415 – 19 (2004), and Darwin V. Neher, David M. Russo, J. Douglas Zona, "Lessons from the Superior-ICG Merger", 12 *GEO. MASON L. REV.* 289 (2003).

将导致整个市场的产出减少和价格上涨，而只有参与合并的 2 家公司（合计占市场份额的 40%）才能提高生产效率。于此而言，福利净损失可能是威廉姆森-博克模型估计值的 2.5 倍。

该模型的另一个缺陷是，它简单地假定完全竞争的成本不受反竞争行为的影响。也就是说，企业的供应成本（即图 1 中的 AC_1 和 AC_2）是一个黑箱。它们显然是在一个竞争充分的市场中对包括劳动力在内的供应要素进行购买。然而，如果企业在供应市场（包括劳动力市场）上拥有任何程度的垄断力量，那么该模型就会严重低估"无谓损失"（福利净损失）的数额。

威廉姆森-博克模型存在一个关键缺陷：它对效率和产出的假设过于理想化，与现实情况相去甚远。在图 1 中，虽然被质疑的行为显著降低了单位成本，它却也导致了产量从 Q_1 降低到 Q_2，如图 1 所示，产量大约减少了一半。然而，实际情况下产量的减少并不确定，可能更少或更多。这主要取决于该行为所导致的市场力量的大小、效率提升的幅度以及需求曲线的变化形态。

威廉姆森和博克均未详细阐释哪些实践方式可以同时带来如此显著的成本节约和产量减少。这是否只是罗纳德·科斯（Ronald Coase）所称"黑板经济学"式闭门造车的理论模型？[1] 规模经济是反垄断法下被质疑做法中最能明显节约成本的方式，但其结果建立在较高产量（而非较低）的基础之上。此外，固定成本问题也不容忽视。随着产量的减少，单位固定成本相应地增加。在图 1 中，AC 线代表了总成本，但并未对固定成本和可变成本进行区分。这种显著的产出减少所伴随的效率提升表明，该行业的固定成本并不高昂。然而，如果事实确实如此，垄断的根源又是什么呢？这并不意味着图 1 展示的是一个空集，而是表明这种情况并不普遍，需要进一步的证据支持。

博克本人对效率、产量和企业规模之间关系的想法奇特。在阐述他的消费者福利标准时，他宣称：与企业规模相关的任何效率提升，都很可能抵消产出减少而导致的消费者福利损失。[2] 这一令人费解的说法暗示，企业显然可以通过扩大规模来提高效率，即便其产量比以前更少。然而，如果"规模"不是产量，那又是什么呢？

当我们出于经济或反垄断目的衡量一家企业的规模时，通常会将产量

---

[1]　See Ronald H. Coase, *The Firm, The Market, And The Law* 19, 28 (1989).

[2]　Robert H. Bork, *The Antitrust Paradox* 179 (1978).

视为衡量标准。一家企业在一个时期内生产 1000 辆汽车，就比同一时期内生产 900 辆汽车的企业要大。能否用收入作为替代衡量的单位呢？例如，一家产品销售额为 1000 美元的公司相较于一家产品销售额为 900 美元的公司，规模显然更大。此时，规模较大的公司可能赚取的是垄断利润。因此，即使单位产量较低，其总体收入也可能更为可观。还有一种衡量标准可能是企业资本化程度或市场价值，如拥有规模更大、成本更高工厂的公司要比拥有规模较小工厂的公司市场价值大。甚至可以说，一家公司的规模是由员工数量的多少来决定的。

然而，博克所称"与公司规模相关的效率"不可能是指收入。相反，它一定是与生产相关的某种经济效益。或许，规模指的是与实际生产无关的结构性规模经济。如一家公司可能研发出一种低于竞争对手成本的技术，但该技术的产出率非常低。因此，我们可以根据最有效的产出水平来计算其规模，而不是该公司的实际产量。

这类降低成本技术的一个共同特点是，在产出水平较高的情况下能够更好地分摊固定成本，从而实现更显著的成本节约。这意味着，资本密集型的大型企业往往效率更高，但只有在实现较高的产出率时才能真正体现效率优势。那么，它是否能够以比使用落后技术时更低的产出率进行生产，同时依然能够保持更低的单位平均成本呢？也许可以，但有违常理，同样需要进一步的证据才能证明。这并不意味着一家公司无法建立一个规模庞大且成本低廉的工厂，随后却以低效率的方式运营。美国联邦贸易委员会甚至曾经指控过这些大型企业可能故意低效运营，以此来减少市场上的供应，从而提高价格。[1] 然而，"福利权衡"模型显然没有顾及这一点。因为，该模型中实际的效率提升建立在消费者损失的基础之上。在运营大型高效工厂时，若效率低下，将导致大量的资源浪费、高昂的单位成本以及企业拥有市场支配地位时更高的价格索取。这些听起来都不像是提高效率的良策。

---

① See in re E. I. Dupont de Nemours & Co., 96 F. T. C. 653（1980）（regarding titanium dioxide）; see also Oliver E. Williamson, "Predatory Pricing: A Strategic and Welfare Analysis", 87 *YALE L. J.* 284（1977）, which the Dupont case relied on, as well as Michael Spence, "Entry, Capacity, Investment and Oligopolistic Pricing", 8 *BELL J. ECON.* 534（1977）, and Paul Joskow, Alvin Klevorick, "A Framework for Analyzing Predatory Pricing Policy", 89 *YALE L. J.* 213（1979）.

"福利权衡"模型的另一个重要假设是，该模型下的效率提升，必须是直接与特定的合并或造成垄断的其他事件相关。《合并指南》（2010）体现了这一要求，其声称的效率提升必须直接产生于合并本身。如果能够以其他对竞争威胁较小的方式实现效率提升，则合并不会被批准。至于合资企业或其他商业行为，《合并指南》采用了合理原则，即不存在限制性较小的替代方案能够实现相同的商业目标。①

例如，在科技领域，技术的非独占许可是一个常被低估的替代性合并方案。在大型数字平台对小型公司的诸多收购案例中，小公司最主要的权益资产往往是知识产权。非独占许可将为收购公司提供改进自身所需的一切技术，但其他被许可方仍可使用该技术。② 在对合资企业适用合理原则分析时，问题在于非独占许可是否为前文所述的限制性较小的替代方案。此时，合并或合资双方应证明非独占许可不能提供与合并相似的运营效率，从而证明合并的必要性。

（二）真正的消费者福利、效率和竞争损害

反垄断成文法从未提及效率。③ 事实上，其不仅从未直接使用"效率"一词，也从未使用过任何具有相同含义的其他短语，如降低成本或提高质量。当然，反垄断成文法也未提及如产业集中度、市场力量、规模、竞争过程或本身违法原则等诸多概念，尽管人们认为以上概念都很重要。

虽然反垄断成文法本身没有提及效率，但它确实涵盖了对竞争损害的要求。这一要求在不同的条款中呈现不同的表述方式，如"限制贸易"、"垄断"或"大幅度减少竞争"。此外，效率的重要性还体现在两个不同方面。首先，它关联到"抵消效应"，即有证据表明，某些效率的提升确实能够补偿因价格上涨或产量减少而引起的消费者福利损失。此时，效率对

---

① See 7 Phillip E. Areeda & Herbert Hovenkamp, *Antitrust Law* ¶1505（5th ed. 2023）（forthcoming）.

② See Herbert Hovenkamp, "Antitrust and Platform Monopoly", 130 *YALE L. J.* 1952, 2043（2021）. For elaboration, see Kevin A. Bryan, Erik Hovenkamp, "Antitrust Limits on Startup Acquisitions", 56 *REV. INDUS. ORG.* 615, 623 – 629（2020）, and Kevin A. Bryan, Erik Hovenkamp, "Startup Acquisitions, Error Costs, and Antitrust Policy", 87 *U. CHI. L. REV.* 331, 339-342（2020）.

③ See, e.g., Alan J. Meese, "Justice Scalia and Sherman Act Textualism", 92 *NOTRE DAME L. REV.* 2013, 2026（2017）.

消费者福利而言至关重要。其次，效率意味着在没有造成任何损害的情况下节省了大量成本。在这种情况下，我们甚至无须以效率作为辩解的理由，因为原本就不存在竞争损害。

"福利权衡"模型的一个明显缺陷是，它放任了以产出减少和价格提高的形式出现的实际竞争损害，前提是这些损害在其他方面为生产效率增益所抵消。因此，颇具讽刺意味的是，尽管一项行为可能会因价格上涨和产量下降而实际损害消费者和劳动者，但由于它能为行为人带来更大的收益又被赋予了合法的理由。这种方法还存在其他争议，如一个市场的获益是否可以抵消对另一个市场造成的损害？[1] 然而，在真正的消费者福利标准下，根本不存在需要抵消的损害。

真正的消费者福利标准只承认那些足以完全抵消竞争损害的效率提升。如果没有减少产量，所评价的行为甚至都不能称得上是"限制贸易"。《合并指南》（2010）即以预测合并对价格和产出的影响作为其起草的逻辑起点。如果分析预测出竞争损害，则可以允许抵消效率，但前提是所抵消的效率必须足以完全弥补价格上涨导致的损失。这意味着净损失并不存在。在这种情况下，反垄断成文法中是否提及效率其实都无关紧要。例如，一个企业的合并项目可能会将产品价格从 8 美元提高到 10 美元，那么如果有证据证明合并后生产效率的提高将会把价格拉回到 8 美元或更低，这将是该项合并正当化的理由。由于以上情形并不符合并购法中的"大幅削弱竞争"标准，我们也不必担心效率的抗辩问题。

《合并指南》（2010）提供了一个评估方法，旨在分析那些可能对市场竞争产生影响的合并或限制竞争行为所主张的效率提升。这里的效率必须具有相关性，忽视对其考量必然会造成经济损害。此外，"善意接受"也可以为限制竞争行为提供免责理由，前提是提出效率抗辩的合并方是这些效率的创造者。因此，他们最应该对确保不会减损其他群体的合法权益（尤其是消费者和劳动者）承担举证责任。[2]

然而，评估非合并类的行为可能比较棘手。在价格上涨的问题上，竞

---

[1] 关于反竞争行为对劳动者合法权益损害的分析，参见 Laura Alexander, Steven C. Salop, "Antitrust Worker Protections: The Rule of Reason does not Allow Counting of Out-of-Market Benefits", 90 *U. CHI. L. REV.* 273 (2023)。

[2] See Herbert Hovenkamp, *Federal Antitrust Policy: The Law of Competition and its Practice* § 6. 1 (6th Ed. 2020).

争对手之间的合并相对简单：它们像卡特尔一样，可以实施统一定价并增加合并后企业的有效市场份额。横向垄断协议能否达到上述后果并不明确。然而，有些方面的限制后果可能无法仅仅通过衡量价格和产出效应而加以评估，如对创新的限制。①

（三）反垄断案件中福利标准的评估

作为反垄断的指导性原则之一，消费者福利或其他福利标准一直备受关注。然而，在很大程度上，一个关键点被忽视了：法院几乎从未（在案件中）正式评估过"福利"。反垄断案件的专家们坦称，法院很少评估消费者福利的变化，他们评估的几乎总是产量的变化或价格的变化，福利效应只是从产出效应中得出的推论。② 此外，这不仅仅是一个评估漏洞，它还揭示了一个事实：无论是反垄断法文本还是其立法史，均未明确显示立法者关注福利概念或理解其经济学含义。相反，立法者更关注产出和价格这两个直接影响市场竞争和消费者福利的变量。尽管这两个变量与福利评估相关联，但它们并不直接等同于福利本身。③

在基础经济学和反垄断课程中，通常会使用图 2 的某个版本来说明垄断对消费者福利的影响，其中消费者福利以消费者剩余来衡量。从图 2 可以看出，当价格定在边际成本（竞争水平价格 P_c）时，消费者剩余（福利）等于三角形 1—3—6。相比之下，当价格定在垄断水平（P_m）时，消费者剩余则减少至三角形 1—2—4。④

---

① See Herbert Hovenkamp, "Restraints on Innovation", 29 *CARDOZO L. REV.* 247 (2007).

② See Declaration on Class Certification of Roger G. Noll at 20–21, In re Lithium Batteries Antitrust Litig., MDL-2420, 2016 WL 4162883 (N. D. Cal. Jan. 23, 2016) (No. 13-MD-02420). See also Report of William J. Lynkat 46, Minn. Ass'n of Nurse Anesthetists v. Unity Hospital, 5 F. Supp. 2d 694 (D. Minn. Feb. 24, 1997) (No. 4-96- 804); Declaration of Hal J. Singer, Ph. D in support of Defendants' Opposition to Plaintiffs' Motion for Class Certification, Dhillon v. Anheuser-Busch, L. L. C., No. 14CECG03039 MBS; Declaration of Jerry A. Hausman, Madison Square Garden, L. P. v. Nat'l Hockey League, 270 Fed. Appx. 65 (LAP) (S. D. N. Y. July 17, 2008) (No. 07 Civ. 8455); Expert Report of Kenneth G. Elzinga, Wal-Mart Stores v. Texas Alcoholic Beverage Commission, 1-15-CV-134 RP, 2016 WL 9227560 (W. D. Tex. Feb. 12, 2016).

③ On the concerns of the framers, see Hovenkamp, "The Antitrust Text", *Ind. L. J.* (2023) (forthcoming), https://papers. ssrn. com/sol3/papers. cfm? abstract_ id=4277914.

④ The deadweight loss is often referred to as the "Harberger Triangle," after the model was developed in Arthur C. Harberger, "Monopoly and Resource Allocation", 44 *AM. ECON. REV. PROCEEDINGS* 77 (1954). See, e. g., Edgar K. Browning, "A Neglected Welfare Cost of Monopoly—and Most Other Product Market Distortions", *J. PUB. ECON.* 127 (1997).

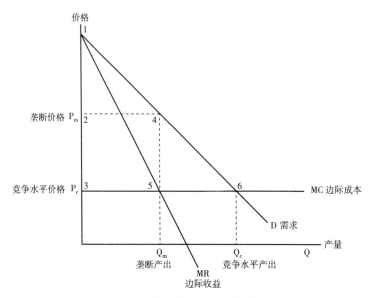

图 2 垄断对消费者福利的影响

有几点值得注意。首先，在其他条件不变的情况下，随着产出的增加消费者剩余也会增加。其次，随着价格上涨消费者剩余会减少。最后，和所有三角形一样，消费者剩余三角形由价格、产量和需求三条边所定义。在图 2 中，需求曲线是一条直线，构成了一个真正的三角形，这意味着明确了产量和价格后，就可以很容易地计算出消费者剩余三角形的面积。① 而在这里福利等同于消费者剩余，因此容易衡量福利的具体数额。

但大多数常见的需求曲线并不呈直线形态，它们很可能凸向原点。如果需求不稳定，需求曲线甚至会更不规则。当购买方由几个不同的群体组成时，情况就是如此。比如桥梁建造者、厨具制造商和牙齿矫正者都会购买钢材，同一群体的需求量可能相当稳定；然而，跨越不同群体时，斜率会发生变化。因此，计算实际消费者剩余需要切实了解相关范围内实际需求曲线的形状。②

不过，值得注意的是，即使需求曲线呈现非线性特征，该模型的前两

---

① 在线性需求曲线下，消费者剩余等于产量边与价格边乘积的 1/2。

② Declaration on Class Certification of Roger G. Noll at 20-21, In re Lithium Batteries Antitrust Litig., MDL-2420, 2016 WL 4162883（N. D. Cal. Jan. 23, 2016）（No. 13-MD-02420）.

个命题仍然适用。对于任何给定的需求曲线，福利与产量成正比。此外，反垄断谴责的是特定反竞争行为而非垄断地位本身。因此，在大多数情况下，我们用来估算竞争影响的最佳变量要么是整个市场产出的变化，要么是价格的变化。如果我们能证明某种特定行为增加了市场产量或降低了价格，那么我们至少可以推定其同样提升了消费者福利。当然，这一推论可能会有一些例外。也许表面产出的下降与质量的提高相对应，或者某种情况下可能会在增加产出的同时提高价格。下文也将谈到，转售价格维持等行为也可能会以某种方式改变需求曲线的形状或斜率。

同样重要的是，我们不能将企业产出和市场产出的概念混为一谈。例如，实施抵制、独家交易协议或搭售协议等做法的企业可能会通过排除竞争对手增加本身的产出。然而，如果这种行为具有反竞争性，那么整个市场的产出就会下降。虽然处理这个问题在理论上并不困难，但在实践中非常难以评估。

由于需要了解需求曲线的形状，因此意味着在反垄断案件中，法院很少尝试评估消费者福利的实际变化。法院评估的是价格或产出的变化，并据此推断出有关消费者福利的结论。法院不需要知道某项行为导致的福利增益或损失的数额；法院只需要知道市场产出或价格是增加抑或减少。无论如何，这种方法与反垄断法关注的产出变化的措辞是一致的。例如，政府可以在不证明产量减少或价格上涨具体数额的情况下，处罚固定价格行为。

当某项行为能够提升效率时，评估该行为所带来的消费者福利通常具有复杂性。评估合并的模型通常会因为效率的提升可以抵消对消费者福利产生的负面影响，从而得出没有造成福利损失的结论。然而，根据《合并指南》（2010），合并的根本问题仍然是其是否导致价格提升，而非是否会增加消费者福利。事实上，《合并指南》（2010）从未提及消费者福利，仅仅涉及价格影响问题。

依据《合并指南》（2010）所采用的评估方法，竞争损害在很大程度上可以通过价格上涨推断出来。然而，也存在一个例外，《合并指南》将效率定义为"更低的成本、更优质的产品、更卓越的服务或创新产品"的实现。因此，即使表面上产品价格上涨，合并后产品质量提高也可能符合《合并指南》（2010）所允许的效率抗辩。而如果根据社会总福利标准［这一标准被《合并指南》（2010）拒绝采用］，合并可以在增加福利的同时提高原有产品的价格。①

在最简单的情况下，效率等于每个生产单位节省的成本乘以生产单位的数量。② 如果涉及固定成本和可变成本，那么效率的评估就更加复杂。③ 尽管如此，评估方法是相同的，即为了量化一定时期内的所有成本节约，需要考虑单位成本的减少量和生产的单位产品数量。

（四）福利与产出

1. 概述

如上所述，尽管反垄断中的合法性分析常有"福利"的表述，但法院所依赖的证据几乎总是围绕产出效应或价格效应。一种有效且实用的分析方法是：如果某行为属于反垄断法规制的对象，且该行为实际上导致了整个市场产出的减少，那么这种行为就不应当被反垄断法允许。基于此，在产品市场以低价为目标的情况下，若价格上涨源于市场总产出的减少，则应适用反垄断法规制。而在生产要素市场，人们的关注点则在于产出抑制是否会导致生产成本增加，进而推升最终产品的价格。例如，劳动力市场往往会利用反竞争行为降低工资。这样一来，产品市场和生产要素市场的福利都会因产出减少而降低。

以产出来界定损害并不新鲜。早在《谢尔曼法》通过之初，反垄断判例就已确立这一标准。④ 法院在相关反垄断案件中将《谢尔曼法》第 1 条中"限制贸易"的协议、联合或共谋，解释为限制产量或提高价格。相比之下，《谢尔曼法》第 2 条则缺乏类似的判例。因为在立法史上，"垄断"的法律定义通常仅限于政府的排他性授予。尽管如此，法院在案件中援引第 2 条时，绝大多数时候依然像援引第 1 条得出结论的案例一样，纳入了

---

① See, e.g., Louis Kaplow, "On the Choice of Welfare Standards in Competition Law", *The Goals of Competition Law* 3, 24 (Daniel Zimmer ed., 2012); Roger D. Blair, Jessica S. Haynes, "The Efficiencies Defense in the 2010 Horizontal Merger Guidelines", 39 *REV. INDUS. ORG.* 57, 61–62 (2011).

② See the rectangle "cost savings" in supra Figure 1; See Generally Harold O. Fried Et Al., *The Measurement Of Productive Efficiency: Techniques And Applications* (Harold O. Fried, A. Knox Lovell, S. Schmidt Shelton, eds. 2008). Specifically for mergers, see Joseph Farrell, Carl Shapiro, "Antitrust Evaluation of Horizontal Mergers: An Economic Alternative to Market Definition", 10 *B. E. J. THEORETICAL ECON.*, Article 9, 9–10 (2010) (speaking mainly of "marginal cost" efficiencies).

③ 存在一个经济学问题：仅降低固定成本的效率提升不会立即反映为市场价格下降，而可变成本的效率改进通常会产生立竿见影的降价效果。

④ 关于从普通法传统至《谢尔曼法》初期判例法演进的系统性评述。

产出减少标准，并不做区分。①

自反垄断法问世以来，"市场整体产出的减少作为反垄断损害主要指标"的观点一直占据着主导地位。同样的发展历程也促使法院及其他机构认定，《谢尔曼法》前两条应适用相同的损害标准，即产出减少、价格上涨。事实上，在讨论反垄断法的福利目标时，除《罗宾逊－帕特曼法案》外，一般将所有反垄断条款视为具有相同的福利目标。把竞争性损害定义为产出减少也有利于所有与消费者福利相关的人。随着市场产出的增加，消费者和供应商（包括劳动力）都将享受更优惠的福利。因此，以产出或价格为导向的评估方法类似于真正的消费者福利标准，但它们在评估内容上更为具体。

事实上，考虑行为对劳动力市场的影响也至关重要。首先，劳动力是一种可变成本。从这个意义上说，对劳动力的需求是由产品产出所驱动的。其次，消费者对于产品产出的影响处于主导地位。这是因为，消费者的偏好和需求决定了企业的生产计划和劳动力需求。劳动力和其他生产要素基本上与消费者行为紧密相连。

与"消费者福利"标准的各种表述相比，这种以产出为核心的表述在概念上和实践中均具优势。首先，它考虑了这样一个事实：劳动者从更多的就业机会和更具竞争力的工资中获益，其在要素市场中的地位类似消费者在产品市场中的地位。因此，工人可以在产量提升中受益。其次，作为一项操作标准，产出比福利更容易衡量，而且得出正确结果的可能性更高。因此，反垄断法的福利目标最佳表述应为鼓励市场可持续地提供最大产出。"可持续"一词排除了掠夺性定价等少数情况。此时，产出过高反倒可能会导致反竞争行为。这是因为，掠夺性定价情形下价格是低于成本的，而这从长期来看会损害竞争和市场健康，不具有可持续性。②

当然，以产出为核心的标准存在以下两个缺点：首先，尽管产出不如福利那样难以衡量，但事实上衡量产出也并非易事。其次，在某些情况下，产出和福利可能并不朝着同一方向发展，即产出与福利成反比。产出标准的价值取决于产出与福利成反比的情况发生的频率、产生不可接受结

---

① E. g., United States v. Standard Oil Co., 173 F. 177（E. D. Mo. 1909）；United States v. U. S. Steel Corp., 223 F. 55, 61（D. N. J. 1915），aff'd, 25 U. S. 417（1920）.

② See Phillip E. Areeda, Herbert Hovenkamp, *Antitrust Law* ¶¶739–740（5th ed. 2022）.

果的频率以及能否识别和控制这些情况。下文的论述也表明，产出与福利之间的差异要么小至可以忽略不计，要么可以被轻易识别。数十年来，基于合理原则，在反垄断诉讼中产出和福利之间的差异从未起到决定作用。此外，当产出和福利出现偏离时，法律倾向于优先考虑产出。

2. 产出是比福利更好的检验标准吗？

将产出作为反垄断损害的标准有两个原因。首先，自 19 世纪 90 年代以来，判例法就采纳了这一标准。反垄断法的立法者及早期历史并没有意识到经济福利的概念。相反，《谢尔曼法》第 1 条中"限制贸易"一词的定义始终是产出减少或价格上涨。其次，无论如何，产出总比福利更容易衡量，甚至反垄断专家也只是根据观察到的产出变化或（少数情形下的）价格变化来推断福利的变化。

只有当二者发生冲突时，才会出现比较优势的问题。一般情况下，福利与产出成正比。在某些情况下，福利与产出成反比。例如，销售 100 个面包，每个面包产生 1 美元的消费者剩余，比销售 150 个面包，每个面包产生 50 美分的消费者剩余所创造的福利更多。下文将讨论这种情况发生的频率，以及它是否会造成垄断。

衡量产量可易可难，要视具体情况而定。如果企业生产的是标准化产品，如相同的螺栓，那么衡量产出可能只需计算单位数量。然而，除了基本单位数量外，产出还包括较难衡量的质量和最难衡量的创新。

尽管有时可能需要对损失的销售额进行估算以计算损害赔偿额，但通常不需要量化产出就能确定是否违反了反垄断法。此外，即使无法精确量化，也往往可以根据具体情况推断出产出的减少。例如，我们可以很容易地推断出，无论是市场买方还是卖方，那些明目张胆、不加掩饰的卡特尔行为必然会减少产出。这就足以适用本身违法原则对其进行规制。如果原告希望获得损害赔偿，那么还需要进行某种量化。然而，这通常是对索价过高或过低的量化，而不是对产出变化的量化，当然也不是对福利变化的量化。卡特尔行为的损害赔偿是以实际销售额为基础来计算的。相比之下，福利损失则以未实现的销售额为基础进行计算。

在俄亥俄州诉美国运通公司案（Ohio v. American Express, Inc.）中，政府对"反引导"条款提出了质疑，该条款禁止商家向使用成本较低的信用卡的顾客提供折扣。如果认定"反引导"条款合法，那么，在交易的过程中，无论是商家还是消费者都能获得更低的价格。从表面上看，这是减少产出的限制竞争行为。根据合理原则，剩下的唯一问题就是分析这种限制竞争行为是否有正当理由。美国运通公司提出的抗辩理由是用户可以使用非美国运通卡并享受美国运通卡的额外优惠。这一理由并不具有正当性，因为美国运通卡的优惠只能给予使用美国运通卡的用户。① 因此，一旦用户转换使用其他信用卡，就意味着不能够享有上述优惠特权。法院判决的多数意见阐明了消费者福利原则，但忽略或误解了许多重要事实。只要案件中存在导致消费品价格上涨和商户收费提高的因素，政府就有足够的理由获得有关禁令。②

无论是商家还是银行卡用户，在提起损害赔偿诉讼时，都需要对自己的损失进行量化。商户需要估算出在没有该条款的情形下，用户转向使用更优惠银行卡的交易额，以及用户换卡时商户承担的受理费的差额。用户也必须对蒙受的损失做出类似的估算。这些估算可能涵盖所有用户数据和复杂的计算过程，但我们可以聘请专家来进行这些估算。《克莱顿法》并不要求在确定损害赔偿时对福利损失进行预估。该法案中所规定的"三倍赔偿损失"严格地讲是指每个原告个人所遭受的损失，这些损失通常小于违法行为所造成的福利损失，但无论如何都无须计算福利损失。

美国联邦贸易委员会在阿特维斯案（FTC v. Actavis, Inc）中发现了一条界定赔偿责任的捷径。法院明智地裁定了药品专利反向支付协议违法，因为该协议将大幅提高特定药品的价格，且其反竞争后果可能持续数年。这本来已经足以启动反垄断法的谴责，不过该案还考虑了反向支付和解协议是否落入专利法的合法性排他范围。最终的结果是，该案中不存在上述任何合法性排他情形。③

正如阿特维斯案之后私人反垄断诉讼所揭示的那样，当我们需要证明因果关系和原告所受到的损害时④，问题就会更加复杂，计算损害赔偿亦

---

① See Herbert Hovenkamp, "Platforms and the Rule of Reason: The American Express Case", 2019 *COLUM. BUS. L. REV.* 35, 65-66.

② See Herbert Hovenkamp, "Antitrust Harm and Causation", 99 *WASH. U. L. REV.* 787, 805 (2021)（提供了反引导条款阻止折扣行为的例子，而该折扣能够实现商户与消费者的利益共赢）。

③ See Aaron Edlin, Scott Hemphill, Herbert Hovenkamp, Carl Shapiro, "Activating Actavis", *Antitrust* 16 (2013).

④ See Kevin B. Soter, "Note, Causation in Reverse Payment Antitrust Claims", 70 *STAN. L. REV.* 1295, 1310-1311 (2018).

然。美国联邦贸易委员会能够轻松地根据药品专利反向支付协议推断出药品价格上涨的潜在损害。然而，对于寻求损害赔偿的原告来说，难点还在于确定价格上涨的具体数额有多少以及药品被延迟进入市场的时间长度。

排他性行为导致的损害赔偿在概念上更接近于垄断产出的减少。在前文所述美国运通案中，"反引导"条款也损害了像维萨卡和万事达卡等低价竞争对手的利益。① 这些公司失去了与信用卡用户本来可以展开的商业交易。同理，受到市场抵制的公司也会失去在该市场的销售机会，由此直接导致市场产出的缩减。结果，市场上剩余的企业有能力提高价格，而这正体现了行为的反竞争性。在这种情况下，损害赔偿以销售损失或利润损失为基础。这意味着，每个被不法排除在市场之外的公司都可以根据自身可证明的损失获得损害赔偿。

3. 产出和对劳动者造成的损害

产出是企业生产和销售的产品，当消费者购买时，它创造了消费者剩余。正常情况下，产出越大，消费者以及中间商受益越多。生产要素市场主要是指企业购买所需的劳动力及其他原材料和服务的市场。其中主要的可变成本是劳动力需求，因此劳动力需求与产品产出密切相关。一家公司在其产品市场（产出端）和生产要素市场（投入端）上可能拥有不同程度的支配力量。一般来说，随着企业产量的增加，其对劳动力的需求也会增加，而且增加的比例大致相同。

由于不同市场中支配力量不同，企业支配力量的行使方式也有所区别，即要么减少产品产出，要么减少购买生产要素。在产品市场行使市场支配力量的一般结果是，企业的销售量减少，但产品价格会提高。在生产要素市场行使市场支配力量的后果是企业采购量减少，为其所支付的费用也同步减少。如果甜菜购买商组建卡特尔滥用买方市场的支配地位，那么就将减少甜菜的购买量，并减少购买费用支出。② 甜菜制糖厂的产出是糖，其生产量亦会相应减少。糖价上涨与否，取决于买方企业是否在销售市场上拥有垄断性的市场支配力。然而，竞争法的核心目标是确保买方和卖方能够实现可持续且有竞争力的产出水平，但反垄断法并不要求买方和卖方

---

① See United States v. Am. Express Co., No. 10-CV-4496 NGG RER, 2011 WL 2974094, at *2, *4 (E. D. N. Y. July 20, 2011) [一项拟议的同意判决是要求维萨（Visa）和万事达（Mastercard）放弃其反引导条款，但可以豁免美国运通（AmEx）的同类义务]。

② Mandeville Island Farms, Inc. v. Am. Crystal Sugar Co., 334 U. S. 219, 219 (1948).

均遭受损害。只要任意一方的损害足以影响整体市场的竞争力，就有可能触发反垄断法的适用。

减少产品产量的限制竞争行为对劳动力造成的损害与对消费者造成的伤害一样大。反垄断法通常不会赋予劳动者在产品市场中对其受到的损害提起诉讼的资格，然而，这并不意味着我们应忽视产品市场垄断对个人和社会造成的成本，以及它对劳动力市场可能产生的反竞争性损害。

4. 产出与福利之间的可能冲突

产出并不一定与福利相关，甚至也不一定符合消费者福利，二者通常（但并非总是）朝着同一方向发展。在少数情况下，当消费者福利减少时，产出可能会增加或保持不变。① 不过，这种情况发生的频率有多高及其对反垄断政策的影响有多大，很难准确地界定。另外，当产出和福利出现分歧的极少数情况下，反垄断法应该如何取舍呢？从历史上看，反垄断法更倾向于规制那些可能导致产出减少的行为。

针对单一客户单一项目实施的卡特尔行为即是一个未造成产量降低的反竞争提价行为的典型实例。假设市场上有三家相互竞争的合同商，它们相互竞标同一家招标单位的项目。串通好的供应商会预先商定一个接近招标单位愿意支付的最高价格（即保留价格）②，并提供接近保留价格的报价。这种做法导致招标单位最终虽然购买了相关产品，但支付了更高价格。此时，卡特尔行为并没有导致产出减少，至少在这个特定的价格操纵周期内如此。卡特尔导致的是纯粹的财富转移，仅衡量产出效应不会体现任何的损害。福利损失也很容易计算，其等于竞争价格与卡特尔价格之间的差额。但我们依然需要规制这种行为，因为它操纵了价格，导致价格上涨。

只要交易的商品或服务的数量不是绝对的二元对立（即有或无，不存在中间状态），就会存在产出效应。例如，假设有三个供应商正在向同一个招标单位竞标为期一年的回形针供应项目，因为只有一个买家，所以即使这三个供应商形成了卡特尔，销售依然会完成。然而，此时买家对回形针的需求会因价格上涨而减少。如果存在多个买家，卡特尔提价就有可能会导致该产品的市场总销售数量减少（因为一些买家可能会选择不购买或

---

① For other possibilities，see John M. Newman，"The Output-Welfare Fallacy: A Modern Antitrust Paradox"，107 *IOWA L. REV.* 563，582（2022）.

② 保留价格系买方愿意支付的最高价格。

寻找替代品）。总之，产出和福利通常会同步变动，针对单一客户单一项目实施的卡特尔行为则是个例外。

还有一种观点认为，尽管纵向限制竞争行为能增加产出，但其也会降低福利。[①] 图 3 说明了这一问题。转售价格维持等纵向限制竞争行为迫使下游企业参与更多的非价格竞争，通常会要求它们提供在低价位时不会提供的服务。然而，这种做法可能会扩大边际消费者的覆盖范围；这些消费者本来处于市场的边缘，只是因为附加服务才同意购买相关产品。与此相反，那些无论如何都会购买特定产品的超边际消费者却陷入了困境：他们为自己并不需要的服务支付了更高的价格。

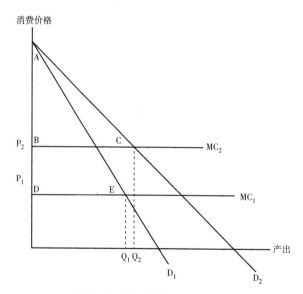

图 3　产出与消费者福利的关系

从图 3 中可以看出，新增服务带来了更多的边际消费者，从而使需求曲线从 D_1 变为 D_2。与此同时，消费价格从 P_1 上升到 P_2，产出从 Q_1 上升到

---

① See, e. g. , William S. Comanor, "Vertical Price-Fixing, Vertical Market Restrictions, and the New Antitrust Policy", 98 *HARV. L. REV.* 983, 999（1985）; William S. Comanor & John B. Kirkwood, "Resale Price Maintenance and Antitrust Policy", 3 *CONTEMP. ECON. POL'Y* 9, 9（1985）; see also William S. Comanor, "The Two Economics of Vertical Restraints", 21 *SW. U. L. REV.* 1265, 1280-1281（1992）; Lawrence J. White, "Resale Price Maintenance and the Problem of Marginal and Inframarginal Customers", 3 *CONTEMP. ECON. POL'Y* 17, 17（1985）.

Q_2。然而，消费者福利却减少了。在实施转售价格维持之前，消费者福利是三角形 A—D—E，但在实施转售价格维持之后消费者福利是 A—B—C，且可能更小。也就是说，产出和消费者福利可能朝着相反的方向发展。

关于这一情况，存在的疑问是它所描述的是否反映了真实的市场状况，抑或仅仅是又一个理论经济学的抽象案例。在这里，至少可以想象边际消费者的收益会被超边际消费者的损失抵消，但证实这一点却很难。事实上，截至本文撰写之时，根据合理原则分析纵向非价格限制竞争行为已有近 50 年的反垄断法历史[1]；而根据合理原则分析转售价格维持也已有 15 年的历史[2]。然而，似乎没有任何一个案例以此来规制纵向限制竞争行为。

另一个对反垄断政策更为重要的问题是，这种为产品增加附加价值的行为与纵向限制竞争行为毫无关系，甚至实际上与垄断也没有多大关系。这是因为，虽然一个产品具有很多功能，但并非所有客户对每个功能的重视程度都相同。他们之所以购买，是因为他们对该产品的价值评估高于一个产品对其所有价值和附加值的定价。此外，消费者如何选择商品组合并非完全取决于纵向限制，单边行为也可以导致同样的结果。如果一家日报的出版商决定增加体育版内容，报纸的价格也随之提高 5 美分。体育版增加了报纸对边际消费者的发行量，这些客户现在购买报纸只是因为增加了体育版；但可能会损害那些被要求额外支付 5 美分但不阅读体育版的消费者的利益。福利增加还是减少是一个实践问题。当然，增加体育版也可能会增加发行量、减少福利。

此时，增加体育版仅仅是出版商的单方行为。这一行为既与纵向限制竞争无关，也与垄断无关。[3] 它只是反映了这样一个事实，即报纸是一种产品，其对消费者的价值具有多元性。有些消费者看重其中一个版面，而另一些消费者则看重另外一个版面。但最经济有效的发行方式是将所有版面整合在一起以统一价格整版发行。

零售商在营销自己的产品时，经常会做出与报纸出版商类似的决定。

---

[1] Cont'l Television, Inc. v. GTE Sylvania, Inc., 433 U.S. 36, 37 (1977).

[2] Leegin Creative Leather Prods., Inc. v. PSKS, Inc., 551 U.S. 877, 882 (2007).

[3] 一种解释是，该报社增设体育版系为应对另一家刊载体育报道的竞争对手所采取的竞争策略。然而，进入新市场或扩大产出的商业行为，纵使可能影响竞争格局，通常也不被认定为反竞争的排他性行为。

例如，Costco 为消费者提供的免费早餐香肠对素食主义者没有任何好处，但额外的产品和劳动力成本会转嫁到每个人身上。当地加油站为轮胎提供免费充气服务，受益者只是那些没有轮胎打气筒的人。披萨店提供免费外送服务，受益的只是那些希望披萨外送的客人，而堂食的客人则需要多付一点钱。这样的情况还有很多，我们如果想规制这种行为，将耗费巨大的行政成本。此外，即使是市场力量很小的公司也经常采取上述商业行为。最重要的是，在绝大多数情况下这种行为都能降低生产或销售成本。如生产和销售报纸成本最低的方式很可能是销售一份包含所有版面的报纸，然后让消费者挑选他们想读的内容。

另一种可能导致产出与福利脱节的情况涉及价格歧视问题。虽然价格歧视在学术界中已经被广泛地论证，但它从未在反垄断执法中发挥决定性作用。[①] 一般来说，价格歧视的福利效应与产出效应之间的关系并非总是一致的。降低产出的价格歧视会降低福利。这一观点在 20 世纪 20 年代的三级价格歧视[②]和最近的二级价格歧视[③]理论中得以证实。而在产出处于竞争水平的一级价格歧视中则不会出现这种情况。与我们的目标更密切相关的问题是，是否存在一种价格歧视现象，它能够在提高产出的同时减少福利。

有些价格歧视可能只是掠夺性定价，这是《克莱顿法》第 2 条的理论基础。美国联邦最高法院在布鲁克集团公司诉布朗 & 威廉姆森烟草公司案（Brooke Group, Limited v. Brown & Williamson Tobacco Corporation）中也采用了这一理论。[④] 该案中，企业将产品在某一地区或空间的价格降至成本价以下，而在其他地区或空间却并未降价。如果商品的价格长期低于平均成本，那么该行为极有可能违法。此外，正如布鲁克集团所要求的那样，根据现行法律，掠夺性定价之后必须存在一个补偿期以弥补之前的损失。这种情况同样受到"相关产出必须可持续"的条件限制，这意味着企业不

① On its relevance for antitrust policy, see 3A Phillip E. Areeda, Herbert Hovenkamp, *Antitrust Law* ¶721 (5th ed. 2022).
② Originally by Arthur C. Pigou, *The Economics of Welfare* 275-289 (1920). See Hal R. Varian, "Price Discrimination", 1 *HANDBOOK OF INDUS. ORG.* 597, 600 (Richard Schmalensee & Robert D. Willigeds., 1989).
③ See Einer Elhauge, Barry Nalebuff, "The Welfare Effects of Metering Ties", 33 *J. L. ECON. & ORG.* 68, 70 (2017).
④ Brooke Grp., Ltd. v. Brown & Williamson Tobacco Corp., 509 U.S. 209, 209 (1993).

能长期以低于成本的价格销售产品。然而，掠夺性定价不具有不可持续性，因此违法。

经济学中对搭售所造成的二级价格歧视进行了大量建模分析，因此搭售行为的经济效应似乎也已得到很好的剖析。在大多数情况下，搭售可能会导致产量的增加，但并不一定意味着福利的增长，这需要根据具体情境来判断。假设数码打印机的销售商以极低的价格销售打印机，甚至赠送打印机，但将其与墨盒捆绑在一起，并提高墨盒的价格。此时，消费者从较低的打印机价格中获益，却因墨盒的价格较高而受损。由于不同消费者对墨盒的使用量不同，使用量大的消费者往往会因为墨盒高昂的价格受到更多损害。此外，销售商销售了更多的打印机。

我们必须再次考虑这种行为是否"限制贸易"。此外，我们还需审慎评估，这种行为在为部分消费者带来利益的同时，也可能对其他消费者造成损害。20 世纪 50 年代以来，利用搭售实现价格歧视的做法就已经广为人知①，但这并不代表搭售的合法性②。值得注意的是，搭售并不要求企业在市场上具有垄断地位，只需要产品之间存在一定程度的差异性即可实施。③ 以剃须刀为例，即使市场上存在不同品牌或型号剃须刀的激烈竞争，但只要某个产品具有差异性，就可能存在搭售。④

如果发现了产出与福利不一致的情况，反垄断法又该如何应对呢？在某个行为增加了产出却减少了福利的罕见情况下，反垄断法中的"限制贸易"标准的适用应当以产出的变化而非福利的变化为准。这才是对《谢尔曼法》中"限制贸易"标准及反垄断法的唯一准确解释。

结　论

反垄断关注的是竞争。最初的《谢尔曼法》和进步时代鼎盛时期通过

---

① Ward S. Bowman, Jr., "Tying Arrangements and the Leverage Problem", 67 *Yale L. J.* 19, 33 (1957).

② The Supreme Court once suggested in dicta that a tie "can increase the social costs of market power by facilitating price discrimination." Jefferson Parish Hosp. Dist. No. 2 v. Hyde, 466 U. S. 2, 14-15 (1984). But price discrimination was not involved in that case and, in any event, the Court exonerated the tie.

③ See, e. g., Siegel v. Chicken Delight, Inc., 448 F. 2d 43, 52 (9th Cir. 1971).

④ See Richard Schmalensee, "Pricing the Razor: A Note on Two-Part Tariffs", 42 *INT'L. J. INDUS. ORG.* 19 (2015).

的《克莱顿法》都明确表达了对竞争的关注。尽管美国联邦最高法院的布兰代斯大法官及其继任者道格拉斯大法官都曾将反垄断的目标定义为针对单纯的规模；然而，这一标准并未得到任何法院的认同，甚至在他们自己撰写的判决中也未体现出上述观点。因此，法院和法官也不应该受这一观点影响，在反垄断的号召和目标中，反对"规模"的追求并非明智之举，其反映了损害消费者和劳动者的故意。

虽然"保护竞争过程"的观点也获得了一些支持，但该术语缺乏明确的定义，也未建立一个切实可行的衡量标准。它之所以容易获得认可，主要是因为它能与多种不同的目标相协调。"保护竞争过程"仅仅是一个号召，而不是一个具体目标。

"福利标准"是人人都爱恨交加的标准。首先，"福利标准"具有作为实际目标运作的可行性。虽然该标准不易衡量，但其还是提供了一种衡量机制。其次，"福利标准"也最符合总体经济目标，即强调生产力发展、经济增长、创新、产品和服务的广泛可及性以及劳动者广泛的就业机会。反垄断法始终关注产出和价格，与这些目标基本一致。在执行反垄断法过程中遇到的困难，不应成为降低执法标准的理由。

三层选排法在个人信息侵权责任认定中的适用

刘经靖　刘思婷[*]

摘　要： 虽然以传统构成要件论为基础的侵权责任制度已经基本确立，但在信息数字化时代，静态构成要件与多元社会场景之间的矛盾一直备受非议，由此引发对"要件—效果"模式有效性的质疑。"要件—效果"模式的逻辑目的是克服一般条款的空灵宽泛，将实定法准确评价于社会场景中，但在个人信息侵权纠纷中存在难以适用的困境。动态系统论作为法律发展的新趋势，可以将隐藏在法律规则背后的法原理显性化，为法官在个案中实施价值判断架构广阔的裁量空间。三层选排法借鉴动态系统论，推动实定法评价在社会现实中的逻辑框架由"要件—效果"模式转向"弹性规范+动态构造"模式，以有效平衡法之安定性与客观生活的多变性，达到对个人信息侵权的全面保护。

关键词： 数字社会　三层选排法　动态系统论　个人信息　侵权责任认定

一　引言

随着我国数字经济的不断发展，各类应用强大的数据处理能力在为人们的生活带来极大便利的同时，也导致了系统性社会风险的产生，进而引发了个人信息保护危机。妥善处理个人信息侵权纠纷，实现个人信息权益保护与个人信息合理利用之间的平衡，关键在于以《个人信息保护法》第

---

[*]　刘经靖，山东大学法学院（威海）教授、博士生导师，研究方向为民商法学、民法哲学与法律方法；刘思婷，山东大学法学院（威海）硕士研究生，研究方向为民商法学。

69条为中心建构的传统构成要件论及其适用。

问题在于：第一，个人信息侵权乱象丛生，传统构成要件论的固定要件模式在此类新型案件中显得力不从心；第二，传统构成要件论的"静态要件"及"单一评价"原则难以回应个人信息保护与信息自由流动的利益平衡需求；第三，传统构成要件论存在违法行为及其不法性认定困难、损失的范围界定不明、因果关系证明困难与过错判定客观局限性的问题，削弱了法效果的可预测性与安定性，易导致法适用的恣意。

实则，个人信息侵权认定的关键在于对个人信息侵权认定理论的正确理解与精准识别。传统构成要件论一贯倡导的"要件—效果"模式在面对复杂多样的个人信息侵权案件时，因各要件均存在较大的解释空间，显然难以通过头痛医头、脚痛医脚的方法来解决，而需要整个法律体系作出合理且有效的回应。因此，本文旨在破解传统构成要件论的不适应性，以为个人信息侵权责任认定搭建一套清晰、弹性的评价体系。

国内大多数学者拘束于传统构成要件论，在阐明现有的损害、因果关系、归责原则等要件上倾注大量笔墨，而对构成要件论本身挖掘不深。现有成果大多是以《法国民法典》的三要件说（损害、过错、因果关系）或以苏联民法理论的四要件说（损害、过错、违法性、因果关系）为论述基点而展开，这种认定路径固然把握了传统侵权构成要件论的基本特征和行为状态，但不可避免受制于要件静态、评价单一的局限性，难以摆脱机械涵摄的适用困境，不能确保裁判需求的确定性，无法平衡个人信息权益保护与信息合理利用的关系。

诉诸法学体系内，动态系统论的引入对传统民事裁判所一贯适用的传统构成要件论产生了较大影响，且已被我国借鉴和吸收，典型如《民法典》第998条确立的人格权侵权考量因素。鉴于动态系统论中"弹性规范""综合协动"原则与复杂多样的个人信息侵权的一致性，同时认定人格权侵权与侵害个人信息权益的条件在目的解释论上也具有共性，因此有必要借鉴动态系统论对传统构成要件论下的个人信息侵权认定体系进行检视与完善。

二 传统构成要件论的适用困境

根据《民法典》第1165条、第1182条，《个人信息保护法》第69条的规定，自然人的个人信息受法律保护，当个人信息权益受到侵害时，可通过个人信息侵权请求权予以救济。该救济方式应满足侵权责任构成的基本要件，即违法行为、损害事实、因果关系及过错。① 在法律适用的过程中，认定侵权责任的构成通常是以涵摄模式进行三段论推演，即以法律规范的构成要件为大前提，以具体个案的事实为小前提，进而推导出案件事实中的某个行为是否构成侵权行为，是否应承担侵权责任。所谓涵摄，是指将特定案件事实置于法律规范的要件之下，以获知一定结论的一种思维过程，即认定某特定事实是否应为法律规范的要件，而发生一定的权利义务关系。② 作为一种较传统的法律适用方式，涵摄对三段论时期的案件裁判起着重要作用，但在个人信息侵权纠纷中，传统构成要件论的涵摄模式存在诸多困境。当涵摄模式面对模糊的法律规范（构成要件）与复杂的个人信息权益纠纷（案件事实）时，其裁判结果的可预测性显然无法实现，主要表现为违法行为及其不法性认定困难、损失的范围界定不明、因果关系证明困难与过错判定的客观局限性。

（一）违法行为及其不法性认定困难

1. 违法行为认定困难

违法行为指的是一方实施的侵害另一方受到法律保护的权利和合法利益的行为。③ 在个人信息侵权中，违法行为表现为侵害个人信息权益的个人信息处理行为。故法官在处理个人信息案件时，需先判断涉案信息是否为个人信息，其侵犯的权益是否为个人信息权益，方能进行个人信息侵权与否的认定。但因个人信息难以界定，个人信息处理行为的范围难以廓清，违法行为的认定陷入困境。

一方面，个人信息难以界定。个人信息的界定标准决定了哪些信息能

---

① 传统构成要件论存在三要件说与四要件说之争议，有的学者赞同三要件说，认为构成要件中不必包括违法性要件，参见王利明《我国〈侵权责任法〉采纳了违法性要件吗?》，《中外法学》2012 年第 1 期；但通说和司法实践仍然认为违法性是必要的构成要件，参见《最高人民法院关于审理名誉权案件若干问题的解答》（以下简称《审理名誉权案件解答》）第 7 条的规定："是否构成侵害名誉权的责任，应当根据受害人确有名誉被损害的事实、行为人行为违法、违法行为与损害后果之间有因果关系、行为人主观上有过错来认定。"

② 王泽鉴：《法律思维与民法实例》，中国政法大学出版社，2001。

③ 张新宝：《〈中华人民共和国民法典·总则〉释义》，中国人民大学出版社，2020。

够列入个人信息的保护范围。《民法典》第 1034 条第 2 款明确了个人信息的界定采取"识别说"标准，而《个人信息保护法》第 4 条第 1 款采取的是"相关说"标准。虽然"识别说"从信息本身出发，而"相关说"从信息主体出发，但两者的考量重心是一致的，即个人信息与信息主体之间应具有可识别性。但遗憾的是，"可识别性"的内涵较为模糊，且随着信息处理技术的迭代升级，任何信息通过自动化处理均具有识别到特定自然人的可能性，导致"可识别性"的界定标准形同虚设，实践中法官难以准确界定个人信息。如在朱某隐私权纠纷案①中，两审法院对涉案信息是否属于个人信息的判断截然不同，本质原因是二者对于可识别性的内涵理解不同，一审法院着眼于信息的私密性，而二审法院关注信息是否匿名化。

另一方面，个人信息处理行为的范围难以廓清。《个人信息保护法》第 72 条限缩了个人信息处理行为的范围，旨在将自然人因个人或家庭事务处理个人信息的行为排除在该法所调整的个人信息处理的范围之外。即私人场景下的个人信息处理行为是维持正常的社会交往所必需，故不属于《个人信息保护法》的调整范围。但该私人场景的内涵较为模糊，解释存在利益平衡之难：如果进行限缩解释，可能会对私人事务之下的个人信息处理行为构成不当干涉，而若进行宽松解释，则可能会不利于个人信息权益的保护。因此，界定私人场景、廓清个人信息处理行为的范围问题，亟待解决。

2. 违法行为的不法性认定困难

违法行为的不法性指侵害行为违反了法律对人的权利和利益的保护。根据《民法典》《个人信息保护法》的规定，个人信息处理的基本原则是合法性、正当性、必要性及诚信原则，个人信息处理行为违反法定原则及法定义务，则认定该行为具有不法性。但个人信息处理行为的不法性认定亦存在利益平衡之难。

第一，个人信息处理行为的合法性认定困难。个人信息处理行为的合法性来源于两个方面：一是获得个人信息主体的知情同意，二是符合法律规定的合法事由。若未经个人信息主体的知情同意或未经法定许可而处理个人信息，该处理行为则为不法性处理行为。但在实践中，信息主体的有

---

① 江苏省南京市中级人民法院（2014）宁民终字第 5028 号民事判决书。

限认知及弱势地位导致知情同意机制流于形式，知情同意的成立和生效要件有待厘清。而且，《个人信息保护法》第 13 条第 2 项至第 7 项所规定的合法事由，本质上是为了维护他人的合法权益、公共利益、国家利益，在特定条件下法律允许处理者无须取得个人同意就实施个人信息处理行为。这些情形的认定，需要对案件事实是否符合法定条件予以详尽考察，并对各种利益冲突进行复杂的权衡后方能得出合理的结论。

第二，个人信息处理行为的必要性认定困难。必要原则是指处理个人信息的活动都应当是对于实现个人信息处理目的而言必要的，凡是不必要的个人信息处理活动都不应当开展。① 必要性认定的前提是假定对某种个人信息处理行为的必要已经达成基本共识。但在数字化变革时代，随着信息技术的迭代升级，人工智能、自动驾驶等新兴技术仍处于试验阶段，智慧交通、智慧社区等新兴产业仍处于初创阶段，在技术及产业的初始阶段，何种个人信息处理行为为必要，尚未达成基本共识。必要性的确定，取决于如何在保护个人信息权益及鼓励技术创新、支持产业发展之间寻求利益平衡。如果过度保护个人信息权益，则不利于技术创新与产业发展；如果过度强调技术创新与产业发展，则无法兼顾个人信息权益的保护。

（二）损失的范围界定不明

根据《个人信息保护法》第 69 条第 2 款的规定，损害赔偿责任按个人信息主体所受损失或个人信息处理者所获利益予以确定。实践中，由于信息技术的革命性发展，个人信息损害呈现不可预测性、模糊性、非实时性等特征，损害的类型也逐渐多元化，使得个人信息主体所受损失难以廓清，个人信息处理者所获利益亦难以确定。

实践中，受害人通常难以知晓侵权人的利益所得，地位的劣势使其难以对侵权人获利情况进行举证，即使信息主体取得了主张信息处理者所获利益的初步证据，被告作为信息的控制方，仍处于优势地位，原告在该证

---

① 关于必要原则的内涵，法律规定不完全相同，学界也存在不同意见，如刘权认为，必要原则包括合理关联性、最小损害性、均衡性、最大有效性等要素，参见刘权《论个人信息处理的合法、正当、必要原则》，《法学家》2021 年第 5 期；张新宝认为，必要原则包括理由充分、手段适当等要素，参见张新宝《个人信息收集：告知同意原则适用的限制》，《比较法研究》2019 年第 6 期；谢琳认为，必要原则包括两个规则，一是数据应以最小化利用为限，二是处理影响尽量最小，参见谢琳《大数据时代个人信息使用的合法利益豁免》，《政法论坛》2019 年第 1 期。

明上不可避免地需要承受更重的负担，因此实践中损害数额往往根据"被害人所受损失"确定。传统侵权损害认定方式下，损失包括实际损失和精神损失，实际损失是指能够以金钱衡量的财产损失；精神损失是指无法以金钱衡量，也无法在实际交易市场物化为具体财产类型的损失。在个人信息侵权场景中，实际损失形态相较于传统侵权损失更为多元，既可以是实质损失，如因信息泄露引起的电信诈骗等违法行为造成被害人的实际财产损失，也可体现为实质性风险，如因信息泄露或被第三人窃取所造成的信息经济价值的减损和信息主体为预防个人信息侵权行为所衍生的下游损害而进行的成本支出。当侵权行为引发实质损失时，被害人主张基于"填平原则"补偿财产损失自不待言。但实质性风险存在滞后效应，即损失的实现时点与发生时点之间存在较大的时间差，故呈现不可预测性、模糊性与非实时性等特征，是否可将实质性风险归入财产损失的范畴，实践中存在同案不同判的司法现象；在精神损失的认定上，由于实质性风险存在滞后效应，被害人对未来潜在风险感到焦虑不安，这部分精神损失无法简单地通过受害人在侵权行为发生前及损害后果发生后的财产状况对比进行差额计算。且根据《民法典》第 1183 条，"严重精神损害"是适用精神损害赔偿的必备要件。在个人信息侵权案件中，关于精神损害赔偿的适用是否可以突破该要件的限制，亦尚未形成定论。[①]

此外，根据《民法典》第 179 条，可以将承担民事责任的形式分为救济性、预防性与惩罚性。虽然救济性的责任形式作为传统侵权责任形式的核心发挥着重要作用，但在风险社会中，预防性责任形式也是不可或缺的。与传统财产侵权不同，个人信息权益的损害结果纷繁复杂，损害所呈现的无形性、未知性、潜伏性愈加凸显了预防性责任承担形式的重要性。法官在具体个案中决定适用何种预防性责任形式，需要考虑信息处理者的行为方式、目的、后果和影响范围等因素，这在客观上增加了法官的思维负担，易引起裁判尺度的不统一。

---

① 关于精神损害赔偿的适用是否需要考虑严重要件，学界观点纷纭。有学者认为在适用时无须考虑《民法典》第 1183 条中的严重要件，即根据《个人信息保护法》第 69 条第 2 款确定即可，参见程啸《侵害个人信息权益的侵权责任》，《中国法律评论》2021 年第 5 期。也有学者认为应继续适用《民法典》第 1183 条，延续传统对严重程度的要求，参见王道发《个人信息处理者过错推定责任研究》，《中国法学》2022 年第 5 期；杨立新《侵害个人信息权益损害赔偿的规则与适用——〈个人信息保护法〉第 69 条的关键词释评》，《上海政法学院学报（法治论丛）》2022 年第 1 期。

（三）因果关系证明困难

因果关系强调不法行为与损害后果之间的关联性，即行为人实施的侵害个人信息权益的行为导致了权利主体财产利益及精神利益的损害结果。由于个人信息处理行为涉及个人信息的收集、存储、使用、加工、传输、提供、公开等全生命周期的多个环节，任何环节都有可能存在违反法律、行政法规的处理行为，故实践中判断因果关系较为困难，具体表现如下。

第一，个人信息处理主体及环节的多元性导致因果关系难以确定。在一个信息自由流动、迅速扩散的社会中，数据共享成为各平台、各机构之间信息传递、流通和利用的重要手段，使得个人信息的收集、存储、使用等活动可在数个信息处理者之间同时完成，因而个人信息侵害的风险具有很强的累积效应，个人信息侵权行为的发生，可能是单个信息处理者的处理行为所引起的，也可能是多个信息处理者的共同行为导致的。故受害人通常难以证明究竟是哪些主体实施了侵权行为，而且也难以证明侵权行为是在信息处理的哪些环节发生的，因此被害人不得不将所有关联的个人信息处理者均作为被告，但该做法可能会因未能证明加害行为系被告造成而难以得到救济，如在吴某与北京某科技有限公司、中国某航空股份有限公司隐私权纠纷一案①中，原告吴某因机票信息泄露引起电信诈骗而遭受财产损失，但其难以证明信息泄露的主体及泄露行为是在何环节发生的，因此只能将某 App 与某航空公司均作为被告，但最终因举证不能而败诉。

第二，个人信息主体的劣势地位导致因果关系难以确定。随着大数据技术能力的增强，对个人信息的处理通常以自动化决策的方式进行，因处理方式的机械化及算法的不透明性，个人信息处理过程中出现算法操控、算法歧视等不公平现象。正如巴尔金所言："除了信息不对称、不透明外，还存在权力不对称，因为一方控制应用程序的设计，另一方必须在该设计内操作。收集数据后，总有被操控的危险。但在界面和服务的设计中，为了鼓励数据共享，也存在着操控，以隐藏我们的选择和行动的后果。"② 事实上，基于算法歧视的隐蔽性及自动化决策的高度专业性，信息主体在个人

---

① 贵州省毕节市中级人民法院（2020）黔 05 民终 3113 号民事判决书。
② Jack M. Balkin, "The Fiduciary Model of Privacy", *Harv. L. Rev*, 2020, 134, p.12.

信息流通的过程中往往处于劣势地位。在损害发生前，信息主体受认知、客观环境等因素的影响，通常难以知晓信息是否被处理、何时被处理、由哪个数据处理者处理，故难以行使是否参与自动化决策的选择权；而在损害发生后，即使信息主体怀疑损害后果是由处理行为所引起的，但因不具有审查自动化决策标准和程序的能力，亦难以证明因果关系的存在。

（四）过错判定的客观局限性

关于个人信息侵权的过错判定，在《个人信息保护法》颁布之前，理论界观点不一，主要可归纳为一元归责原则①、二元归责原则②与三元归责原则③。即使《个人信息保护法》已明确规定了过错推定原则，但信息处理者与信息主体之间存在信息鸿沟，④ 大量可以确认要件事实的证据在信息处理者控制下，导致信息主体举证困难，故信息主体仍需承担对过错证明不能的风险。信息处理者利用信息优势进行举证，以对法官的临时心证产生影响，而信息主体却难以抗辩，且当前法官对此的判断也缺乏统一的标准。因此，即使适用过错推定原则也难以扭转对信息主体利益保护不周的现状。

三　三层选排法的社会基础

笔者认为，个人信息侵权责任认定具体分为三个层级：第一层级是对非个人信息的排除；第二层级是对私人场景的排除；第三层级是基于因素间动态配置关系的综合考量，具体包括多元因素的选定、因素的排列位阶及因素间的互动关系。此三层选排法与复杂多变的个人信息侵权社会场景相适应。

---

① 参见程啸《论侵害个人信息的民事责任》，《暨南学报》（哲学社会科学版）2020年第2期；蒋丽华《无过错归责原则：个人信息侵权损害赔偿的应然走向》，《财经法学》2022年第1期。

② 参见陈吉栋《个人信息的侵权救济》，《交大法学》2019年第4期；尹志强《网络环境下侵害个人信息的民法救济》，《法律适用》2013年第8期。

③ 参见叶名怡《个人信息的侵权法保护》，《法学研究》2018年第4期。

④ 信息鸿沟一词肇始于劳埃德·莫里塞特对"信息富人"和"信息穷人"之间差距的认识，简而言之为信息富有和信息贫困之间的差距。

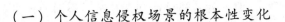

（一）个人信息侵权场景的根本性变化

在数字化背景下，个人信息侵权的行为主体、侵权方式及其所依附的社会场景发生了根本性变化，为个人信息侵权责任的判定带来了极大挑战。传统构成要件论立足的是静态的、主体及行为方式单一、法律效果确定、可预期的非数字化个人信息侵权场景。但在数字化背景下，个人信息侵权场景呈现以下特点：一是侵害的个人信息从静态转为动态。传统是个人身份识别类静态信息，如姓名、出生日期；现代是个人活动类动态信息，如行为轨迹信息。二是侵权方式的转变。传统是诱骗、脱库；现代是非法爬取。三是侵权主体的多元化。传统的侵权链条较为单一；现代的侵权则在"源头—中间商—处理商"等多主体中衍生。四是侵权服务领域的多样化，传统以电话销售、电信诈骗为主；现代还包括了个性化展示、个人状况评估、信息流推送与精准营销等各类商业化领域。由此，在个人信息侵权案件中，基于传统构成要件论，法官难以根据自身对法律的理解来判定某一案件事实是否符合构成要件的要求。根本原因在于，这种传统侵权构成要件论与现实的割裂现象证明了个人信息侵权已跳脱传统侵权法所预设的社会场景范围，而以"要件—效果"模式为基础创制的传统构成要件论也必然会出现失灵，这种失灵直接表现为个人信息侵权法律效果的"未知困境"，因此个人信息侵权责任认定的新思路亟待确立。

（二）个人信息权益与其他人格利益、商业利益、公共利益的冲突

个人信息具有人格性与财产性的双重属性，两者密不可分。人格属性指的是个人信息权益作为一项人格权益，在终极意义上指向人的尊严；财产属性指的是个人信息利益的可财产化。个人信息中的人格属性由个人专属，且不能让渡；而财产属性基于技术创新与数字经济发展的需要，主要由信息处理者享有，这使得个人信息的双重属性并不完全归属于同一主体。因此，除个人信息权益外，个人信息流转过程中，至少可承载三种正当利益：一是隐私利益；二是信息的自由流通或社会正常交往的实现；三是信息的社会化利用。①

---

① 参见朱振《捍卫权利模式——个人信息保护中的公共性与权利》，《环球法律评论》2022年第1期。

这些利益均具有正当性，但三者之间可能存在冲突。不同的正当利益可以赋予相应的权利，比如隐私利益可赋予隐私权或广义的个人信息权；第二种正当利益可赋予言论自由权，第三种正当利益可赋予数据企业享有对数据处理成果的专有权利。这三种权利的背后，都承载着一定的公共利益或共同善，而且这些正当利益之间可能相互冲突。因此，个人信息在流转过程中会涉及个人信息权益与隐私利益、商业利益及公共利益之间的冲突。在具体的个人信息侵权场景中，法官在认定侵权责任是否构成时，必然面临不同利益之间的冲突与考量，即个人信息权益保护与其他公共利益之间如何取舍和平衡。例如，中国 Cookie 隐私第一案①中，两审法院的裁判结果截然不同，本质原因是二者在利益权衡时所立足的价值取向不同，一审法院立足于个人信息权益的保护，而二审法院侧重于促进信息的流动与产业的创新发展。

（三）个人信息权益内部冲突

个人信息存在多种类型，具体包括直接个人信息与间接个人信息②、敏感个人信息与一般个人信息③、属于重要数据的个人信息与其他个人信息，每一种分类都存在相应的风险差异。

对于同一分类的个人信息而言，其受保护程度能够较好权衡：首先，直接个人信息因识别性强，利益风险相比于间接个人信息更高，应享受更为有力的保护，而间接个人信息通常要先经过识别的前置程序，方能得到有效的保护；其次，侵害敏感个人信息所造成的后果往往更为严重，因此相较于一般个人信息保护力度也应加大，如法律明确规定了非特殊情形禁止对敏感个人信息自动处理；最后，对于属于重要数据的个人信息，法律也规定了诸如境内储存的特别保护措施，尤其是重要数据跨境受到法律的严格监管。而对于不同分类的个人信息而言，如直接、一般的个人信息与间接、敏感的个人信息如何权衡，则需要综合多种因素予以考量。甚至同

---

① 南京市中级人民法院（2013）宁民辖终字第238号民事判决书、南京市鼓楼区人民法院（2013）鼓民辖初字第2号民事裁定书。
② 《个人信息保护法》第4条、《网络安全法》第76条第5项与《民法典》第1031条第2款均体现了该区分模式。
③ 部分指导性文件如《信息安全技术　个人信息安全规范》第3.2条，《互联网个人信息安全保护指南》第3.7条、3.8条，《湖南保险机构客户个人信息保护工作监管指引》第3条第2款和后出台的《个人信息保护法》均对二者进行明确界定。

一个人信息因行为人及受害人的职业、行为目的等因素的差异受保护程度也会不同，如行为人收集个人信息是为了公益目的或商业目的，在社会场景中则会产生截然不同的结果：同一个人信息可能行为人将之用于公益目的，则允许收集；而用于商业目的，则禁止收集。

这些都决定了法官在处理个人信息权益内部冲突时，对于如何确定损害数额、选择归责原则及确定因果关系的判断标准等责任成立问题，必须依据多种因素进行个人信息权益的综合考量。

综上，因信息技术革命背景下的新兴社会场景打破了传统侵权法的预设场景，法律规范中的构成要件存在大量可供解释的空间，加之个人信息侵权适用中蕴含大量的价值判断问题，传统涵摄模式已无法满足个人信息侵权的适用要求，三层选排法在实践层面有必要性。

四　三层选排法的理论基础

三层选排法以动态系统论为理论基础，为个人信息侵权问题搭建一套清晰、弹性的评价体系。

（一）动态系统论的理论演进

动态系统论是奥地利学者维尔伯格首先提出的，后经山本敬三等人介绍引入中国。动态系统论的基本构想是：特定法律领域发挥作用的诸"要素"，通过"与要素的数量和强度相对应的协动作用"来说明、正当化法律规范或者法律效果。动态系统论是为克服当时概念法学与自由法学的观点对立而寻求的折中路径。为打破概念法学的僵硬性，回应实际生活的需要，并且不像自由法学听凭基于衡平的自由决定，维尔伯格试图从诸要素的协动作用角度构建评价的框架，由此为回应实际生活必要的可能性打开大门，同时又确保一定的原则性。[①]山本敬三在介绍动态系统论时指出，动态系统论"不仅被作为理论抽象地阐述出来，而且实际上还被应用到了具体的问题上"，其特点体现为两个方面，一是"动态系统论瞄准的是原理的内在体系"；二是"动态系统论在对待评价问题时，不是预先确定评

[①]　参见〔日〕山本敬三《民法中的动态系统论——有关法评价及方法的绪论性考察》，解亘译，载梁慧星主编《民商法论丛》（第 23 卷），法律出版社，2002。

价的内容，而是试图给评价方法提供一个框架"。① 可见，动态系统论自阐述之初就是为了回应实际生活的客观场景，寻求一条介于协调法的安定性与客观场景的变动性之间的法律解释路径。

动态系统论提出后对各国侵权立法产生了影响。《欧洲侵权法原则》以动态系统论为理论基点，对侵权法的整体制度架构进行了设计，具体体现在对受保护利益范围的界定、对注意义务的认定以及对责任范围的规范设计上；②《欧洲示范民法典草案》也在多个条文中采用了动态系统论，规定了多种考量因素，以判断损害是否具有法律相关性。③ 最高人民法院在《关于审理买卖合同纠纷案件适用法律问题的解释》中运用过动态系统论，如在有关买卖物的瑕疵担保责任制度"合理期限"的判断上就列举了多项考量因素。④《民法典》也吸收了动态系统论的解释路径，如第 998 条规定了人格权侵权的考量因素，第 1026 条明确了媒体是否尽到合理核实义务的判定因素。与此同时，动态系统论亦对各国个人信息保护立法产生了影响。欧盟《通用数据保护条例》在多个条款中规定了场景因素的考量以及风险评估，如第 6 条引入数据处理的适当性规范要求，进一步判断个人信息被收集时的目的与计划进一步处理的目的之间的关联性、信息主体与数据处理者之间的关系、个人信息的性质、是否具有加密与匿名化等恰当保护措施；第 24 条 "数据控制者的责任"强调考虑 "处理行为的性质、范围、语境及目的，以及可能对自然人权利与自由带来的风险和损害"等多元因素。2012 年 2 月，美国政府签发的《消费者隐私权利法案》首次明确 "尊重场景原则"，并引用 "合理场景"作为评判因素。可见，动态系统论对个人信息保护立法的影响主要表现为对个人信息利用的 "场景因素" "风险因素"的考量。

---

① 参见〔日〕山本敬三《民法中的动态系统论——有关法评价及方法的绪论性考察》，解亘译，载梁慧星主编《民商法论丛》（第 23 卷），法律出版社，2002。
② 参见欧洲侵权法小组编著《欧洲侵权法原则：文本与评注》，于敏、谢鸿飞译，法律出版社，2009。
③ 参见欧洲民法典研究组、欧盟现行私法研究组编著《欧洲私法的原则、定义和示范规则》（第五、六、七卷），法律出版社，2014。
④ 参见最高人民法院《关于审理买卖合同纠纷案件适用法律问题的解释》第 12 条第 1 款，人民法院具体认定《民法典》第 621 条第 2 款规定的 "合理期限"时，应当综合当事人之间的交易性质、交易目的、交易方式、交易习惯，标的物的种类、数量、性质、安装和使用情况、瑕疵的性质，买受人应尽的合理注意义务、检验方法和难易程度，买受人或者检验人所处的具体环境、自身技能以及其他合理因素，依据诚实信用原则进行判断。

个人信息侵权责任认定的司法实践中，动态系统论作为有益的尝试，使得个人信息权益保护落实到位。如"微信读书案"① 中，北京互联网法院认为虽然用户被公开的阅读信息未达到敏感信息的标准，但该 App 向用户未关注的好友默认公开读书信息的目的、方式、后果不符合"一般用户的合理预期"，该因素可以弥补用户信息敏感程度的不足。该案例借鉴了动态系统论的原理，在裁判中通过因素之间的强弱互补作出更为合理、更符合个案具体情形的判断。而在深圳市某文化传媒公司与张某肖像权纠纷一案②中，法官在裁判文书中详细说明赔偿数额是通过权衡考量张某的知名度，报道行为的方式、时间、用途及目的等因素确定的，亦是对动态系统论的积极借鉴与吸收。

综上所述，动态系统论是法律发展的重要新趋势，其能够协调法之安定性与信息处理场景的多变性之间的矛盾，对个人信息侵权的立法与司法实践产生了较大影响。

（二）动态系统论对个人信息侵权责任认定的启示

第一，个人信息侵权责任的认定应以现行法律规定为指引。动态系统论自阐述之初就是以概念法学和自由法学之间的对立作为论证基点：概念法学使法律适用过于僵化和保守，无法适应新社会的复杂多样；而自由法论虽然赋予了法官较大的自由裁量权，但有损法之安定性。实现法的安定性及个案的利益平衡是人类永恒的难题，动态系统论以现行法律规定为基点，通过因素考量的优化来适应现代社会的多元化场景，同时促使法官按照可预期的框架从事司法活动。

第二，个人信息侵权认定应对影响侵权责任认定的各因素予以确认。动态系统论的核心即各弹性因素，虽与传统构成要件相同都不可随意变换或增减，但其因素可随着实践的需要而有所调整。如在传统构成要件模式下，已提前预设满足某一法律效果的构成要件为 A、B、C、D；而在动态系统论模式下，对于某类特定领域案件，可结合其特性确定各因素为 A1、B1、C1、D1……因此更具灵活性与开放性，较为适应各种复杂情况的法律适用。由于个人信息自身的性质，其法律规范的重心需随着时间和技术的

---

① 北京互联网法院（2019）京 0491 民初 16142 号民事判决书。
② 北京市第四中级人民法院（2022）京 04 民终 22 号民事判决书。

发展而不断变化和更新，因此有必要进行系统而整体的规划，对影响个人信息侵权认定的各因素予以确认，从而在法律层面探讨个人信息侵权所引发风险与责任如何在相关各方主体之间公平地分配。

第三，个人信息侵权认定应对各因素发挥的作用、排列位阶、互动关系进行综合考量。动态系统论通过摒弃相互独立的要件连接模式，转为互为补充的动态联系，此种联系很大程度上是通过"因素的数量和强度相对应的协动作用"实现的。如此一来，从"单一评价"的传统构成要件机制到"综合互动"的动态机制的巨大鸿沟便被大量因素与强度的结合所填充，实现了法律效果的弹性化。基于个人信息权益的自身属性及侵权责任成立判断在方法论上的内在要求，可以看出，动态系统论所提出的"综合协动"分析框架模式通过对各项因素及其相互关系的综合权衡，能够与个人信息侵权责任问题有机契合。

（三）动态系统论与三层选排法的关系

第一，功能上，三层选排法吸收动态系统论"或多或少"的责任认定思路，以妥当认定个人信息侵权责任，提升裁判结果的可预测性。动态系统论为法官在价值判断和利益选择上设置了"安全阀"，通过引导法官综合考虑责任范围内的诸多因素，包括在传统构成要件论中难以体现的因素，使责任的范围完全或部分地确立或排除，从而得出更为科学合理的答案。三层选排法借助动态系统论，通过《民法典》第 998 条，给予法官在裁判时需要考虑的因素指向性，法官可以在判决中阐明对相关因素的考量程度，将推理公开显示于裁判之中，这在一定程度上限制了法官的自由裁量空间，使得裁判结果具有可预测性。众所周知，即使是在"法律的沉默之处"，法官也无绝对的自由，他仍然受到法律价值标准的束缚。法官在审理个人信息侵权案件时，可根据三层选排法所选定的具体因素展开说理，法官的说理论证越充分，其判定的行为人侵权范围就越合理，法律效果也得以极大提升。

第二，因素的选取上，三层选排法借鉴动态系统论的"弹性因素"原则，以协调法之安定性与客观生活多变性之间的矛盾。动态系统论与传统构成要件论之间的首要区别在于，传统构成要件论以"要件静态"为原则，认为每一构成要件都是固定不可变的，即在进行涵摄论证时，不管案件事实如何，只有上述构成要件都具备的情形下才能确立责任的归属。而动态系统论跳脱于潘德克顿法学，不认为法律概念是一种"封闭的存在"，对"所有的法律规则在因适用而产生任何问题之前，它们的意思都是预定和不变的"论断产生疑问，认为人类不可能掌握关于未来所有可能情形的全部知识，而应将法律概念理解为"多种作用力作用的结果"。当传统法律规则难以适用于新型案件时，应根据各作用力厘清因素与法效果之间的协动关系，及时作出一个新的选择，以此为复杂多样的具体法律问题提供价值指引。三层选排法将上述理论应用在个人信息侵权纠纷中，即信息处理者是否应当承担侵权责任，需要在多大程度上承担侵权责任，取决于差异化的应用场景。而场景蕴含着可能影响信息处理者承担侵权责任的多元因素，因此强调要在具体场景下，综合场景构成的多元因素，进行个人信息处理行为的合理性分析，以实现个案公正性。

第三，因素的互动关系上，三层选排法运用了动态系统论"综合协动"的分析模式，以克服机械涵摄的弊端，更为符合比例性原则。动态系统论中各因素之间呈现"综合协动"关系，即各因素不再像要件一样处于固定的状态，而是作为动态的考虑变量。如根据特定法律领域将因素划分为 A1、A2、A3……在个案判断时，并不要求每一因素都满足特定程度，甚至不要求一定具备全部因素，而是根据个案的具体情况梳理确定各因素的排列位阶，并从整体的视角进行综合考量。在此过程中，各个因素之间不再是割裂关系，而是为达成某一满足度，可彼此进行互补的紧密协作关系。即同样以 A1，A2，A3，…，An 表示各因素，各自的强度为 N1，N2，N3，…，Nn，那么动态系统论的表达式为"A1×N1+A2×N2+…+An×Nn＝R"。三层选排法摒弃机械涵摄模式，将"综合协动"分析模式应用于个人信息侵权责任认定，基于因素间的动态配置关系，对各因素进行综合权衡，有利于化解个人信息权益冲突问题，实现利益间的平衡；破解机械涵摄模式下的责任认定难题，增强裁判可预测性。

总而言之，动态系统论的引入，既有内因，也有外因，但总体来说，是社会进步和法学理论发展的必然产物。正如学者所言，无论是否接受，我们都已步入一个动态的法律社会。① 尽管其仍处于发展阶段，尚不成熟，但不可否认的是，在不断失败中去尝试调整，总比放任混乱更合适。三层选排法是动态系统论在个人信息侵权责任认定领域的具体运用及发展，使

---

① 苏永钦：《寻找新民法》，北京大学出版社，2012。

法官在面对个人信息侵权案件时能够充分考量各项因素，对法官裁判具有积极的意义。

五 三层选排法的具体展开

（一）责任的认定

1. 第一层：非个人信息的排除

个人信息侵权责任认定的前提是涉案信息为个人信息，因此法官在处理个人信息侵权纠纷时，应先判断涉案信息是否为个人信息，并将非个人信息排除出《个人信息保护法》的调整范围。由于个人信息的范围随着时间和技术的发展而不断变化和更新，因此对于个人信息的界定不应局限于僵化、机械性的标准，而应转为动态认定模式，即通过多元因素的考量，结合具体情境作出判断。

首先，在因素的选择上，可将个人信息的"可识别性"考量标准细化为识别主体、识别目的与识别成本三因素。

其次，在因素的排列位阶上，三因素应按主体、目的与成本的前后顺序排列。识别主体作为首要因素，旨在确定个案中信息处理者是否具有处理信息的能力。若信息处理者通过自身可能存在的方式识别信息能够连接到特定自然人，则认定该信息处理者具有识别能力。识别目的作为第二考量因素，即当确定信息处理者具有识别能力后，需对信息处理者的识别意图进行考量。若信息处理者显然不具有识别的意图，该个人信息则也不具有识别特定自然人的可能性。识别成本作为末位的考量因素，意在考量信息处理者识别该信息所需耗费的成本支出，若信息处理者识别某个人信息需要耗费大量不成比例的成本，那么该个人信息实际上与匿名化信息相差无几。即识别成本越高，识别可能性就会越低。

最后，通过对特定信息的识别主体、识别目的、识别成本综合考量，确定该信息连接到特定自然人的可能性，进而确定其是否具有"可识别性"。

2. 第二层：私人场景的排除

根据《个人信息保护法》第72条第1款，私人场景下的个人信息处理活动不属于该法所调整的个人信息处理行为，因此法官需要判断涉案场景是否为私人场景，若为私人场景，法官需要将其排除在个人信息侵权责任认定的体系外。在私人场景的判定上，法官亦需运用动态系统论，综合多元因素作出判断。

首先，在因素的选择上，可将"自然人因个人或者家庭事务"规定细化为处理主体、处理目的与处理方式三因素。

其次，在因素的排列位阶上，三因素应按主体、目的与方式的前后顺序排列。处理主体作为首要因素，私人场景下处理主体应为自然人，若是非自然人之间的信息处理行为，因双方属于不平等关系，故不符合私人场景的要求。处理目的作为第二考量因素，私人场景要求信息处理者仅是为了维持正常的社会交往或满足个人爱好、度假和娱乐等纯粹个人或家庭生活中的需要而处理个人信息，若信息处理者处理信息的目的涉及非私人领域如商业或公共社会，则不符合私人场景的要求。处理方式作为考量的末位因素，私人场景要求信息处理者处理信息采用非自动方式，若采用自动方式，则不符合私人场景的要求。

最后，由于私人场景的范围亦会随着时间和技术的发展而产生变化，因此法官在利益平衡难题之下，可通过对上述三因素的综合考量，基于动态互补关系，考量在该场景下认定个人信息侵权的合理性及必要性（见图1）。

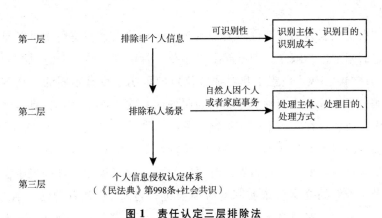

图1　责任认定三层排除法

3. 第三层：个人信息侵权认定体系

首先，在因素的选择上，为实现对法律效果的合理控制，保障法之安定性，在为个人信息侵权确定不同类型的评价因素时，应尽可能采用现行法律规定或者已普遍达成共识的观点。

就现行法律而言，与个人信息侵权责任认定相关的标准主要集中于

《民法典》第 998 条，根据目的解释论，该条款的规约作用在于妥善处理精神性人格权与其他权利、利益之间的关系，而与人格权属性紧密联系的个人信息权益无疑与其他利益频发冲突，因此，《民法典》第 998 条也可适用于个人信息权益的相关纠纷。目前《民法典》第 998 条明确列举了行为人和受害人的职业，影响程度，过错程度，行为目的、方式、后果四因素，这些法定因素以动态配置关系共同发生法律效果。而在法定因素之外，为了确定所需要补充的考量因素，就需要借助一定的社会共识来帮助比较。而对于那些尚不具备物质条件（成为法律规范）的社会共识，则必须具备心理条件能被社会大众所普遍认可。笔者通过梳理法院审结的相关典型案例，得出法院在认定个人信息侵权责任时所普遍考虑的因素，除已选定的因素外，依据个人信息权益保护特殊性，个人信息私密程度对个人信息侵权成立与否也起到较大的影响。因此，虽然个人信息私密程度并非《民法典》第 998 条所明确列举的因素之一，但笔者认为，个人信息私密程度属于在此类案件裁判中法官应当考量的特殊因素，在个人信息侵权责任的认定中具有重要意义，应当在《民法典》第 998 条规定的四因素基础上加上"私密程度"这个特别因素，以共同构成多元化的评价因素体系。

其次，在因素的排列位阶上，关于所确定的因素在进行考量时是否具有法定的固定位阶顺序，理论界主要存在"肯定说"与"否定说"两种观点。"肯定说"认为因素本身对损害认定的影响程度是不同的，且《民法典》第 998 条作为一般性规定，已列明的因素属于法定因素，具有法定考量顺序，故法官在实务中应当按顺序予以考量。[①] "否定说"则认为第 998 条所确定的因素本身并不存在价值位阶的高低，只有因素与强度结合的整体才具有价值重要性，且因素位阶顺序的预先设定将使法官拘泥于法律条文本身，难以结合案件事实和客观需要进行考量。[②] 笔者赞同"否定说"的观点，第一，对因素本身预先排序并无多大意义，因为因素 An 本身并无具体价值，而只有因素 An 应用到实际案例时，$An \times Nn$ 的整体才有具体价值，得以进行价值位阶的排列。第二，即使对因素进行价值位阶排序，

---

① 参见王利明《民法典人格权编中动态系统论的采纳与运用》，《法学家》2020 年第 4 期；周晓晨《过失相抵制度的重构——动态系统论的研究路径》，《清华法学》2016 年第 4 期。

② 参见朱晓峰《人格权侵害民事责任认定条款适用论》，《中国法学》2021 年第 4 期。

该过程也困难重重。如《民法典》第998条依次列举的因素，在实践中难以断言它们孰轻孰重。第三，虽然《民法典》第998条列明所需考虑的因素，但并未明确因素之间具有价值位阶排序。笔者认为，该法律空白为立法者故意为之，使法官在审理个人信息侵权案件时，能够结合具体案件事实中的各因素强度进行灵活考量，进而发展出适合该案的检验顺序，无须按照条款所列举因素的固定顺序依次进行，以回应实践中复杂多样的个人信息侵权类型的客观需要。

最后，在因素确定后，需要对各因素进行动态配置，从而得出评价准则，实质是将因素间富有弹性的协动作用置于一个有限的区域内。由于现实生活的复杂性，各因素的比重并不是一成不变的，因此在关注因素的同时应注意因素间的动态关系，从而避免法律评价结果的不确定。分析相关案例可知，实践中因素间的同质关系与互补关系较为突出。

（1）同质关系

同质关系是指两个因素在功能上存在相似性，一个因素的满足度可以作用于另一个因素，使另一个因素的满足度也处于较高水平。在上述个人信息损害认定的五因素中，信息私密程度与影响程度具有同质性，即当信息主体被侵犯的个人信息的私密程度因素满足度越高时，侵害行为所造成的影响程度也大概率较为严重，此时更易于证明侵害的发生。

（2）互补关系

不同因素之间的互补关系并不相同，威尔伯格认为因素间的关系应当为动态的，而不应像要件一样处于固定状态，[①]当某一因素的充分程度较低而另一因素充分程度较高时，法院需要衡量两个因素之间为单向补充关系还是相互补充关系，[②]以通过各因素间的互补作用确定侵权责任构成或部分构成。在上述个人信息侵权责任认定的五因素中，首先，影响范围与私密程度之间为单向补充关系，即影响范围可对私密程度进行补充，当所受侵害的个人信息私密程度低于损害成立的平均数值，但影响范围又明显高于平均数值时，侵害仍有成立的可能。其次，行为目的、方式、后果与私密程度之间则为紧密的相互补充关系。当其中某一因素的满足度存在欠

---

① B. A. Koch., "Wilburg's Flexible System in a Nutshell," in Magnus/Spier, *European Tort Law: Liber amicorum for Helmut Koziol*, 2000, pp. 293 ff.

② 参见时诚《新兴权利保护中利益合法性判定的动态系统论》，《法律方法》2021年第3期。

缺而另一因素满足度较高时，相互可进行动态互补，此状态下一般不会影响侵害成立。最后，行为人、受害人的职业因素与其他因素也存在单向补充关系。即职业因素可以弥补其他因素满足度的不足，而其他因素无法实现反向补充（见图 2）。

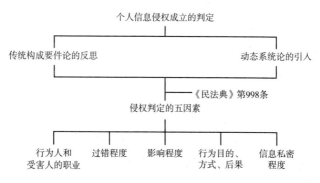

图 2　个人信息侵权责任认定体系

有学者认为动态系统论中因素的满足度取决于法官的意志，这无疑赋予了法官突破立法权限的权力，因此其对动态系统论持质疑甚至排斥的态度。[①] 但如学者所言，尽管动态系统论具有如此强大的功能，但其并不能也不应取代法律规范本身。[②] 法律秩序的建立必须依赖明确的法律规范，在个人信息侵权案件中，由于法官实际所考察的因素都能够在现行法律规范和有关司法解释中查到出处，因此法官运用动态系统论所进行的逻辑证成，实际上就是"法律内的法律续造"，并没有出现突破立法权的情况。

（二）责任承担形式的确定

法官能否精确适用侵权责任的承担方式决定了对个人信息侵权的规制力度大小，因此法官在根据上述个人信息侵权成立的判定因素，确定行为人应当承担责任后，对于责任承担方式的选择和具体适用，也应当结合三层选排法加以考量。除此之外，还要注意对侵权责任的承担方式进行归类，恰当选择责任承担方式，以尽可能恢复被侵权人的权利圆满状态。

---

① 参见于飞《违背善良风俗故意致人损害与纯粹经济损失保护》，《法学研究》2012 年第 4 期。

② 参见海尔穆特·库齐奥、张玉东《动态系统论导论》，《甘肃政法学院学报》2013 年第 4 期。

为了更好地规制个人信息侵权，侵权责任的承担方式可分为预防型责任方式、补偿型责任方式及惩罚性赔偿制度。预防型责任方式除了停止侵害、排除妨碍、消除危险及申请诉前禁令等人格权共通责任方式外，还包括更正、删除、去标识化处理等个人信息侵权的特有责任方式。补偿型责任方式包括恢复原状及赔偿损害，其中，赔偿损害具体包括精神损害赔偿与财产损害赔偿。考虑到个人信息侵权特性及数字经济的未来发展趋势，惩罚性赔偿制度有引入之必要。

根据前文选定的动态因素，结合立法目的，考虑到预防型责任方式及补偿型责任方式中的恢复原状侧重于对权利本身圆满状态的恢复，因此该责任方式适用于实质性风险中尚不涉及经济利益损害的情形；而补偿型责任方式中的赔偿损害及惩罚性赔偿制度应适用于实质性风险中已涉及经济利益损害的情形及实质损害（见图3）。法官可借助损害类型选择适用何种财产性责任赔偿方式，并明晰损害赔偿的范围。

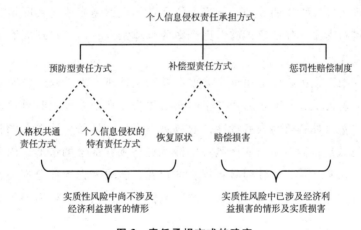

图 3　责任承担方式的确定

（三）赔偿范围的确定

关于赔偿数额，《个人信息保护法》第 69 条第 2 款虽规定了以信息主体所受损失或个人信息处理者所得利益确定，但如前所述，实务中法官需要根据具体情况动态确定，自由裁量空间较大。笔者认为应通过因素化的方式，在框架内对损害进行妥当评估，以合理确定赔偿数额。

1. 财产损害赔偿范围

在个人信息侵权案件中，关于受害者能够主张的财产损害赔偿范围，学者作出了不同的解释，主要包括"宽泛说"与"限制说"。"宽泛说"以田野、谢鸿飞、解正山等学者为代表，认为应将"损害"的外延扩展至实质性风险。[1] 而"限制说"以王道发、王锡锌、杨立新等学者为代表，认为民事责任应仅要求行为人承担实际损害，因此损害应仅包括实质损害，不包含风险。[2]

因此，当侵权行为引发实质损害时，被害人主张财产损失自不待言。但问题在于，实质性风险是否可以归入财产损失呢？根据《最高人民法院关于审理使用人脸识别技术处理个人信息相关民事案件适用法律若干问题的规定》第 8 条第 2 款，[3] 可推知被害人为预防下游损害所支出的成本等实质性风险可计入财产损失。但在"宽泛说"与"限制说"之间，我们又必须思考：信息主体所遭遇的何种程度的外部风险应予以具体化，进而纳入财产损失呢？得以明确的是，程度的界定不可避免需要对实际情况的相关因素进行考量，使法官能够考虑个案的具体情况，避免出现同案不同判的司法乱象。

鉴于财产损失赔偿适用于实质损失及实质性风险中涉及经济利益损害的情形，笔者认为，对于已经产生的实质损失，在动态确定时可落脚于被侵害权益重大性和行为人有责性，通过对因素的考量及后续颁布的指导性案例进行认定；而对于实质性风险中涉及经济利益损害的情形，由于具有未来性，通常尚不足以证明具体损害的存在，若要考虑此部分损失，除上述因素外，还应考虑该实质性风险的紧迫性程度及信息主体为保护个人信

---

[1] 参见田野《风险作为损害：大数据时代侵权"损害"概念的革新》，《政治与法律》2021 年第 10 期；谢鸿飞《个人信息泄露侵权责任构成中的"损害"——兼论风险社会中损害的观念化》，《国家检察官学院学报》2021 年第 5 期；解正山《个人信息保护法背景下的数据抓取侵权救济》，《政法论坛》2021 年第 6 期。

[2] 参见王道发《个人信息处理者过错推定责任研究》，《中国法学》2022 年第 5 期；王锡锌《个人信息权益的三层构造及保护机制》，《现代法学》2021 年第 5 期；杨立新《个人信息处理者侵害个人信息权益的民事责任》，《国家检察官学院学报》2021 年第 5 期。

[3] 《最高人民法院关于审理使用人脸识别技术处理个人信息相关民事案件适用法律若干问题的规定》第 8 条第 2 款："自然人为制止侵权行为所支付的合理开支，可以认定为民法典第一千一百八十二条规定的财产损失。合理开支包括该自然人或者委托代理人对侵权行为进行调查、取证的合理费用。人民法院根据当事人的请求和具体案情，可以将合理的律师费用计算在赔偿范围内。"

息所耗费的人力、物力及财力。如果该实质性风险并不满足紧迫危险或信息主体还未产生时间、精力和金钱投入的情况，就让其获得与遭受实质损失的受害人相同的财产损害赔偿显然是不公平的。

2. 精神损害赔偿范围

根据《民法典》第 1183 条，"严重精神损害"是适用精神损害赔偿的必备要件。而在个人信息侵权案件中，关于精神损害赔偿的适用是否可以突破该必要要件的限制，学界观点纷纭，可分为"肯定说"与"否定说"。持"肯定说"的学者认为，《个人信息保护法》第 69 条第 2 款所表述的"损失"一词，已包括财产损失和精神损失，因此在适用时无须考虑《民法典》第 1183 条中的必要要件，即适用《个人信息保护法》第 69 条第 2 款即可。[①] 而持"否定说"的学者认为，《个人信息保护法》第 69 条第 2 款所表述的"损失"一词仅包括财产损失，应继续适用《民法典》第 1183 条，延续传统对严重程度的要求。[②] 笔者赞同"否定说"的观点，个人信息侵权行为必然会造成精神利益的损害，若放弃对严重程度的要求，将导致所有个人信息侵权案件均适用精神损害赔偿，这将对司法实践带来极大的冲击，扰乱精神损害赔偿长期适用过程中形成的法律秩序，因此不能舍弃对严重程度的要求。对于精神损害赔偿数额，可从三层选排法中汲取经验，根据《审理名誉权案件解答》第 10 条所列举的因素[③]及相关指导性案例确定。

3. 惩罚性赔偿制度的适用展望

目前，个人信息保护公益诉讼制度已有适用惩罚性赔偿的先例[④]，但在私益诉讼中惩罚性赔偿制度尚未发挥作用。笔者认为，由于个人信息侵权案件天然存在举证难、诉讼成本高、获赔数额低等特点，受害人基于维权成本和胜诉利益的不对等性，往往缺乏维权的积极性，传统填平原则已

---

① 参见程啸《侵害个人信息权益的侵权责任》，《中国法律评论》2021 年第 5 期。
② 参见王道发《个人信息处理者过错推定责任研究》，《中国法学》2022 年第 5 期；杨立新《侵害个人信息权益损害赔偿的规则与适用——〈个人信息保护法〉第 69 条的关键词诠释评》，《上海政法学院学报（法治论丛）》2022 年第 1 期。
③ 精神损害的赔偿数额根据以下因素确定：侵权人的过错程度，侵害的手段、场合、行为方式等具体情节，侵权行为所造成的后果，侵权人的获利情况，侵权人承担责任的经济能力，受诉法院所在地平均生活水平。
④ 如河北省保定市人民检察院诉李某侵害消费者个人信息和权益民事公益诉讼案，引自最高人民检察院网，https://www.spp.gov.cn/spp/jcgyssljgrxxbh/202104/t20210422_527822.shtml。

无法有效遏制和防止个人信息侵权行为的发生。因此，有必要发展激励机制，在未来的个人信息侵权案件中引入惩罚性赔偿制度，调动受害人内在驱动力。

在明确惩罚性赔偿责任适用于个人信息侵权领域的情况下，需要考虑在个案中如何确定惩罚性赔偿数额。笔者认为，应当从赔偿金额基数和数额倍数两方面入手。首先，需要明确赔偿金额基数，赔偿金额基数应当依据侵权行为所造成的实际损失计算，在个人信息侵权领域，惩罚性赔偿的金额基数为信息主体所受损失或信息处理者所获利益，在两者无法确定时，可按照动态系统论考量财产损害赔偿与精神损害赔偿范围；其次，应综合确定惩罚性赔偿倍数，在知识产权和消费者权益保护方面，惩罚性赔偿制度尚未形成统一的标准，但总体上惩罚性赔偿倍数是1~5倍，因此，可考虑将个人信息侵权领域的惩罚性赔偿倍数也设定为1~5倍。同时要综合考虑过错程度，影响范围，行为目的、方式、后果，信息私密程度，为了减轻数据主体损失而采取的补救措施，侵权人的获利情况，侵权人承担责任的经济能力，受诉法院所在地平均生活水平，是否采取补救措施；等等（见图4）。

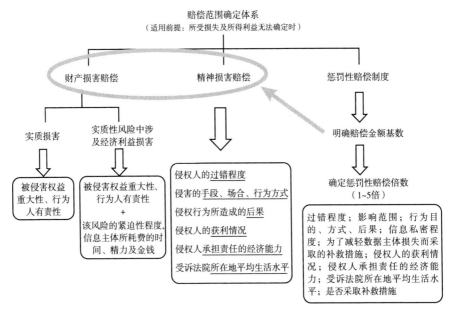

图4 赔偿范围的确定

六　结语

　　个人信息侵权作为数字经济社会因应用大数据技术而衍生的新型损害，对其采用静态保护方式已表现出较大的不适应性，反映了学理上传统构成要件论的缺陷，一个抽象甚至歧义甚多的固定判断框架已难以适应多元化的个人信息侵权纠纷。然而遗憾的是，国内学者关于个人信息侵权认定之研究对传统构成要件论有着极强的"路径依赖"，以致在对个人信息侵权构成要件进行研究的过程中，学者们虽围绕相同的构成要件进行研究，但对每一构成要件的认定方式莫衷一是，难以形成一致意见。事实上，动态系统论作为法律发展的新趋势，对于个人信息侵权行为及其构成理论的检视与完善具有重要参考意义。鉴于此，三层选排法的建构以动态系统论为基础，通过从个人信息权益的法益独特性与实定法中提炼因素，重塑个人信息侵权责任认定体系，在宏观上为个人信息侵权责任认定研究注入新的理性，在微观上为传统构成要件论提供新的思考。

　　当然，该认定体系还存在进一步完善的空间，未来可考虑通过发布指导性案例为法官提供指引，以实现个人信息侵权责任认定体系的具体化，满足社会的多元化需求，增强法律的可预期性。

法治专栏（新兴领域）

论数据产权登记效力体系的构建[*]

张 龙 董 晴^{**}

摘 要： 数据产权登记效力生成于数据产权登记制度建构阶段，全国性数据产权登记效力立法空白、理论研究分歧较大、配套制度规范供给不足问题的存在，造成了数据产权登记效力的建构困境。数据产权登记行为属于行政行为中的行政事实确认行为，登记效力由相关法律规定产生。数据产权在性质上更接近物权，数据产权登记效力的私法构造须借鉴不动产物权登记效力的相关规则，并进行相应变通。数据产权登记效力包括生效效力与公示效力，依据主张效力主体的不同，公示效力可进一步区分为公信效力与对抗效力。数据产权登记在权利设立、变更、流通和消灭中采登记生效主义，数据产权担保本质上为权利质押，自登记时设立，非基于法律行为引起的数据产权变动中登记是权利人再次处分的处分要件。外观主义和行政公定力构成了数据产权登记公信效力的理论基础，公信效力的发生以存在相对人的合理信赖即善意为前提，以非明知和尽到查询登记公示信息的注意义务为判定标准。数据产权登记对抗效力调整的是数据资源利用的竞争行为，同一数据之上可并存数个主体的权利，禁止或限制处分数据产权的约定经登记不具有对抗效力。

关键词： 数据产权登记 登记效力 生效效力 公信效力 对抗效力

---

* 本文系 2023 年国家社科基金青年项目"数据资产登记制度构建研究"（项目编号：23CFX014）、2024 年烟台大学研究生科研创新基金项目"企业数据'三权分置'模式的权利配置研究"（项目编号：CCIFYTU2407）的阶段成果。

** 张龙，法学博士，烟台大学法学院教授，烟台大学数字法治研究中心执行主任，研究方向为数字法治、民法、侵权责任法等；董晴，烟台大学法学院硕士研究生，研究方向为数字法治、民法。

数字经济时代，数据作为一种新型生产要素已经成为促进社会经济财富增长的重要源泉。在此背景下，如何将企业持有的数据资源转化为企业可量化的资产，成为当下亟须解决的法律问题。数据产权登记制度作为数据要素市场制度体系的核心制度，既是数据确权理论在制度上的呈现与保障，也是维系数据流通安全的重要配套制度，更是推动数据资源转变为数据资产的必要法律制度。2022 年 12 月 2 日发布的《中共中央国务院关于构建数据基础制度更好发挥数据要素作用的意见》（以下简称"数据二十条"）提出要探索数据产权结构性分置制度，研究数据产权登记新方式。随后各地为了落实"数据二十条"的政策要求，相继出台了一系列规范性文件，如《深圳市数据产权登记管理暂行办法》《北京市数据知识产权登记管理办法》对数据产权登记展开了积极探索。数据产权登记制度作为一项全新的制度，法律层面数据产权登记效力规定基本处于空白，仅有的规定散落在各试点地区的规范性文件中。因欠缺统领性规定，无论是"数据二十条"这一政策性文件，还是各地出台的规范性文件，对数据产权登记效力的规定均较为简单。学界对于数据产权登记效力的理论研究相对薄弱且争议较大，除此之外，数据产权登记效力相关配套制度设计也存在规范供给不足的问题。登记效力是数据产权登记制度功能实现的重要法律依托，也是建构全国统一数据产权登记体系的基础。全面推行数据产权登记制度之后，数据产权登记效力纠纷案件必然不断出现，若数据产权登记效力模糊不清，势必会阻碍数据流通交易，因此有必要对数据产权登记效力问题予以分析。鉴于此，本文在对现有政策和规范性文件归纳与反思的基础上，探索我国数据产权登记效力的类型，以期推动全国统一数据产权登记体系和数据要素市场的建设。

一 数据产权登记效力的私法建构困境

数据产权登记效力是指在登记系统中数据产权人持有或控制数据的权属、交易、担保等事项，经登记机关记载并通过登记系统对外公示后在法律上产生的效力。目前，学理上关于财产权登记效力主要有三种模式：不动产物权的得丧变更采登记生效主义模式；特殊动产物权的设立和转让采登记对抗主义模式，未经登记不得对抗善意第三人；著作权登记采自愿登记模式，登记仅产生初步证明力。① 数据自身的独特属性使其不能直接套用已有登记效力规则，但目前法律层面全国统一的数据产权登记制度尚未建立，数据产权登记效力全国性立法空白、理论争议较大、配套制度规范供给不足问题的存在，给数据产权登记体系建构造成了许多理论和实践困境。

（一）立法困境：全国性数据产权登记效力立法空白

数据产权登记效力直接影响数据流通交易的频率和数据要素价值的释放，是数据产权登记制度中最核心的内容之一。目前数据产权登记效力立法规范供给不足，有关数据产权登记效力的规定仅散落在各地出台的数据产权登记或数据知识产权登记管理办法等规范性文件中。各地对数据产权登记效力的规定均过于简单且存在一定的差异：江苏、浙江、海南和天津规定登记证书是初步证明或初步凭证，且江苏明确规定相反证据可以推翻登记证书；北京、深圳和山东则规定登记证书为行使权利的凭证。此外，北京、天津、浙江、山东均提到了登记证书的初步证明效力；深圳除了规定登记证书的初步证明效力外，还规定登记证书可以作为数据交易、融资抵押、数据资产入表、会计核算以及争议仲裁的依据。② 数据产权登记效力的差异可能与各地申请数据产权登记的审查模式有关。一般来讲，若登记机构对登记申请进行形式审查，登记效力就会相对较弱；登记机构若对登记申请进行实质审查，数据产权登记就会产生较强的推定力与公信力。当下数据产权登记制度仍在初步探索阶段，数据产权登记审查模式等程序性事项也只是在各试点地区推行，并未形成关于审查模式的统领性规定。

目前，各试点地区数据产权登记效力规定虽存在分歧，但是基本承认了登记证书的初步证明效力。司法实践也认可了数据产权登记证书的初步证明效力，全国首例涉及数据知识产权登记效力的上海某科技有限公司与

---

① 参见程啸主编《数据权益与数据交易》，中国人民大学出版社，2024。

② 参见《北京市数据知识产权登记管理办法（试行）》第 13 条、《天津市数据知识产权登记办法（试行）》第 20 条、《江苏省数据知识产权登记管理办法（试行）》第 19 条、《深圳市数据产权登记管理暂行办法》第 7 条、《浙江省数据知识产权登记办法》第 10 条、《山东省数据知识产权登记管理规则（试行）》第 21 条、《海南省数据知识产权登记管理办法（试行）》第 13 条。

北京某科技股份有限公司不正当竞争纠纷案中，一审、二审法院都认可北京某公司的《数据知识产权登记证》对涉案数据集相关财产性利益的初步证明作用，二审法院进一步确认在无相反证据的情况下，可以依据《数据知识产权登记证》认定北京某公司的数据收集行为合法。① 虽然目前地方立法和司法实践都确认了数据产权登记证书的初步证明效力，但是并未对数据产权登记是否产生生效效力及公示效力作出回应。数据的价值在于流通复用，如果不进一步明确数据产权登记的效力，将会大大降低数据交易频次，影响数据价值的释放。此外，各地出台的数据产权登记办法属于地方政府规章，立法层级太低仅适用于本区域，数据产权登记效力的规定难以在全国范围内适用。根据《立法法》第 11 条，民事基本制度只能由法律规定，因此数据产权登记的法律效力需要全国人大以法律的形式确立。②

（二）理论困境：数据产权登记效力理论争议较大

学者们虽然意识到数据产权登记效力的重要性，也对数据产权登记效力进行了积极的探索，但数据产权登记制度正处在一个从无到有的制度建构阶段，学者们大多围绕数据产权登记制度展开研究，鲜有研究主要围绕数据产权登记的效力展开。仅有极少数学者在研究中捎带提及数据产权登记的法律效力，但登记应具备何种效力争议较大。综观学者们对数据产权登记效力的研究，主要形成了以下几种观点：第一种观点认为，数据产权登记应采登记生效主义，登记生效主义可以产生强制登记的效果，从而有利于明晰数据产权、促进数据场内交易规模化；③ 第二种观点认为，数据产权登记效力可以参照土地经营权采取登记对抗主义，价值"半衰期"长的数据由当事人自愿选择是否进行登记，登记产生对抗效力，价值"半衰期"短的数据无须进行登记。④ 还有不同见解主张数据产权登记效力应采区分模式，一种观点认为应避免数据持有者负担过重的登记成本，数据产权初始登记产生对抗效力，移转登记采登记生效主义，原因在于边界清晰

---

① 参见北京知识产权法院民事判决书（2024）京 73 民终 546 号。
② 参见《立法法》第 11 条。
③ 参见程啸《论数据产权登记》，《法学评论》2023 年第 4 期。
④ 参见申卫星《论数据产权制度的层级性："三三制"数据确权法》，《中国法学》2023 年第 4 期。

是可信数据交易市场构建的基础;① 另一种观点认为应根据数据的不同类型确定数据产权登记的效力，涉及国家的核心数据和重要数据应采登记生效主义，而一般数据采登记对抗主义，未登记不得对抗善意第三人;② 还有一种观点主张数据产权登记应采取无效力模式，可参照著作权自动取得原则取得数据产权，登记并非数据产权得丧变更的依据，仅产生初步证明力。③

上述关于数据产权登记效力的观点看似具有一定的合理性，但是适用数据领域或多或少存在一定的问题。首先，区分模式会导致立法价值目标相互矛盾，登记生效效力侧重对交易安全的保障，登记对抗效力侧重于提升交易效率，同一法律体系引入两种登记效力会造成立法价值不兼容。其次，就登记对抗效力而言，数据与土地之间存在诸多差异，不能以"半衰期"的长短决定数据是否可以登记，"半衰期"短的数据可能因数据流通交易的频率更高，对数据产权登记的需求更大，如果否认这类数据可以登记则与数据产权登记制度的立法初衷相背离。最后，数据产权登记无效力模式会使数据的自动产生与法律上的数据排他性之间产生逻辑上的断裂。④ 虽然学者们对数据产权登记应产生何种效力存在不同见解，但是现有理论对构建数据产权登记效力仍有研究价值。既有数据产权登记效力的理论研究成果虽在路径选择上有所不同，但根本目标是一致的，即如何在清晰界定数据产权的前提下，最大限度地促进数据要素的高效流通与规模化交易。因此，数据产权登记效力的私法构造同样要围绕"数据二十条"提出的促进数据要素高效流通的价值目标展开。

（三）现实困境：配套制度规范供给不足

据统计，2022 年我国数据交易市场规模达 876.8 亿元，占全球数据交

---

① 参见孙莹《企业数据确权与授权机制研究》，《比较法研究》2023 年第 3 期；包晓丽《数据权属论》，法律出版社，2024。
② 参见谭佐财《论数据产权登记的制度构建》，《当代法学》2024 年第 4 期。
③ 参见吴汉东《数据财产赋权：从数据专有权到数据使用权》，《法商研究》2024 年第 3 期。
④ 参见杨明《论著作权公示原则的确立及实践路径——以〈著作权法〉修法为契机》，《中国出版》2020 年第 19 期。

易市场规模的 13.4%，占亚洲数据交易市场规模的 66.5%。[1] 预计未来 3~5 年内，我国数据交易规模仍处于高速增长阶段。但目前我国数据交易以场外交易为主，交易频次和规模远未达到预期。根本原因在于，我国尚未建立可信数据流通空间，数据交易可信流通保障机制并不完善，交易主体互信难为现阶段阻碍数据高效流通的首要难题。在长期以来公众对公权力行为产生普遍信赖的社会背景下，公权力机关登记背书在中国有独特的事实基础，数据产权登记制度就成为解决数据交易信息不对称、破除数据交易壁垒的有效方式。"数据二十条"首次提出探索数据产权登记方式后，各地在政策性文件的指引下迅速对数据产权登记展开了积极的探索。从各地数据产权登记实践来看，目前普遍存在登记意愿不强、登记规模较小等情况，登记机构、客体及审查模式等方面差异明显，直接影响数据产权登记的法律效力。

目前，各地数据登记机构主要有行政机关、数据交易所以及相关企业，登记机构不统一导致数据产权登记公信力缺失，难以实现登记内容的互联互通。[2] 数据产权登记旨在为数据来源和数据交易提供背书，由追求自身利益最大化的营利性机构担任登记机构，不足以维护社会公众的合理信赖与交易安全。只有处于中立第三人地位的公权力机关作为登记机构才能充分发挥数据产权登记应有的功能。审查模式与数据产权登记的法律效力直接关联，现有数据产权登记审查模式存在"登记机构形式审查"、"登记机构实质审查"以及"登记机构形式审查+第三方机构实质审查"三种类型。审查模式直接导致审查标准与审查内容的不同，形式审查模式下数据产权登记公信力不足，登记机构只审核当事人提交的数据产权登记材料是否齐全，数据来源的合法性和真实性不能得到有效保证。即便是采取实质审查模式的地区，在审查标准与审查内容等方面也未建立统一的标准，由此导致数据产权登记在法律层面的效力尚不明确。数据与传统动产、不动产最大的不同在于，数据无法通过一次登记完整地彰显权利状态，数据规模、内容、主体等事项时刻处于动态变化中，频繁登记带来的登记效力不稳定以及同一数据上数次产权登记并存时的顺位关系，均是数据产权登

---

[1] 《2023 年中国数据交易市场研究分析报告》，贵州综合信息网，2023 年 12 月 4 日，http://xxzx.guizhou.gov.cn/dsjzsk/zcwj/202312/t20231204_83179831.html。

[2] 参见孙湛、郭明军、曾丽《权益保护视角下全国一体化数据登记体系建设研究》，《电子政务》2024 年第 10 期。

记制度亟须解决的难题。① 究其根本，解决上述问题离不开对数据产权登记效力的私法建构，数据产权登记效力能有效解决交易主体互信难的问题，从而构筑有利于数据流通的可信交易环境。

二　数据产权登记法律效力的构建路径

法律科学最为重要的任务之一就是发现单个的法规范相互之间和规则体相互之间，以及它们与法秩序的主导原则之间的意义脉络，并将该意义脉络以可概观的方式即以体系的形式表现出来。② 就数据产权登记效力来说，对其进行体系性建构既是数据要素基础制度建设的重要任务，也是目前数据法学理论研究的共识。理想状态下，数据产权登记效力体系应当是一个内部逻辑清晰易辨、相互之间不存在矛盾冲突、涵盖所有数据产权登记应具有效力类型的体系。现有的理论研究与实践对数据产权登记的效力众说纷纭，而数据产权登记效力深受登记行为性质的影响，因此数据产权登记效力的类型化建构，需要先明确数据产权登记行为的法律性质。

（一）数据产权登记行为的法律性质

学理上财产权登记行为的法律性质存在较大争议，大体上存在行政许可说、行政确认说、双重属性说和民事行为说。③ 数据产权登记作为财产权登记的一种类型，其登记行为的法律性质要在既有学说框架内讨论。数据产权登记属于行政行为中的行政事实确认行为，是行使公权力的登记机构对数据产权人既有数据权利的确认，而非民事行为或行政许可。

其一，数据产权登记行为属于行政行为而非民事行为。数据交易虽未经登记，但只要交易双方达成合意即可在当事人之间开展，但一旦经由公权力机关登记背书，登记行为就并非纯粹的民事行为，而应归属于行政行为。目前数据产权登记机构分散且尚未统一，但根据前述分析可知，应由具有公共属性的公权力机关从事数据产权登记工作，公权力机关的权威性

① 参见《数据确权：必要性、复杂性与实现路径》，《光明日报》2024 年 3 月 15 日。
② 〔德〕卡尔·拉伦茨：《法学方法论》，黄家镇译，商务印书馆，2020。
③ 参见章剑生《行政不动产登记行为的性质及其效力》，《行政法学研究》2019 年第 5 期。

天然地使社会公众信赖登记内容真实。登记系公权力介入私法领域的主要方式，《不动产登记暂行条例》第 6 条规定，不动产登记机构为本行政区域内县级以上地方人民政府部门。① 任何制度都不能凭空产生，数据产权登记机构的制度设计也不能脱离既有的财产权登记框架体系，因此应借鉴不动产登记机构的立法选择由公权力机关作为数据产权登记机构。② 此外，纠纷解决机制也是判定登记行为法律性质的重要依据，现行法规定因登记行为产生的争议，当事人应当提起行政诉讼或行政复议，而非通过民事诉讼途径获得救济。③ 因此，数据产权登记行为的法律性质定性为行政行为更为妥当。

其二，数据产权登记行为的法律性质应是行政行为中的行政事实确认而非行政许可行为。正如行政法学者所言，行政许可以法律规范的一般禁止为存在前提，具有赋予行政相对人某项权利或资格的功能，行政事实确认是对某种法律事实是否存在的确认，而某种法律事实的存在取决于相关法律规范的事先规定。④ 如果数据产权登记具有赋权的功能，即在登记过程中创设数据权利，则属于行政许可；如果数据产权登记不具有赋权功能，仅仅是对既有数据权利的确认，则属于行政确认。一方面，数据产权登记不产生行政许可的赋权效果，不属于行政许可的范畴。另一方面，行政许可以法律规定的一般禁止为前提，行政机关对是否赋予申请人某项权利拥有一定的裁量权，行政机关对行政确认行为无自由裁量权，必须严格按照法律规定予以确认。数据产权登记不属于一般禁止的行为，申请材料齐全的都要予以登记，因此数据产权登记行为的法律性质是行政事实确认行为。数据产权登记是对数据产权人既有权利加以确认的一种事实，在此过程中并未产生新的数据权利，只是作为权利对外公示手段而产生某种法律效果。申言之，数据产权登记应当具备何种效力并非源于登记行为，而是取决于数据相关法律规范的规定。《民法典》第 214 条

---

① 参见《不动产登记暂行条例》第 6 条第 2 款：县级以上地方人民政府应当确定一个部门为本行政区域的不动产登记机构，负责不动产登记工作，并接受上级人民政府不动产登记主管部门的指导、监督。

② 参见程啸《论数据产权登记》，《法学评论》2023 年第 4 期。

③ 《中华人民共和国行政诉讼法》第 61 条：在涉及行政许可、登记、征收、征用和行政机关对民事争议所作的裁决的行政诉讼中，当事人申请一并解决相关民事争议的，人民法院可以一并审理。

④ 参见姜明安《行政法与行政诉讼法》（第八版），北京大学出版社，2024。

规定了不动产物权因登记产生生效效力与公示效力，数据产权登记究竟产生何种效力取决于立法者希望登记具有何种法律效力。①

（二）数据产权登记效力的路径选择

数据产权登记的法律性质是建构数据产权登记效力的基础性前提，虽然作为行政事实确认行为的数据产权登记本身不发生创设数据权利的效果，但并不妨碍数据产权登记可依照数据相关法律规范产生立法者预设的法效果。换言之，数据产权登记的法律效力完全取决于立法者想要其发生何种效力。民商事领域立法向来崇尚私法自治，但就数据的得丧变更而言，仅有当事人私法自治不足以维护数据交易安全与秩序，此时公权力向私法领域渗透存在正当化理据。通过登记对数据某种法律事实或法律关系进行确认，从而产生立法所赋予的数据登记行为的效力。目前立法未对数据产权登记效力作出规定，学者们关于数据产权登记效力的探讨止步于理论层面，此种情形下只能类推解释现有财产权登记的效力规则，以进行法律漏洞填补。② 另由于数据的无形性与可复制性，数据交易常以一对多的形式进行，而非严格遵循传统财产法禁止一物数卖的规则。因此，数据产权登记效力的科学建构不能完全照搬制定法登记效力的相关规定，应在遵循数据产权登记价值目标的基础上对制定法进行一定程度的变通。

财产权的客体是财产权登记的标的，同理数据产权的客体为数据产权登记的标的。因各种财产权性质上的差异，登记效力也会有所区别，明确数据产权的客体是构建数据产权登记效力的前置性问题。③ "数据二十条"创造性提出数据产权 "三权分置" 模式的结构体系，并将数据资源、数据及数据产品分别界定为数据资源持有权、数据加工使用权、数据产品经营权的客体，为界定数据产权客体提供了政策性依据。④ 目前学界对数据产权的外延是否仅为 "数据二十条" 提到的三种权利存在较大争议，进而导

---

① 参见《民法典》第 214 条：不动产物权的设立、变更、转让和消灭，依照法律规定应当登记的，自记载于不动产登记簿时发生效力。

② 〔德〕卡尔·拉伦茨：《法学方法论》，黄家镇译，商务印书馆，2020。

③ 参见彭诚信、龚思涵《公共数据资产质押的理论澄清与规范构造》，《法学杂志》2024 年第 5 期。

④ 《中共中央 国务院关于构建数据基础制度更好发挥数据要素作用的意见》，中国政府网，2022 年 12 月 2 日，https://www.gov.cn/gongbao/content/2023/content_ 5736707. htm。

致对数据产权客体的界定也不统一。有学者认为，从客体的角度无需对数据产权登记标的进行界分，仅以数据为数据产权的客体。[①] 也有学者主张"数据三权"为不同类型的权利，应当对数据产权的客体进行区分，关于数据产权客体界定主要有原始数据—数据产品[②]、数据资源—数据集合—数据产品[③]、数据资源—数据产品[④]几种观点。是否区分界定数据产权客体直接影响数据产权登记效力的制度架构，数据产权登记效力的建构首先要明确的是，面对复合型数据产权是选择类型化区分设计还是一体化设计数据产权登记效力。"数据二十条"作为政策性文件，数据产权"三权分置"模式的提出及数据产权客体的界定仅对未来立法起一定指导作用，在数据产权立法尚未落地阶段，一体化构建数据产权登记效力是现阶段最优的路径选择。

现有法律虽未对数据产权客体作出规定，但从政策性文件中可推断出数据产权的客体。《企业数据资源相关会计处理暂行规定》的出台开启了数据资产入表的进程，数据产权登记是数据资产入表的前置性条件。《数据资产评估指导意见》将数据资产定义为"特定主体合法拥有或者控制的，能进行货币计量的，且能带来直接或间接经济利益的数据资源"[⑤]。根据上述规定可以推断出数据资源为数据产权登记的客体。并非所有的数据资源都可以成为数据产权登记的客体，广义的数据资源是客观世界中一切数据的总称，因抽象性与不确定性而无法成为数据产权的客体。广义的数据资源经过数据生产处理活动转化为范围、边界明确的数据资源集合，因具有独立性和支配性可以成为数据产权的客体。[⑥] 狭义数据资源经过一定加工处理还可以进一步演变为数据集合和数据产品，关于数据资源、数据集合及数据产品三者之间的关系，应解释为数据集合与数据产品从属于数据资源。尽管基于区块链技术可快速实现数据产权登记与公示，但现阶段受制于

---

① 参见程啸《论数据产权登记》，《法学评论》2023 年第 4 期。

② 参见李晓珊《数据产品的界定与法律保护》，《法学论坛》2022 年第 3 期。

③ 参见张素华、王年《"三权分置"路径下数据产权客体的类型谱系》，《法治研究》2024 年第 2 期。

④ 参见《深圳市数据产权登记管理暂行办法》第 2 条。

⑤ 《中评协关于印发〈数据资产评估指导意见〉的通知》，中国资产评估协会网站，2023 年 9 月 8 日，http://www.cas.org.cn/ggl/427dfd5fec684686bc25f9802f0e7188.htm。

⑥ 参见张素华、王年《"三权分置"路径下数据产权客体的类型谱系》，《法治研究》2024 年第 2 期。

技术手段的限制，无法在技术层面进一步区分数据资源、数据集合及数据产品。因此，数据产权登记的标的应解释为狭义的数据资源，此种解释不仅与"数据二十条"的政策理念相契合，也与数据资产入表规范相统一。

在明晰数据产权的客体后，接下来需要解决的是数据产权登记采用何种效力模式。数据产权登记效力不能凭空建构，须以现有的财产权登记效力为基础，并依据数据的自身特性作出适当变通。现阶段财产权登记主要有不动产物权登记和知识产权登记两类，而数据产权登记制度究竟是参照适用不动产物权登记还是知识产权登记，取决于对数据产权性质的相似性判断。若数据产权在性质上更接近于物权，则数据产权登记效力建构应参照不动产物权登记路径展开，反之应采知识产权登记的逻辑进路。鉴于数据和知识产权客体在无形性与非竞争性等特征上天然地相似，似乎知识产权登记制度理应成为数据产权登记效力建构的重要基准，但因二者之间的实质性差异，数据产权登记效力建构不应参照适用知识产权登记。① 具言之，知识产权的客体通常具有独创性的要求，但并非所有的数据都满足独创性要求，数据是否具有独创性与数据之上的权利是否受法律保护没有必然联系。② 倘若数据产权登记采知识产权登记的思路，则意味着只有满足独创性要求的数据才能成为数据产权登记的对象，这将导致绝大多数有价值的数据无法得到法律保护。另外，自愿登记模式与数据产权的排他性具有不适配性。虽然数据的无形性与可复制性使同一数据在现实层面可以被不同主体占有和控制，数据不具有物理上的独占性，但物理上的非排他性不影响其在法律上的排他性。③ 财产权的本质是人与人之间的关系，只有明确界定数据产权的归属才能有效保障权利主体的利益。如果数据产权登记参照著作权登记采无效力模式，登记与否不影响权利的取得，数据产权将无法通过公示使不特定主体知悉权利的内容和边界。因此，数据产权登记效力不应参照知识产权登记规则建构。

虽然目前数据产权立法缺位，但在《民法典》第 127 条明确规定数据为民事权利客体的背景下，数据产权必然会在未来立法中上升为法定的财产权。法律上的排他性是财产权的本质要素，数据的无形性使其无法通过

---

① 参见宁园《论数据财产权的客体及其规范意义》，《法学家》2024 年第 6 期。
② 参见王利明《数据何以确权》，《法学研究》2023 年第 4 期。
③ 参见沈建州《数据财产的排他性：误解与澄清》，《中外法学》2023 年第 5 期。

对物理客体的支配来实现法律上的排他性，而是需要借助登记制度实现法律上的排他性，由此对不特定主体事实支配数据的自由构成限制。[①] 不特定主体可通过登记判断该数据之上权利的多寡，进而对该数据事实层面的利用会受到多少他人排他权的限制作出预估。因此，在数据产权立法缺位的背景下，数据产权登记应参照不动产物权登记实现对数据产权排他效力的创设，登记生效主义和登记对抗主义是不动产物权登记的两种效力模式。数据产权作为一种新型财产权，登记对抗主义无法为数据流通提供安全可信的交易环境，故而数据产权登记效力应比照不动产物权登记适用登记生效主义，借助登记来控制权利变动的效果。[②] 因此，数据产权登记发挥控制权利变动效果和公示的作用，前者是未经登记权利不发生变动，后者是对权利变动结果的公示。具言之，数据产权得丧变更应采登记生效主义，未经登记相关法律事实不生效。其二，登记生效主义模式下，登记事实与客观事实具有高度一致性，数据产权因登记公示产生公信效力与对抗效力。

如图1所示，数据产权登记的效力可以分为生效效力与公示效力，公示效力又可以区分为公信效力与对抗效力，数据产权登记各效力的具体内容下文详细展开，在此不过多赘述。

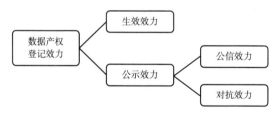

图1 数据产权登记的效力类型

三 数据产权登记的生效效力

数据产权登记生效效力是指权利设立及变动须经登记才生效的效力。《民法典》127条已经肯认了数据为民事权利客体，数据产权的法律性质从体系上应解释为财产权。《民法典》第113条也规定了民事主体的财产权

---

① 参见阮神裕《区块链数字资产的财产意涵》，《中国人民大学学报》2023年第2期。
② 参见曹新舒《数据登记私法行为规范的参照论》，《东方法学》2024年第6期。

利受法律保护。① 可见，数据产权的财产权属性在民法典中得到了明确的承认。数据物理上的非排他性决定了不同主体可对同一数据进行平行开发利用，同一数据之上可并行不悖地存在不同主体的权利。因此，数据产权登记参照不动产物权将登记作为相关法律事实的生效要件更为妥当，有利于明确界定权利的范围与边界。

（一）权利设立采登记生效主义

数据产权设立采登记生效主义当下无法律规定可循，根据登记行为介入私法领域的逻辑脉络及立法目的，可在立法时以法律拟制的方式规定数据产权登记与不动产物权登记产生相同的法律效果，采登记生效主义。理由主要有两个：一是《民法典》作为民商事领域规范层级最高的法律，具有统一民商事单行法规则的作用。《民法典》已对数据产权的财产权属性予以确认，在数据产权立法探索阶段，数据产权登记效力应在《民法典》体系内寻找可资适用的规范。基于数据产权与不动产物权法律属性上的相似性，可类推《民法典》第 209 条将登记作为不动产物权设立生效要件的规定，得出数据产权设立应采登记生效主义的结论；② 二是除《民法典》之外，在商事领域立法中采登记生效主义也有迹可循，如《公司法》规定登记为公司成立、股权变动等法律事实的生效要件。③ 将登记作为相关法律事实生效要件在商事单行法中是存在先例的，因此在数据产权立法探索阶段，数据产权登记生效效力的提出并非空中楼阁。

也有论者主张，为了减轻数据产权人的登记负担，数据产权设立应采登记对抗主义。④ 原则上讲，应严格限制公权力介入私法领域的范围，登记作为数据产权设立的生效要件意味着公权力对私人自治的管制，这与一

---

① 参见时明涛《作为新型财产权客体的数据及其法律保护》，《上海法学研究》2022 年第 2 期。
② 参见《民法典》第 209 条：不动产物权的设立、变更、转让和消灭，经依法登记，发生效力；未经登记，不发生效力，但是法律另有规定的除外。
③ 参见《公司法》第 29 条：设立公司，应当依法向公司登记机关申请设立登记。第 86 条：股东转让股权的，应当书面通知公司，请求变更股东名册；需要办理变更登记的，并请求公司向公司登记机关办理变更登记。公司拒绝或者在合理期限内不予答复的，转让人、受让人可以依法向人民法院提起诉讼。股权转让的，受让人自记载于股东名册时起可以向公司主张行使股东权利。
④ 参见孙莹《企业数据确权与授权机制研究》，《比较法研究》2023 年第 3 期。

向崇尚私法自治的民事领域立法理念相左。正如学者所言，民事立法应坚守自治性等形式主义品性，非必要不创设例外，且例外的创设必须有正当理由。① 数据产权设立采登记生效主义是有效缓解数据交易风险、促进数据高效流通的信号传递方式，因此数据产权登记具有存在的必要性和正当性，具体阐述如下。

首先，数据的无形性使唯有登记才能完成数据产权的对外公示，以登记作为数据产权设立生效要件能产生绝对证明数据权属的效力。登记生效主义模式下，登记记载信息通常被推定为绝对正确，不特定的第三人可最大程度信赖登记的权利人为真实权利人，从而有效缓解数据交易风险，促进数据交易的高效开展。其次，阿罗信息悖论②的存在使数据交易面临严重的信息不对称，数据产权人为追求利益最大化，往往会利用优势地位拒绝披露交易数据的相关信息。交易相对方为缓解信息不对称的风险，通常要在事前付出高昂的信息查询成本，但多数情形下收益远低于支出成本。成本过高带来的最坏结果是潜在交易相对人拒绝交易，数据交易壁垒愈发严重。登记生效主义是消除信息不对称风险、破除数据交易壁垒的有效途径。登记作为数据产权设立和变动的生效要件，登记内容具有绝对公信力，潜在交易相对人无须在事前支付高昂的信息查询成本，事后权属纠纷争议也有所减少，可有效提升数据交易频次与规模。③ 最后，从国家税收监管的维度分析，明晰的产权归属是数据资产征税的前提。在数据产权登记明确界定数据产权人的基础上，征税机关才能通过登记系统精准定位纳税主体，准确计量数据产生的经济收益，确定应纳税额。④ 可见，数据产权设立采登记生效主义是我国未来数据产权立法的理性选择。

（二）以数据产权设立担保的登记

数字经济时代，数据作为一种新型生产要素颠覆了传统生产力与生产

---

① 参见易军《私人自治与私法品性》，《法学研究》2012 年第 3 期。

② See Kenneth J. Arrow，"Economic Welfare and the Allocation of Resources for Invention，" in Richard R. Nelson ed.，*The Rate and Direction of Inventive Activity*：*Economic and Social Factors*，Princeton University Press，1962. 阿罗信息悖论是指交易需要买方事先了解或者获取信息或数据，以确定信息或数据的价值；但如果卖方向买方详细披露信息或数据，买方实际上已经以零成本获得了信息或数据。

③ 参见邹学庚《股权变动模式的理论反思与立法选择》，《安徽大学学报》（哲学社会科学版）2023 年第 6 期。

④ 参见傅靖《关于数据的可课税性研究》，《税务研究》2020 年第 8 期。

关系，在价值创造和企业数字化转型中的作用愈发重要。数据要素的价值实现需要经过数据资源化、数据资产化和数据资本化三个阶段，数据资产化是实现企业数字化转型的核心环节。2016 年，贵阳银行发放国内首笔数据贷，开启了数据资产化的新路径。随着"数据二十条"的出台，财政部随后相继发布了《企业数据资源相关会计处理暂行规定》《关于加强数据资产管理的指导意见》等一系列文件，为数据资产担保融资提供了有力的政策支撑。实践中，已有不少数据资产担保融资的成功案例，但数据产权担保规则还有诸多问题尚未厘清。① 例如，上述案例均采用质押路径，是否意味着数据产权担保类型只能是质押，数据产权可否抵押，以及数据产权担保如何公示、公示效力如何等尚不可知。因此，为最大化实现数据要素的价值，亟须在法律层面明确对前述问题作出回应。

在现行担保制度体系下，不动产、不动产权利及动产之上可设定抵押权，动产和不动产之外的权利可作为质权的客体。② 如前所述，数据产权作为一种新型财产权，从《民法典》相关规定来看，只有不动产权利才可纳入抵押权客体范畴，数据产权因不属于不动产权利，只能比照知识产权、股权等归入权利质权体系。《民法典》规定权利质权的公示方式有占有权利凭证和登记公示两种类型，数据产权担保公示方式应为登记，具体理由如下。其一，《民法典》第 443 条、第 444 条规定，以股权及知识产权中的财产权出质的，质权自办理登记时设立，因为此类权利的占有凭证并不能实现对质押权利的有效控制，所以只能通过登记予以公示。数据产权与知识产权具有同质性，无形性与可复制性决定了无法对数据产权实现独占控制，数据产权的公示方式可以准用知识产权的相关规定。③ 其二，数据产权作为质权的客体与其他权利最大的不同在于，设立担保后并不妨碍原产权人及第三方主体对其继续占有、使用、收益和处分。具言之，数据产权质押在性质上更接近以抵押物的财产价值作为担保手段的抵押权。《民法典》第 446 条规定，权利质权可以准用动产质权

---

① 例如某公司以数据资产质押获得某银行深圳分行授信融资 3000 万元；某公司以数据资产质押获得某银行城市副中心分行 1000 万元贷款；某公司以数据资产质押获得某银行浦西分行 150 万元贷款；某公司以数据资产质押获得某银行上海市分行 400 万元贷款；某公司以数据知识产权质押成功向某银行扬州分行融资 1000 万元。

② 参见李永军《论意定担保物权种类划分的基础——对于我国民法典关于意定担保物权分类基础的质疑》，《清华法学》2021 年第 2 期。

③ 参见董学立《论"权利质权"之由来与由去》，《法治研究》2024 年第 2 期。

的规定。从体系视角分析，数据产权质押也可以准用抵押权的公示方式。① 其三，现行法未规定数据产权为权利质权的客体，在《民法典》引入功能主义担保观的背景下，将数据产权担保认定为非典型担保，并依据担保制度解释第 63 条，也可得出数据产权担保应以登记作为公示方法。②

在明确数据产权担保以登记为公示方法后，需要解决公示的法律效力问题，在登记对抗主义模式与登记生效主义模式之间作出取舍。随着全国一体化数据产权登记体系的逐步建立，数据产权设立和变动事项可记载在同一登记系统内。因此，在公示方法与公示效力的选择上，数据产权担保应与权利设立保持一致采登记生效主义。③ 登记为数据产权担保的公示要件和生效要件，即数据产权担保自登记时设立，未经登记，数据产权质权未设立。数据产权担保设立采登记生效主义的原因主要有三个：一是登记生效主义在客观上可以起到强制登记的效果，有助于推动建立全国一体化的数据产权登记体系。相应地，未来数据产权登记应采物的编成主义而非人的编成主义，债权人在登记系统可查询到用作担保数据产权的一切权利状况，从而对数据的价值产生合理预判，最大限度实现数据产权的融资担保功能。二是如前文所述，数据交易常以一对多的形式进行，且随交易频次的增加，数据的价值也随之增加，登记对抗主义最大的缺陷是无法有效控制交易风险。④ 登记生效主义可有效对冲交易风险，消解数据交易的安全隐患，减少事后司法纠纷成本。无论是数据设立还是担保均可借由登记生效公之于众，避免虚假担保等情形的出现，以增加债权实现的确定性。三是登记生效主义模式下，数据产权重复担保可依据登记的时间先后，确定担保权人的优先顺位，最大限度实现数据担保融资的目的。综上，数据产权担保应采登记生效主义。

---

① 参见彭诚信、龚思涵《公共数据资产质押的理论澄清与规范构造》，《法学杂志》2024 年第 5 期。

② 参见《最高人民法院关于适用〈中华人民共和国民法典〉有关担保制度的解释》第 63 条：债权人与担保人订立担保合同，约定以法律、行政法规尚未规定可以担保的财产权利设立担保，当事人主张合同无效的，人民法院不予支持。当事人未在法定的登记机构依法进行登记，主张该担保具有物权效力的，人民法院不予支持。

③ 参见李鸣捷《不动产收益权担保规范构造论》，《政治与法律》2024 年第 2 期。

④ 参见林彦佐《数字经济背景下数据资产担保规则研究》，《中国矿业大学学报》（哲学与社会科学版）2023 年第 5 期。

（三）非基于法律行为发生的权利变动未经登记不发生处分效果

《民法典》第 229 条至 232 条规定，非基于法律行为导致的物权变动，未经登记也能发生物权变动的法律效果，须就先行取得的物权办理初始宣示登记，再次处分始能产生权利变动的效力。[①] 同理，非基于法律行为导致的数据产权变动可类推适用《民法典》第 232 条的规定，未经登记当事人也可以取得数据产权，登记并非权利变动的生效要件，而仅为产权人再次处分数据产权发生权利变动的要件。此时数据产权登记的性质应被界定为宣示登记，仅是将数据产权变动的事实向外界宣示。如此规定的原因在于，在登记作为数据产权设立和变动生效要件的前提下，这些非基于法律行为发生的产权变动，此前已通过登记完成了对外公示。因此，例外规定不以登记作为取得数据产权的生效要件，可有效缓解登记生效主义过于严苛给当事人造成的诸多不便。[②] 在非基于法律行为发生的数据产权变动情形中，数据产权的登记必定早于引起数据产权变动事实行为的发生，若新的数据产权人不进一步处分其取得的数据产权，且前登记已经完成公示，则没有必要进行二次登记。但数据的价值在流转中实现，新数据产权人势必要处分数据产权。若不规定登记为新产权人的处分要件，会出现真实产权人与登记主体不一致的情形，此时交易相对人就不能被认定为善意相对人，之后欲再次流转数据产权也会存在诸多不便与风险隐患。故而，在非基于法律行为发生的数据产权变动中，有必要规定登记为新产权人处分数据产权的要件。

《民法典》中非基于法律行为引起权利变动的原因主要包括人民法院、仲裁机构的法律文书或政府的征收决定、继承以及合法建造、拆除房屋等事实行为。[③] 上述情形适用不动产领域是合理的，但并非完全适用于数据领域。数据有其非基于法律行为引起产权变动的特殊原因，如政府数据征用行为。一般而言，非基于法律行为引起数据产权变动的原因

[①] 参见徐涤宇、张家勇主编：《〈中华人民共和国民法典〉评注》（精要版），中国人民大学出版社，2022。

[②] 参见最高人民法院民法典贯彻实施工作领导小组主编《中华人民共和国民法典物权编理解与适用》，人民法院出版社，2020。

[③] 参见石冠彬《论非基于民事法律行为引发的物权变动——以〈民法典〉第 229—231 条为中心》，《学术交流》2024 年第 6 期。

包括人民法院或仲裁机构的法律文书、政府数据征用以及继承。但不包括加工这一添附行为，原因在于，数据不具有物理上的排他性，不同主体可对同一数据平行开发形成不同的数据集合和数据产品，同一数据之上可并行不悖地存在不同主体的数据产权，因此必须通过登记予以公示。

首先，人民法院、仲裁机构的生效法律文书可直接引起数据产权变动，需要注意的是，此处法律文书仅指改变原有产权关系的法律文书，即生效判决书、裁定书、调解书及执行程序中的以物抵债裁定书。[①] 生效法律文书未经登记之所以能引起数据产权变动，原因在于国家公权力产生与登记同等的对世效力。

其次，政府的数据征用行为也会直接导致数据产权变动。对于数据来说，政府出于维护公共利益的目的要求数据持有者提供数据，并不排斥原数据产权人继续使用数据，故只可能发生数据征用而不会出现数据征收的情况。[②] 为了避免公权力过度介入私法领域，需要对政府征用数据设定一些限制条件，欧盟《数据法案》规定，在公共突发事件或者其他特殊需要的情况下，出于公共利益，政府部门在履行法定职责时，可以要求数据持有者提供其现有数据。因此，政府征用数据须受到目的、必要性和时间条件限制。具言之，政府必须出于维护公共利益的目的，在履行法定职责时，且穷尽所有其他方式无法及时获取数据的情况下，才可实施数据征用行为。

最后，因继承而取得的数据产权，自继承开始时发生法律效力，无须经登记才发生权利变动。根据《民法典》第 1121 条，继承自被继承人死亡时开始，即被继承人死亡的那一刻，继承人就通过继承成为新的数据产权人。否则，如果认为作为遗产的数据需要经登记才发生权利变动，那么从被继承人死亡到登记之前的时间段，数据就会处在没有产权人的状态，这明显与目前立法观念相悖。

---

① 参见《最高人民法院关于适用〈中华人民共和国民法典〉物权编的解释（一）》第 7 条：人民法院、仲裁机构在分割共有不动产或者动产等案件中作出并依法生效的改变原有物权关系的判决书、裁决书、调解书，以及人民法院在执行程序中作出的拍卖成交裁定书、变卖成交裁定书、以物抵债裁定书，应当认定为民法典第二百二十九条所称导致物权设立、变更、转让或者消灭的人民法院、仲裁机构的法律文书。

② 参见谭佐财《数据征用的理论证成与制度展开》，《法制与社会发展》2024 年第 2 期。

四 数据产权登记的公信效力

数据产权登记中，相关事实一经登记即产生公示效力。公示效力的本质在于保护数据产权人与善意相对人因登记公示所产生的合理信赖，依据信赖保护主体的不同，公示效力可分为公信效力与对抗效力。此处主要论述数据产权登记的公信效力，下文将详细论述数据产权登记的对抗效力。在数据产权登记采登记生效主义的背景下，公示具有表征数据产权享有与变动的功能，公权力介入登记程序能有效保障登记事实的真实性，故数据产权登记具有公信效力。证明效力是公信效力的自然延伸，某个事实经登记公示产生公信效力后，当然具有证明该事实为真实的效力。

（一）数据产权登记公信效力的理论基础

公信效力是指登记事实与客观事实不一致，为维护善意相对人的合理信赖，善意相对人可以登记记载事项对抗数据产权人，并可就登记事实主张产生某种法律后果的效力。① 法律并非自始就赋予登记公信效力，公信效力是随社会进步而逐渐融入登记制度的。罗马法时期立法者为了维护静态财产安全，遵循"任何人都不得将大于自己所有的权利给予他人"，致使早期民法不具有公信效力存在的可能性。② 现代民法立法者在登记事实与客观事实不符时，为保护善意相对人的合理信赖赋予登记一定的公信力。之所以赋予登记以公信力，是立法者基于特定的考量，在公正与秩序的价值判断中，优先选择了对交易秩序的保护。立法者选择牺牲真实数据产权人的利益而保护善意相对人合理信赖的原因在于外观主义理论与公权力的介入，因此外观主义与行政公定力构成了数据产权登记公信效力的理论基础。

外观主义由德国学者 Wellspacher 创设，是指当相对人对于某一权利外观表象产生合理信赖，而该权利外观表象的形成可归责于权利人本人，基

---

① 参见邹学庚《〈民法典〉第 65 条商事登记公示效力研究》，《国家检察官学院学报》2021年第 1 期。

② 参见刘家安《民法物权》，中国政法大学出版社，2023。

于此对合理信赖权利外观表象的相对人进行保护，从而依据权利外观表象产生相应的法律效果。① 外观主义理论的价值取向与英美法系中的禁反言原则殊途同归，均旨在保护相对人的合理信赖和均衡分配交易风险。相较于民事领域，商事交易更加注重交易效率，因此外观主义理论更常见于商事领域的诸多规则中。数据经济时代，数据作为一种新型生产要素已然成为最重要的社会资源之一，外观主义在同样追求高效率、低成本的数据流通交易中具有广泛的适用空间。外观主义之所以构成数据产权登记公信效力的理论基础，原因在于现代社会信任是一切交易和合作得以顺利开展的前提，亦是数据高效流通的基础。② 如前文所述，数据流通面临的最大障碍是信息不对称，数据流通可信机制是数据高效流通的前提。信任机制的缺乏将会导致大量数据由极少数大型企业所控制，进一步加剧数据垄断，与立法者预设的数据交易秩序不一致。因此，在数据产权登记中，赋予数据产权登记公信效力既体现为外观主义理论在数据产权登记制度中的适用，也是实现保护相对人的合理信赖、提升数据交易效率价值目标的应有举措。

数据产权登记之所以产生公信效力，是因为数据产权登记除了数据产权人的申请行为，还存在登记机关的审查行为，登记行为在性质上隶属于行政事实确认行为。而行政行为具有公定力，即具体行政行为一经作出，无论是否合法或存在瑕疵，均被推定为合法有效。③ 虽然目前数据产权登记机构尚未统一，但是根据前述分析可知，数据产权登记机构应由具有公共属性的公权力机关担任。行政机关作为数据产权登记机关，在审查模式上采取"登记机关形式审查+第三方机构实质审查"模式，实体上登记生效主义产生强制登记的法效果，数据产权登记事实与客观事实通常情况下具有一致性。一方面，登记事项经由登记机关形式审查、第三方机构实质审查后，大大提升了登记事项的可信度。另一方面，登记机关的公权力属性增强了登记事实是客观事实的权威性，交易相对人有充分的理由信赖登记事实真实。综上，公法上的行政公定力和私法上的外观主义理论共同构成了数据产权登记公信效力的理论基础。

---

① 参见庄家园《动产善意取得的理论基础再审视 基于权利外观学说的建构尝试》，《中外法学》2016 年第 5 期。

② 参见高富平《可信数据流通制度论——治理范式经济秩序的形成》，《交大法学》2024 年第 5 期。

③ 参见姜明安主编《行政法与行政诉讼法》（第八版），北京大学出版社，2024。

（二）善意的内涵及判断标准

公信效力的规范旨在实现对交易相对人合理信赖的保护，即在登记事实与客观事实不一致时，交易相对人可基于对登记事实的合理信赖，以登记事实对抗数据产权登记义务人，从而产生交易相对人欲发生的法律效果。合理信赖是在数据产权登记义务人与交易相对人之间优先保护后者的逻辑起点，数据产权登记产生公信效力的关键是存在交易相对人值得保护的合理信赖。私法中通常将善意作为合理信赖的规范性表达，以明确或隐含的方式将善意分散规定在不同的法律条文中，如商事登记、表见代理、善意取得等制度。认定相对人是否具有值得保护的合理信赖就转化为对相对人主观上善意的认定。① 善意的拉丁文为"bona fides"，通常解释为不知情，但是如何判断不知情或者说何种程度的不知情才构成善意，不同制度体系的评判标准不同。表见代理中善意是指不知且非因过失而不知，善意取得中的善意是不知且非因重大过失而不知，公司对外担保中善意指的是不知且不应知。② 同一私法体系内部之所以产生不同的认定标准，原因在于善意是对相对人不知悉事实主观认知状况的认定，而评价结果取决于权利外观表象的可信赖程度，不同制度构建的权利外观的可信赖度不同。③ 数据产权登记公信效力中善意的认定是要创设新的标准还是遵循已有的标准，要从数据产权登记公信效力的规范目的与价值取向着手分析。

其一，数据产权登记公信效力中的善意应指非明知。数据产权登记公信效力侧重于保护动态的交易安全，具体表现在数据产权登记义务人和交易相对人之间交易风险的分配上。传统民法领域更倾向于对真实权利人的保护，交易风险更多由交易相对人承担，因此交易相对人善意的认定标准更严苛。根据前述分析可知，数据交易领域更加注重保护交易相对人的合理信赖，交易风险更多由真实权利人承担，因此数据产权登记中善意的认定不宜采用过于严苛的标准。一般来说，善意的认定标准与权利外观的可信赖程度负相关，可信赖程度越高，善意的认定标准就越低。就数据产权

---

① 参见夏昊晗《无权代理中相对人善意的判断标准》，《法学》2018 年第 6 期。

② 《最高人民法院关于适用〈中华人民共和国民法典〉总则编若干问题的解释》第 28 条；《最高人民法院关于适用〈中华人民共和国民法典〉物权编的解释（一）》第 14 条；《最高人民法院关于适用〈中华人民共和国民法典〉有关担保制度的解释》第 7 条。

③ 参见石一峰《私法中善意认定的规则体系》，《法学研究》2020 年第 4 期。

登记而言，登记生效主义辅以国家公权力的背书，提升了权利外观表象与客观事实一致性的可信度，数据产权登记外观存在坚实的可信赖度，因此善意宜解释为对交易相对人更有利的非明知。从反面来讲，倘若交易相对人事前明知登记事实背后的客观事实，因不存在对登记公示信息的合理信赖，也就无法受到数据产权登记公信效力的保护。[1] 若交易相对人事后知晓登记事实与客观事实不一致，可否有权主张将客观事实作为产生相关法律效果的依据，答案是肯定的。数据产权登记公信效力是在登记事实与客观事实不一致时，交易相对人可以登记事实对抗数据产权登记义务人，可对抗不具有强制性，意味着交易相对人可自由选择对抗或不对抗。[2] 数据产权公信效力的本质是保护交易相对人的信赖利益，赋予善意相对人选择权反而更能实现对相对人信赖利益的保护，同时数据产权登记义务人也不会因此承受更多的交易风险，因为客观事实本来就是真实存在的事实。

其二，非明知还应当包含不应知的意思，如果交易相对人尽到合理审慎的注意义务就足以发现登记事实与客观事实不符，那么此时相对人就不能称为善意相对人。善意是对行为人主观认知状态的评价，探求行为人内心真意是不可能的，因此司法实践中善意的认定就转化为相对人客观上是否尽到合理注意义务的判定，相对人尽到应尽的注意义务即构成善意，也就可以受到数据产权登记公信效力的保护。相对人的注意义务达到何种程度才构成善意，应从数据交易的特殊性入手分析，注意义务的认定标准通常由交易相对人所处领域的交易习惯、风险认知能力等因素决定，一般来说相对人的经验越丰富、风险认知和承受能力越强，其注意义务就越高。[3] 随着计算机技术的发展，交易双方普遍借助网络平台完成一对多的远程数据交易。数字化交易虽满足数据高效流通的需求，但也面临更大的信息不对称风险，数据交易主体势必要比一般民事主体承担更多的注意义务。相对人获取的信息量越多，其信赖度就越高。数据产权登记的公信效力是对相对人合理信赖的保护，存在相对人的合理信赖时才具有保护的必要性，

---

[1] 参见刘俊海《公司登记制度现代化的解释论与立法论：公共信息服务、公示公信效力与可诉可裁标准的三维视角》，《法律适用》2023 年第 1 期。

[2] 参见朱广新《职务代理权行使超越职权限制的效果归属》，《环球法律评论》2024 年第 4 期。

[3] 参见朱晓慧《外观逻辑下的商事登记公示效力研究》，《中国市场监管研究》2023 年第 11 期。

因此相对人在登记系统查询登记公示信息的行为即视为尽到应尽的注意义务。交易相对人负担查询义务并非对其施加过于严苛的注意义务，随着未来全国统一数据产权登记系统的建立，交易相对人可迅速在登记系统上查询登记公示信息。依据罗森贝克的有利规范说，每一方当事人均必须主张和证明对自己有利的规范条件，相对人应承担善意的证明责任，但仅需提交查询登记公示信息的记录即可证明善意。[①]

五　数据产权登记的对抗效力

对抗效力是数据产权登记义务人得以主张的权利，相关事实一经登记公示，法律即推定相对人知悉该登记事实，数据产权登记义务人可以登记公示信息对抗交易相对人不知悉登记事实的抗辩。公信效力与对抗效力是公示效力一体两面的两种效力，对登记义务人和相对人均有约束性。公信效力旨在保护交易相对人的合理信赖，对抗效力是在保护相对人合理信赖的同时，实现登记义务人的利益均衡，防止因维护交易秩序而过分牺牲登记义务人的利益。秩序胜于公正，不公正胜于无秩序，基于对公平正义的价值追求，对抗效力以保护登记义务人为规范起点。[②] 站在数据产权登记义务人的角度，对抗效力赋予登记义务人一项对抗相对人不知悉登记事实的防御型权利。

（一）数据产权登记对抗效力的规范逻辑

任何交易都存在交易风险，数据交易也不例外，受数据产权立法缺失的影响，数据交易中信息不对称风险更为严重。公信效力为维护相对人的合理信赖，令真实权利人承担登记事实与客观事实不一致的风险，若利益的天平不公正地偏向相对人，将会严重阻碍数据的流通复用。对抗效力推定相对人知悉登记公示信息，是一种有效平衡登记义务人与相对人交易风险的法律路径，此路径能有效提升数据资源配置效率和实现交易成本最小化。此外，推定效力和免责效力为对抗效力的应有之义，可以统合进对抗

---

① 〔德〕莱奥·罗森贝克：《证明责任论》，庄敬华译，中国法制出版社，2018。
② 参见尹田《民法思维之展开》（修订版），北京大学出版社，2014。

效力。① 登记生效主义模式下，登记事实与客观事实通常相差无几，登记事实的准确性可得到有效保证。② 对于数据登记义务人而言，相关事实经登记公示后，即产生推定相对人知悉登记事项的效力，但推定效力不具有绝对性，有相反证据时可以被推翻。相对人在法律上被推定知悉登记公示信息，登记义务人履行登记义务后，即产生登记义务人免责的法律效力，证明责任由主张不知悉登记事实的相对人承担。

站在数据产权登记义务人的角度，对抗效力兼顾了登记义务人的利益需求，有效保障了登记义务人对登记公示的信赖利益。如果交易风险完全由登记义务人承受，数据产权登记义务人就会产生独占并防止他人利用数据的动机，并采取一定行为形成事实上数据的排他利用，阻碍数据的流通共享。③ 一方面，对抗效力会促使数据产权登记义务人积极地通过登记披露相关信息及修正错误信息，保障登记事实的真实性与准确性。另一方面，数据产权登记义务人得以登记事实对抗相对人不知悉的抗辩，由此也会促使交易相对人尽到合理的注意义务。相关事实未经登记公示就不能推定相对人知悉相应内容，但经登记公示后，相对人就负有查询登记信息的义务，不得主张不知悉登记公示信息。通过约束相对人的不道德行为，公允分配数据产权登记义务人与相对人之间的交易风险，有助于实现数据的开放共享和社会化利用。

因数据的可复制性与无形性特征，数据交易常以一对多的形式进行，而非采取有形财产一对一的交易模式，因此传统民事立法中禁止财产一物数卖的规则在数据交易中已不适用。④ 数据的价值在于利用，且利用主体越多，越能实现其作为新型生产要素的价值，数据交易反而更加鼓励数据的多重让与。⑤ 因此，数据产权登记对抗效力无法顺带性地被既有财产法塑造的登记对抗规则涵摄，数据的非独占性要求数据产权立法要为数据创设更契合自身特性的对抗规则。因有形财产物理上的排他性，传统财产法

---

① 参见邹学庚《〈民法典〉第 65 条商事登记公示效力研究》，《国家检察官学院学报》2021 年第 1 期。

② 参见梁慧星、陈华彬《物权法》（第七版），法律出版社，2020。

③ 参见杜牧真《数据要素治理的经济学分析》，湖南师范大学出版社，2024。

④ 参见叶敏、范馨允《数据产品经营权的生成逻辑与权利架构》，《数字法治》2023 年第 6 期。

⑤ 参见李建华《论企业大数据财产权私法构建的数尽其用原则》，《当代法学》2024 年第 6 期。

登记对抗规则主要解决财产多重转让的权利归属问题。而数据的非独占性决定了数据在现实层面可以被不同主体同时支配或控制，即一项数据可以并行不悖地存在数个主体的数据产权，不同主体的数据产权也可以指向同一数据。数据产权登记制度本质上就是对数据产权归属的登记，当完成登记时，便可对该数据享有权利，至于该数据上有无其他主体的权利在所不问，因此理论上数据产权的归属不存在对抗性。数据多重让与后，数据财产之上存在不同主体的数据权利，主体间的非竞争性利用行为不存在对抗性。若存在竞争性的利用行为，那么不特定主体对数据的利用就会受到该数据上其他主体排他权的限制。[①] 具体受到多少排他权的限制，依据《民法典》第 414 条的规定以登记时间的先后确定优先顺位，登记在先主体的排他权构成对登记在后主体利用数据的限制。因此，数据产权登记的对抗效力主要是对数据的竞争性利用关系进行调整。

（二）禁止或限制处分数据产权的约定经登记不具有对抗效力

《最高人民法院关于适用〈中华人民共和国民法典〉有关担保制度的解释》第 43 条规定，当事人禁止或限制转让抵押财产的约定经登记即产生对抗效力。学界对限制抵押财产转让约定的登记对抗效力褒贬不一，但司法解释已作出明确规定，第 43 条理应成为法官审理相关案件的裁判依据，约定限制抵押人处分权是否具有正当性不是本文探讨的重点。是否赋予约定禁止或限制数据产权人法律上的处分权登记对抗效力是值得讨论的问题，而讨论此问题首先需要回答禁止或限制的合意能否排除法律上的处分权。

具体而言，当事人达成禁止或限制的合意属于私法自治的范畴，契约自由是私法自治的基本权利，而权利的行使必然受到一定限制，即不得损害他人的合法权益。[②] 私主体原则上不具有限制或排除他人处分权的能力，不能通过合意限制数据产权人处分数据产权的自由。[③] 从比较法看，私主体间的合意亦不能对处分权构成限制。《德国民法典》第 137 条规定，处分某项可让与的权利的权能，不得以法律行为予以排除或者限制，即使限

---

① 参见杜牧真《数据难以确权的误区澄清》，《中国法律评论》2024 年第 4 期。
② 参见王泽鉴《债法原理》（第二版），北京大学出版社，2022。
③ 参见〔德〕迪特尔·梅迪库斯《德国民法总论》，邵建东译，法律出版社，2013。

制也仅具有债法上的效力。① 数据产权在权利层面并不排斥被数个主体共享，为保护任一主体对数据产权可让与性的合理信赖，私主体的合意不具有排除数据产权人处分权的效力。虽然当事人的合意不具有限制处分权的效力，但也不能据此认定该约定无效，该约定在当事人间产生合同法上的拘束力，违反约定可追究违约责任。

法律上是否赋予禁止或限制处分权的约定登记能力是需解决的另一个问题。约定如果对第三人产生对抗效力，那么此项约定必然要经过登记公示，这就转化为限制或排除处分权的约定能否记载于登记系统的问题，也就是该约定有无登记能力的问题。② 登记能力是一种可以纳入登记簿的资格，即哪些权利及相关事项可在登记簿中予以记载并产生一定的法律效力，因此禁止或限制处分权的约定能否通过登记公示取得对抗效力取决于登记能力的有无。③

是否在数据产权立法中赋予限制处分权的约定登记能力，要以数据产权立法的价值目标为出发点，并综合考量赋予其登记能力所带来的经济效益及数据后续流通利用的难度。如果能显著提升数据资源市场配置效率，实现数据社会化复用的价值目标，则有必要赋予其登记能力。但若带来显著负外部性效应，则没有必要承认限制处分权的约定登记能力。赋予限制处分权的约定登记能力虽然看似降低了数据流通的合规风险，但实际上即便没有此规定，数据交易安全也能得到有效保障，数据产权设立和变动采登记生效主义，登记系统完整记载了数据权利流转的任一节点。潜在数据需求方直接依登记公示信息即可确保数据来源合规，无须征得限制处分约定方的同意即可获取数据利用的合法性基础，赋予其登记能力加重了潜在数据需求方的交易成本与义务负担。此外，限制数据产权自由处分与"数据二十条"提出的促进数据要素流通复用的价值目标相悖，数据产权理应尽可能地流转至充分发挥数据要素价值效用的人手中。④ 因此，法律上没有必要赋予限制处分权的约定登记能力。

---

① 参见《德国民法典》（第五版），陈卫佐译注，法律出版社，2020。

② 参见刘家安《〈民法典〉抵押物转让规则的体系解读——以第 406 条为中心》，《山东大学学报》（哲学社会科学版）2020 年第 6 期。

③ 参见梅伟《论禁止或限制抵押财产转让的约定之效力——兼评〈担保制度解释〉第 43 条》，《中国不动产研究》2023 年第 1 期。

④ 参见王泽鉴《民法物权》（第二版），北京大学出版社，2023。

综上所述，限制处分权的约定无登记能力，无法通过登记公示产生对抗第三人的效力，仅在当事人间产生合同法上的约束力。

六　结语

数据产权登记制度是构建数据要素市场体系的基础制度，数据产权登记效力是数据产权登记制度功能实现的重要法律依托。对数据产权登记效力进行体系建构既是数据要素基础制度建设的重要任务，也是目前数据法学理论研究的共识。目前，实证法关于数据产权登记效力的规范基本处于空白，仅有的规定散见于试点地区的规范性文件中，学界对于数据产权登记效力的理论研究也相对薄弱且分歧较大。数据产权作为新型财产权，将其纳入登记制度范畴并作为数据产权登记的标的无先例可循，应在厘清数据产权登记行为性质的基础上，通过对数据自身特性的分析，构建我国数据产权登记效力类型。基于数据产权与不动产物权法律属性上的相似性，数据产权得丧变更参照适用不动产物权的效力规定，未经登记不发生法律效力。登记公示具有表征数据产权享有与变动的功能，因此数据产权登记具有公示效力，依据信赖保护主体的不同，公示效力可分为公信效力与对抗效力。以生效效力与公示效力构建我国的数据产权登记效力，不仅可以为数据产权登记效力这一问题提供一套逻辑规范的立法论解释视角，而且有益于解决司法实践中层出不穷的数据产权登记效力纠纷案件。

数字经济背景下数据资产担保规则研究

李畑昕　孔东菊*

摘　要： 数据资产担保作为新型担保形式，是数据资本化的重要举措。数据资产具有财产属性，其交换价值符合适格担保物的核心判断要素。囿于数据存在区分传统财产的特殊性、价值实现上的风险性等特征，其具体担保方式选择仍存争议，现行相关规则亟待完善。数据资产担保可在遵循担保基本原理的基础上，参照质押的担保方式，依托全国一体化的数据登记机构，实行登记要件主义和动态公示机制。同时，建立健全数据资产质押基本法律制度，建立统一的数据资产价值评估认定标准和体系及数据资产质押的多元保障机制，切实保障数据资产质权的有效行使。

关键词： 数据资产　担保制度　登记要件

数据成为当下最具有时代特征和最为核心的新质生产力。2022 年，《中共中央 国务院关于构建数据基础制度更好发挥数据要素作用的意见》（以下简称"数据二十条"）提出，要建立合规高效的数据要素流通和交易制度。数据资产担保作为数据要素流通和交易制度的重要形式，是盘活数据资产的有效机制。从具体商业实践来看，我国各地依托国家宏观发展方向的指导，勇于尝试以数据资产作为新型担保客体的融资新模式，以满足数据主体通过数据资产价值迅速变现实现社会再生产的现实需要。

---

* 李畑昕，安徽工业大学法学硕士研究生，研究方向为民商法、数据法；孔东菊，安徽工业大学公共管理与法学院副教授，研究方向为民商法学。

现阶段，国内学者现有研究主要集中于数据确权、数据安全治理、数据流通与交易等方面，数据资产担保的相关研究成果寥寥可数。概言之，数据资产担保仅源于实践层面的有益探索，尚未在国家法律层面落实，难以为数据资产担保提供科学的理论支持，主要表现为数据资产属性具体为何、数据资产是否具备担保适格性、数据资产担保实践路径如何构建等关键问题。有鉴于此，本文拟在解释论的视角下，基于《民法典》担保制度的相关规定，为数据资产担保提供合法性论证，以期对我国构建数据资产担保制度有所助益。

一 数据资产的法律定位

（一）数据资产的内涵解读

厘清数据资产的内涵是构建数据资产担保制度首先要阐明的基础性问题。"数据资产"这一术语最早由美国学者理查德·彼得斯（Richard Peters）于 1974 年提出，[①] 与数智时代数据资产的应有含义有所差异。信息成为经济主体所需的同财务资源、自然资源等等同的重要资源，"信息资产"应运而生。之后，"数字资产""数据资源"等相关概念便顺势产生。[②] 随着大数据时代的来临以及算法技术的商业化利用，人们对数据资产的认识不断深入和扩展，并赋予其全新含义。

数据资产是以数字化、网络化、智能化为基础的新型资产，正日益成为推动数字中国宏伟蓝图构建以及加速数字经济蓬勃发展的关键性战略资源。目前，对于数据资产的概念尚未形成统一观点，主要存在以下四种观点：一是将数据资产定义为某项权益或权利，即由数据控制人享有的与数据有关的一切权益的总和，是信息财产的重要类型，[③] 或是法律形态上独立于个人信息的原初形态，具有特定功能或者利用价值的数据集合或者数据产品的数据资产权，[④] 抑或经济主体过去的交易或事项形成的、合法拥

---

① 理查德·彼得斯彼时将数据资产描述为"资产所有者持有的传统金融体系中的政府债券、公司债券和实物债券等有价债券"。See Petersonre, "A Cross Section Study of the Demand for Money: the United States, 1960-62," *Journal of Finance*, 1974, 29 (1), pp. 73-88.

② 叶雅珍、刘国华、朱扬勇：《数据资产相关概念综述》，《计算机科学》2019 年第 11 期。

③ 参见王玉林、高富平《大数据的财产属性研究》，《图书与情报》2016 年第 1 期。

④ 参见龙卫球《数据新型财产权构建及其体系研究》，《政法论坛》2017 年第 4 期。

有或控制的、在未来一定时期内为经济主体带来经济利益的、以电子方式记录的数据资源的权利；① 二是将其定义为某项数据资料或项目，即在一定的经济投入下，在经济循环过程中开发或专门记录下来，由生产、使用单位或个人所拥有，以物理媒介或电子媒介保存，可以直接或衍生供给数字化信息服务，能够带来经济或社会产出，且有一定规模、能够长期重复使用的数据资料、相关设备及信息系统，② 或是由机构单位为了特定用途专门开发或记录、以电子或物理方式储存、能够提供数字化信息服务、达到一定规模、有经济投入、有预期经济或社会效益且能够长期重复使用的数据资料、设备或集成项目；③ 三是将其界定为某项资产，即由企业拥有或控制的具有数据化形态、可辨认性、非知识产权性的非货币性资产，④ 或是拥有明确使用场景、明确经济所有权且能为经济所有者带来经济利益的数据，并且能够将反复或连续使用一年以上的数据作为生产资产；⑤ 四是将其定义为符合要求的数据资源，即利用现代计算机技术对用户行为信息以及公开信息或从合法渠道所获悉的相关信息，通过数据采集、数据挖掘、数据分析等活动所形成的，能够给企业带来价值或潜在价值的数据资源，⑥ 或是特定主体合法拥有或者控制的，能够进行货币计量的，且能带来直接或者间接经济利益的数据资源。⑦

在资产测度与计量的全球通行框架下，数据资产若要正式融入经济社会系统，成为衡量国民财富或企业资产的重要组成部分，必须通过国民经济核算与财务会计核算两大信息生成系统的检视与确认。从统计学的视角出发，数据资产被视作一种代表经济所有者（如企业、个人或国家）在一

① 欧阳日辉：《数据资产的金融属性及其实现路径》，《科技中国》2023 年第 11 期。
② 马克卫、王硕、苑杰：《数据资产核算应用研究：理论与实践》，《中南财经政法大学学报》2023 年第 5 期。
③ 李宝瑜等：《国家数据资产核算分类体系研究》，《统计学报》2023 年第 3 期。
④ 《数据资产入表及估值实践与操作指南》，上海数据交易所网站，2023 年 11 月 26 日，https://13115299.s21i.faiusr.com/61/1/ABUIABA9GAAglK2WqwYojJqLlQI.pdf；张俊瑞、危雁麟、宋晓悦：《企业数据资产的会计处理及信息列报研究》，《会计与经济研究》2020 第 3 期。
⑤ 参见许宪春、张钟文、胡亚茹《数据资产统计与核算问题研究》，《管理世界》2022 年第 2 期；贾小爱、郝紫英、王盼盼《SNA 框架下数据资产的识别、纳入与核算问题研究》，《调研世界》2024 年第 3 期。
⑥ 谭明军：《论数据资产的概念发展与理论框架》，《财会月刊》2021 年第 10 期。
⑦ 《数据资产评估指导意见》，中国资产评估协会网站，2023 年 9 月 8 日，http://www.sdicpv.org.cn/zhtz/5351.html。

定时期内通过持有或使用某实体所产生的即时且持续性的经济利益的价值储备①；而在会计学领域，资产则被定义为"企业过去的交易或者事项形成的、由企业拥有或者控制的、预期会给企业带来经济利益的资源"②。《企业数据资源相关会计处理暂行规定》（以下简称《暂行规定》）将数据资产定义为"按照企业会计准则相关规定确认为无形资产或存货等资产类别的数据资源"。但是，在国际会计准则的框架下，资产被阐述为"由过去事项形成，由企业实际控制的现有经济资源，该经济资源指的是未来可能产生经济收益的权利"③，这一界定强调资产是一种权利，突出资产的权利属性而非实物属性，深刻契合了数据资源日益凸显的独特性，尤其是数据资源的价值实现高度依赖权属转移和数据产品。2023 年 12 月，财政部发布的《关于加强数据资产管理的指导意见》也强调"保护各类主体在依法收集、生成、存储、管理数据资产过程中的相关权益"。据此逻辑，数据资产应被视为能够给数据控制者带来未来经济利益的某种特定权利，当然这种权利来源于国家或政府层面的法律规制与监管，且通过法律手段确认并赋予利用数据资源的合法权属。

综合上述现有研究，数据资产应符合资产会计核算的一般条件，还需考察权属确认、收益性以及能否准确地计量价值。因此，数据资产是以数据化形态存在的、由特定主体过去的交易或生产形成的、合法合理拥有或者控制的、成本与收益可计量评估且能带来直接或者间接经济利益的非货币性数据财产性权利。该定义结合学界现有研究做了四点变通：一是数据资产强调网络空间下的数据化形态，以排除纸张等物理载体记录的数据及相关设备或集成项目；二是本文所讨论的数据资产仅狭义上的大数据财产，并不涵盖数字货币等网络虚拟财产，源于《民法典》第 127 条规定的数据与网络虚拟财产为并列关系而非包含关系；三是强调数据资产贯穿全生命周期的理解，数据资产在不同阶段存在不同表现形式，即资源化阶段所收集的源数据、资产化阶段所加工的数据集、商品化阶段的数据产品，④

---

① 许宪春、张钟文、胡亚茹：《数据资产统计与核算问题研究》，《管理世界》2022 年第 2 期。
② 《财政部修改〈企业会计准则——基本准则〉》，中国政府网，2014 年 7 月 23 日，https://www.gov.cn/xinwen/2014-07/30/content_ 2726806.htm。
③ 罗玫、李金璨、汤珂：《企业数据资产化：会计确认与价值评估》，《清华大学学报》（哲学社会科学版）2023 年第 5 期。
④ 参见姚万勤、赵小勇《"权利束"视角下数据资产的刑法保护》，《法治研究》2024 年第 1 期。

当前我国数据要素市场处于初级阶段，数据资产的价值评估路径还处于探索层面，严苛的价值标准可能将某些当下价值特征不明显但蕴藏有用性的源数据排除在外；四是强调数据资产是一种财产性权利，数据资产的范围应既包括"数据二十条"所规定的数据资源持有权、数据加工使用权、数据产品经营权，又强调"有潜力产生经济利益的权利"，即数据的未来收益权[1]。

（二）数据资产的财产化分析

随着经济社会的发展和大数据技术的演进，财产实现由原子构成到知识信息再到计算机数据形式的扩张。[2] 数据资产所具有的财产属性逐渐凸显。有学者认为数据正在成为继有体物与智力成果之后可供人类支配与利用的，与物权、知识产权并列的新型财产。[3]

从理论层面探讨，"财产"一词在民法理论中存有多重判定标准。《德国民法典》未对财产直接规定，但是有学者提出财产是"所有具有金钱价值的权利"[4]；美国学者认为，法律意义上的财产应具备价值性、排他性和可转让性[5]；国内有学者认为，财产的范围扩及所有具有经济价值且具有可让与性的权利；[6] 还有学者认为，财产具备对象性、可支配性，还要有经济价值。[7] 由此可见，财产的判断标准不论是在域内还是域外均未形成共识。基于求同存异的分析理路，财产应具有经济价值，即能满足人们经济需求且能通过金钱衡量。同时，财产还应为存在于主体意志之外的客观实在事物，能够被主体支配与转让。数据资产因数据处理者收集加工而产生，当原始数据被数据处理者获取时，原始数据的不确定性认知

---

[1]　资产经济收益的确认标准应满足当前社会发展情况以及其相关性和如实反映的要求。国际会计准则理事会（IASB）于 2018 年修订的《财务报告概念框架》将资产定义为，主体由于过去事项而控制的现时经济资源，经济资源指"有潜力产生经济利益的权利"。

[2]　参见杜牧真《论数字资产的财物属性》，《东方法学》2022 年第 6 期。

[3]　参见张新宝《论作为新型财产权的数据财产权》，《中国社会科学》2023 年第 4 期；冯晓青《数据财产化及其法律规制的理论阐释与构建》，《政法论丛》2021 年第 4 期。

[4]　〔德〕卡尔·拉伦茨：《德国民法通论》，王晓晔等译，法律出版社，2003。

[5]　〔美〕理查德·A. 波斯纳：《法律的经济分析》，蒋兆康译，中国大百科全书出版社，1997。

[6]　参见高圣平《民法典担保物权法编纂：问题与展望》，《清华法学》2018 年第 2 期。

[7]　参见吴汉东《财产权的类型化、体系化与法典化——以〈民法典（草案）〉为研究对象》，《现代法学》2017 年第 3 期。

便随即消除，数据资产得以分离和确定。在技术的支撑下，数据处理者通过技术和法律的"无形的手"对数据资产进行事实上的控制或者支配，"并且与他人所控制的数据相区分，成为数据处理者所控制的财产"①。数据资产能够在具体应用场景中进行交易，为包括数据处理者在内的各类数据主体直接和间接创造经济价值。从实践层面来看，当前立法虽未明确规定数据资产可符合财产之标准，但"淘宝诉美景案""微梦诉饭友案""蚁坊诉微梦案"② 等司法实践均认可了企业实际持有的经过聚合分析与深度开发的数据是"事实财产"，此类数据是可以由企业实际控制并使用的财产。

关于数据资产还应讨论是否具备排他性特征的问题。"互联互通"是数据时代的底层逻辑，数据天然具备非独占的公共物品属性和共享利用的"非排他性"与"非竞争性"③，但并不排斥数据资产利用结果是"排他"的④。数据资产利用结果的排他性，与传统意义的独占排他不同，并不表现为传统占有对背后本权的保护和绝对排他性。传统财产的价值对于特定人或不特定多数人均具有共同的价值期待基础，但只有权利人可自然获得其独断性价值。倘若对数据设置绝对排他性权利，那么便从根本上排除了其他主体的平行及深度开发，阻滞数据资源的优化配置，从而陷入"反公地悲剧"困境。⑤ 因此，数据资产化是以数据处理者的成本投入和聚合分析为逻辑起点的，无论是基于洛克的劳动赋权理论，⑥ 还是从数据要素的生产投入激

---

① 郑佳宁：《数字经济时代数据财产私法规制体系的构塑》，《学术研究》2021 年第 6 期。

② 淘宝诉美景案参见（2017）浙 8601 民初 4034 号判决书；微梦诉饭友案参见（2019）京 73 民终 2799 号判决书；蚁坊诉微梦案参见（2019）京 73 民终 3789 号判决书。

③ 既有讨论认为数据具备"非排他性""非竞争性"。参见丁晓东《论企业数据权益的法律保护——基于数据法律性质的分析》，《法律科学（西北政法大学学报）》2020 年第 2 期；梅夏英《在分享和控制之间 数据保护的私法局限和公共秩序构建》，《中外法学》2019 年第 4 期；纪海龙《数据的私法定位与保护》，《法学研究》2018 年第 6 期。

④ 有学者认为数据的利用结果是"排他"的，参见沈健州《数据财产的排他性：误解与澄清》，《中外法学》2023 年第 5 期；也有部分学者认为数据制作者对数据财产具有有限排他效力，参见吴汉东《数据财产赋权的立法选择》，《法律科学（西北政法大学学报）》2023 年第 4 期；还有学者认为数据信息财产具备对世性与排他性，参见郑佳宁《数据信息财产法律属性探究》，《东方法学》2021 年第 5 期。

⑤ 参见彭辉《数据权属的逻辑结构与赋权边界——基于"公地悲剧"和"反公地悲剧"的视角》，《比较法研究》2022 年第 1 期。

⑥ 参见蔡伟钊《数字经济时代企业数据的法律保护与模式构建》，《社会科学家》2023 年第 12 期。

励考虑，^① 抑或交易成本理论的分析，^② 赋予数据处理主体及数据的整体继受者享有数据一般财产权是必要的，^③ 衍生或交易的数据资产具备排他性也是合理的。在流通交易过程中，他人因数据的公共性而妨害数据处理者对数据资产权益之用益效能的行为，固然阻碍数据深度挖掘与复用流通。数据的排他性范围不应仅着眼于利用过程的共享性，还应着眼于其表现的有限性、弱稳定性及基于场景的财产利益衡量之全局。^④ 概言之，数据资产实质上是基于社会公共利益宗旨而赋予个体的有限排他利益。

归纳可知，数据资产符合作为财产所要求的经济价值、独立性、可控制支配性和有限排他性条件，现有理论研究与司法实践层面均一定程度上对数据资产的财产属性予以肯定。

二　数据资产的担保适格性之证成

数据资产担保是指将企业合法控制的数据资产作为民事担保权利客体，实现资金流动和价值变现的法律关系。数据资产是否具备担保适格性，当前在规范与理论层面均未达成共识，基于担保物适格性的核心要件、数据资产可担保的有利特征以及数据资产担保的具体实践分析，本文认为数据资产具有担保适格性。

（一）数据资产具备担保财产适格性的核心要件

1. 担保财产适格性的核心要件为交换价值

数据资产是否具备担保财产适格性，应以明晰担保财产的适格标准为关键。《民法典》物权编虽未对担保财产作出一般规定，但采用正反面相结合的罗列清单方式界定财产的担保能力，使更多财产（权利）的交换价值得到利用。^⑤ 从国内现有理论层面分析，有学者认为担保权作为价值权，

---

① 参见熊丙万《论数据权利的标准化》，《中外法学》2023 年第 5 期；许可《从权利束迈向权利块：数据三权分置的反思与重构》，《中国法律评论》2023 年第 2 期。

② 参见申晨《论数据产权的构成要件基于交易成本理论》，《中外法学》2024 年第 2 期。

③ 参见熊丙万《论数据权利的标准化》，《中外法学》2023 年第 5 期。

④ 参见周樨平《大数据时代企业数据权益保护论》，《法学》2022 年第 5 期。

⑤ 高圣平：《民法典担保物权法编纂：问题与展望》，《清华法学》2018 年第 2 期。

以支配标的物的交换价值为实质特征，① 非以物权法定原则作为否定财产担保能力的挡箭牌；② 还有学者认为担保物权重在实现担保财产的交换价值，不应特别关注担保财产的物理形态，凡有交换价值且方便变价的财产，皆可成为担保物权的客体。③ 在比较法上，《美国统一商法典》第九编开创性地采纳了担保财产的开放原则，通过引入"其他客观上能够识别担保财产的任何方式"的灵活兜底条款，赋予当事人"财产上设置合意描述"的选择权，④ 打破了传统担保法对担保物形式的严格限制。担保权益的设定范围在这种对担保财产的概括描述方式下得到了极大的扩展，几乎覆盖了所有具有交换价值的财产类型，甚至包括尚未实际存在的预期财产。对此，有美国学者认为，债务人所担保的财产并非仅强制合乎可计量的、可变现偿还、有升值能力、对债务人有意义、易于监管以及可以转让的六项基础特征，⑤ 更注重担保财产具备交换价值以保障债权人债权实现。日本学者也认为担保标的物重在具备交换价值，但不必一定为有形物。⑥由此可见，现有理论观点与比较法均认为担保财产适格性的核心要件为交换价值。

2. 数据资产具备交换价值的理论支持与现实依据

数据资产是由企业通过合法手段获取并实现原始数据"量"或"质"的价值积累之结果，是凝结着无差别的人类劳动的财产，具有交换价值。基于经济学与法理学的双重视角分析，数据资产符合马克思劳动价值理论及民法添附制度的价值取向。马克思劳动价值理论中商品价值创造主要表现为，劳动是价值创造的过程，劳动者是价值创造的主体，商品是劳动产品和价值创造的客体。⑦ 作为新型基本生产要素，数据需要实际投入社会化大生产过程与生产资料相结合，才能实现从潜在生产要素向现实经济价值的转变。数据资产凝练着无差别的人类劳动，并非像土地等自然领域的

---

① 参见高圣平《动产让与担保的立法论》，《中外法学》2017 年第 5 期；刘保玉《民法典担保物权制度新规释评》，《法商研究》2020 年第 5 期。
② 参见谢鸿飞《财产的担保能力：限制与扩张》，《社会科学辑刊》2022 年第 6 期。
③ 孙鹏、杨在会：《担保财产之概括描述与合理识别》，《社会科学研究》2022 年第 1 期。
④ 参见谢鸿飞《担保财产的概括描述及其充分性》，《法学》2021 年第 11 期。
⑤ See Dyal-Chand, Rashmi, "Human Worth as Collateral," *Rutgers Law Journal*, 2007 (38), pp. 797–799.
⑥ 参见石田交次郎『民法大要·担保物権』（有斐閣、1939 年）1 頁。
⑦ 胡莹：《数字资本主义与劳动价值论的新课题》，《经济纵横》2021 年第 11 期。

产物，而是数据处理者利用新兴科技收集与算法聚合处理，将数据从海量数字符号中分离出来并融入数据处理者的脑力和体力的多样化数字劳动，从而使数据成为新型财产类型并实现价值增值。同时，在碎片化的个体数据基础上，数据处理者投入劳动资本的行为，与《民法典》所规定的物权添附制度中的"加工"非常相似，数据处理者的"加工行为"可形成新的数据资产或实现数据价值增值。同时，熊彼特所提出的经济创新理论也印证了数据资产具备交换价值。熊彼特认为"将以往从来没有过的一种生产要素和生产条件结合形成'新的组合'，从而建立一种全新的生产函数"。[①]数据资产是数据处理者由数据潜在利益追求驱动的创新结果，即数据处理者出于对价值增长和效益提升等潜在利益的追求，将数据作为新型生产要素投入生产过程，发挥其对经济增长和社会发展的促进作用。国家强调加快建立数据资源交易流通等基础制度和标准规范，将"建立健全数据要素市场规则"作为"十四五"规划纲要的重要章节。因此，数据资产化过程中产生的数据凝结着无差别的人类劳动的价值和使用价值，这足以证明数据资产蕴含交换价值。

有价值的数据从来都是稀缺的，成为数据资产具有交换价值的正当性基础。稀缺性是决定价值的重要因素之一，数据资产具备"天然稀缺性"和"拟制稀缺性"。从事实角度而言，数据资产并非常规性资源，绝大多数数据主体所掌握的数据往往是碎片样态的，而非完整样态的数据链或数据集，自然将数据潜在价值外化为数据主体所需的经济效益和社会效益，此时便产生了有效数据供给的相对有限性与企业需求的日益扩张性之间的矛盾。作为数据大国，我国大数据产业发展驱动数据要素市场需求爆发，但国内大部分数据未发挥应有价值，并且在数量和质量上还远不及国际英文公开数据。加之数据资产需要通过I/O设备呈现，并非像传统资产般自然存在，数据资产服务平台的运营和维护成本高，需要数据仓库和数据湖存储。例如，每年阿里巴巴集团EB量级的数据管理存储成本高达数十亿元。高质量数据集的缺乏以及数据处理者的数据生产成本极高，有力地证明了数据资产已成为一种稀缺资源。从法理学角度而言，某项资产具备经济价值并不必然意味着其能够直接转化为法律所调整的具有使用性价值的

---

① 侯彬、邝小文：《熊彼特的创新理论及其意义》，《科学社会主义》2005年第2期。

"拟制稀缺"财产。[①]法律对数据的调整与保护，往往超越单纯的经济考量。作为"21世纪的黄金与石油"，数据具有的潜在价值是巨大的，但如果海量原始数据可以被任何人自由获取，无需法律对其加以规制，不仅会造成数据交易市场紊乱，还会导致数据安全危机。基于价值判断与现实需要，数据资产应具备基于法律的人为制造出来的稀缺性，立法者须通过立法对数据资产赋予恰如知识产权的专属权益。概言之，数据资产本质上是具有稀缺性的无形资产，必然蕴藏交换价值。

（二）数据资产具备担保财产适格性的特征

1. 数据资产独立性是数据资产可担保性的重要特征

所谓数据资产独立性，是指数据资产能够与人、物相区分，并能够独立分离出来，完整地移转与流通的特性。对于数据资产独立性的判断，来自数据资产的自然属性、社会经济观念及法律层面。其一，数据资产是二进制数据符号的价值化反映，无法与其存储载体脱离，但数据资产价值实现并非其依托的物理载体的交换，而在于其作为独立的"自在之物"进行流通和复用；其二，数据资产的独立性是数据要素可进行市场化配置的基本条件。数据作为新型生产要素，能够参与社会化生产过程，创造独立的商业价值，可以在市场中形成竞争优势，甚至出现市场垄断；其三，数据资产与其载体形式是两个相互独立、并行不悖的实体，各自承载着独特的利益诉求，并受到不同法律领域的调整，在规范体系上存在本质的差异，各自遵循不同的法律原则与框架。[②]数据资产的控制主体能够按照自己的意思，以自己的名义独立进行数据交易和转移活动，并享受权利，承担义务和责任。

2. 数据资产的价值可计量性是担保的基础

数据资产的价值能够可靠计量主要表现为能够提取数据价值的成本和预期价值的可度量性。《暂行规定》将"数据资源"视为一种资产纳入财务报表，即表明数据资产的经济价值可以货币量化，能够为企业带来经济收益。与传统资产相比，数据资产的价值评估方式具有多样性和复杂性，

---

① 参见冯晓青《数据财产化及其法律规制的理论阐释与构建》，《政法论丛》2021年第4期；李扬、李晓宇《大数据时代企业数据权益的性质界定及其保护模式建构》，《学海》2019年第4期。

② 参见郑佳宁《数据信息财产法律属性探究》，《东方法学》2021年第5期。

既要考虑数据资产的初始计量，又要考虑数据资产的后续计量。[①] 因此，应针对不同情况采用公允价值、现值和历史成本三类不同的计量模式对数据资产进行初始计量和后续处理。[②] 在《暂行规定》框架下，首先应采用成本法将数据资产的初始计量确认为表内资产（无形资产或存货），而后续价值计量则可根据未来收益选择收益现值法或成本法确定。此外，国内外数据交易平台为推动数字资产交易市场发展，也探索出不同的计量定价方式[③]。由此观之，数据资产可以被价值评估、可货币计量是必然的。

3. 数据资产的可流动公示性为担保提供保障

分析数据资产的担保适格性还需回答另外一个关键问题，即从公示角度看数据资产担保是否具有可操作性。现代私法最重要的价值功能就是维护交易安全，担保公示是确保担保效力及保障交易安全的必要手段。数据资产作为依托算法技术产生的无形资产，必然具备可公示性。我国目前已经确立算法公示（备案）及算法解释制度。[④]《互联网信息服务算法推荐管理规定》规定了算法备案的义务主体和公示公告义务，为数据提供了公示和验证的机会。同时，我国建立多家具有"登记便捷性、专业权威性、技术先发性"特点的数据交易平台，如北京国际大数据交易所、上海数据交易所的数据交易平台通过授予具有权威性和公信力的数据登记证书（凭证）和建立数据信息披露制度，实现对数据资产的"社会性观念公示"。

三　数据资产担保面临的三重困境

（一）数据资产担保的第一重困境：在价值实现上更具风险性

数据资产具有经济价值已成为不可否认的事实，但在价值实现上与传

---

① 参见黄丽华等《关于构建全国统一的数据资产登记体系的思考》，《中国科学院院刊》2022 年第 10 期。

② 参见张雪、刘艺琦、吴武清《数据资产会计计量研究——以大数据企业为例》，《财会通讯》2022 第 19 期。

③ 例如日本数据交易平台 Data Plaza 采用固定定价法，美国数据库服务商 Factual 采用差别定价法，我国中关村数海大数据交易平台、上海数据交易所和长江大数据交易中心等采用协商定价法，浙江大数据交易中心和贵阳大数据交易所等采用自动计价法。

④ 参见赵精武、陆睿《从公示到透明：算法公平的风险挑战与治理路径》，《暨南学报》（哲学社会科学版）2023 年第 9 期。

统资产相比更具风险性。首先，数据资产本质上是海量数据代码以不同形式组合而成的，具有非实体性和物理依托性。数据资产不具备特定实物形态，其价值的实现需要依附物理媒介。若其丧失依托介质，数据资产本身随即消亡，价值也成为"过眼云烟"。其次，数据的可复制性和同一性在一定程度上加剧了价值实现的风险。在数据要素流通过程中，数据资产可以快速地以近乎零成本的方式进行复制，可供多人同时使用和多次循环使用。分散式频繁使用同一数据资产不存在实体性的贬值和消耗，可实现纵向流通的同一性。同时，数据企业存储于介质中的同一份数据的多个副本之间是一致的，具有横向存储的同一性。换言之，担保权人并不能完全掌握数据资产，无法实现对特定数据资产的实际控制。因此，数据资产一旦被他人非法使用，虽然不影响原有数据的使用价值，但这不仅增加了原有数据主体所持数据资产的变现风险，甚至对原有数据主体产生连带责任风险。最后，数据作为一种全新的生产要素，类比石油等传统生产要素，石油的经济价值常常受到外在环境以及政策的干预，数据自不必说也存在价值减损风险。所谓数据资产担保的价值减损风险是指因被担保的数据资产遭受市场波动、技术更替、政策调整等因素，使担保权人在债权未获得清偿时，数据资产价值受偿的权益减少或丧失的危险。数据资产虽在当下面临"供不应求"的市场地位，但其价值的实现与应用场景密切挂钩，并且受限于内生的算法技术发展和外部的政策环境。不同的算法技术与政策框架对数据资产的开发与使用的限定不一，也会影响数据价值。数据资产的价值实现还表现在供给双方的商业信息对称性，以及价值衡量标准统一性方面。同一数据资产应用于不同行业或企业时，往往在预测精准度方面具有显著的差异性，这种差异直接导致价值衡量标准难以统一。各行业之间的业务模式、市场环境、数据解读能力及应用场景等因素千差万别，即便是同一数据资产，带来的价值和预测效能也会大相径庭。为此，数据资产经济价值之实现需要数据资产所能提供的分析或预测等功能与相对方的需求对口。[①] 另外，数据本身具有时效性，所谓数据的时效性指数据的即时生命价值。如果数据处理者对数据的采集、处理等不及时，导致数据样本不全面或不连续等，数据自然失去即时生命价值和经济价值。担保制度是

---

① 参见林彦佐《数字经济背景下数据资产担保规则研究》，《中国矿业大学学报》（社会科学版）2023 年第 5 期。

为实现担保权人债务而产生的，任何担保财产均存在价值实现的风险，但从某种程度而言，数据资产价值实现的风险性更不可控。因此，数据资产能否实现价值、在何种程度上实现价值存在不可预测性。

（二）数据资产担保的第二重困境：担保路径选择不清

进行数据资产担保交易的前提是明确设定何种担保类型，是抵押还是质押，抑或二者兼有，学界和实务界并未达成共识。现阶段，我国各地的数据资产信贷融资实践存在抵押①与质押②兼有的局面，关于数据担保交易的文件规定表述亦存在抵押和质押用法不一情况。例如，深圳市发展改革委发布的《深圳市数据产权登记管理暂行办法》采用"抵押"一词表述数据资产可融资担保；而《贵州省数据流通交易促进条例》则采用"质押"一词表述数据资产可融资担保。

对于数据资产采取何种担保方式，不少学者肯定"数据抵押说"③，也有不少学者支持"数据质押说"④。肯定"数据抵押说"的观点认为，一方面，企业数据区别于实物抵押，数据资产不属于《民法典》第440条第7项明文规定的可以设定质押的其他财产权利，而是属于动产性财产权利，应纳入《民法典》第395条规定的法不禁止的其他财产，适用动产抵押的规则，并通过登记或经由技术手段进行控制、公示；另一方面，数据作为抵押物，

---

① 数据资产担保采取抵押方式，例如2024年8月，西部数据交易中心联合华夏银行重庆分行，创设"数据资产挂钩抵押贷款"，为重庆两江智慧城市投资发展有限公司发放贷款130万元。

② 数据资产担保采取质押方式，例如2022年10月，北京银行城市副中心分行成功落地首笔1000万元数据资产质押融资贷款，质押财产为债务人佳华科技持有的两个大气环境质量监测和服务所涉及的数据资产，评估价值达到6000多万元；2023年9月，福建海峡银行成功落地福建省首笔数据资产质押贷款，为福建省大数据集团有限公司下属福茶网科技发展有限公司提供1000万元贷款，质押财产为债务人持有的茶产业生态数据；2024年3月，中国建设银行上海分行与上海数据交易所深度合作，发放了首笔基于上海数交所"数易贷"服务的数据资产质押贷款，质押财产为数据中心运维大数据。

③ 参见谢鸿飞《财产的担保能力：限制与扩张》，《社会科学辑刊》2022年第6期；李海舰、赵丽《数据价值理论研究》，《财贸经济》2023年第6期；杨竺松、黄京磊、鲜逸峰《数据价值链中的不完全契约与数据确权》，《社会科学研究》2023年第1期。

④ 参见汪文张、李筱涵《数据资产化的理论基础及实现形式研究》，《当代经济研究》2022年第12期；刘小钰、许永国、王建平《数据资产的价值实现：跨市场融合与质押担保应用》，《金融市场研究》2024年第3期；费建翔《大数据时代数据质押融资模式研究》，《经济研究导刊》2019年第27期；邹宗峰、佐思琪、张鹏《大数据环境下的数据质押供应链融资模式研究》，《科技管理研究》2016年第20期。

既能有效缓解数据处理者在售价、处理与收益之间的期限错配，还可以有效减少事前逆向选择、事后道德风险与状态证实成本以及不完美的合同执行，从而保障抵押权人实现债权。若数据资产抵押人不能及时偿还债务，可通过司法机构进行破产清算，将数据资产放在数据交易市场上拍卖。

持"数据质押说"立场的学者则认为，从数据资产的特殊性和满足数据资产的利益最大化角度看，数据资产在担保方式上选择质权人"直接用益"、出质人"间接用益"的"用益质权"或许是最佳方案，并以登记作为生效要件。[①] 数据质押既可解决中小数据企业的融资成本小、融资门槛低的困境，也能应对供需双方因交易信息不透明、不对称产生的信任危机，从而实现交易双方互利共赢。部分学者认为数据资产的拥有者或控制者可在数据资产的所有权、使用权上设立质押权并参照动产质押的规则，采登记对抗主义。[②] 还有学者认为数据质押更类似于权利质押，[③] 可引入登记制度予以操作，实现数据资产在法律上的"转移占有"。由此可见，数据资产担保路径选择尚存争议，但不可否认的是数据资产担保适用于现行民事担保制度，可在现有制度中寻求依据。

（三）数据资产担保的第三重困境：相关规范不健全

当前，中国数据要素交易市场正处于探索与转型阶段，包括数据资产担保制度的数据要素交易机制亟待完善。目前，我国数据资产担保交易依据与实施机制的不完善，主要表现在以下方面：其一，数据资产交易的现有规则依据层级较低且规范性较弱，主要以"数据二十条"等政策为指引，以《上海市数据条例》《江苏省数字经济促进条例》等地方性法规，以及贵阳大数据交易所《数据要素流通交易规则（试行）》等交易机构发布的业务规则为规范载体。其二，没有统一的数据资产价值评估认定标准体系。统一的数据资产价值评估认定标准体系的缺失，导致数据资产价值评估难度不断增大，特别表现为质量、效益以及价值区域性差异明显。同时，各地数据资产交易机构或价值评估企业如雨后春

---

① 董泽瑞：《企业数据担保的法律适配路径》，澎湃新闻，2023 年 11 月 21 日，https：//m. thepaper. cn/baijiahao_ 25383310。

② 汪文张、李筱涵：《数据资产化的理论基础及实现形式研究》，《当代经济研究》2022 年第 12 期。

③ 纪海龙：《数据的私法定位与保护》，《法学研究》2018 年第 6 期。

笋般涌现。我国现存数据交易机构分为以上海数据交易所为代表的由政府主导的大数据交易中心和以阿里天池为代表的由数据交易企业主办的数据交易场所。对比两类主要数据交易场所，前者的权威性与公信力自不必说，而后者所评估交易的数据资产的价值存疑。其三，我国民事担保制度奉行"公示和公信原则"，以达到担保财产权利的存在或变动能够被外界所知晓之公开效果，但是我国数据资产担保制度尚未构建，没有数据资产担保登记的统一机构和标准。目前，大部分地区的数据登记机构职能主要由区域性数据交易所承担，地方数据交易产生"数据壁垒"与"数据孤岛"。

四　数据资产担保的法律路径选择与实践机制

（一）路径选择：数据资产设质实现价值融通

数据资产担保路径选择应是科技逻辑和法律逻辑的深度耦合之结果。在将物权法定原则奉为圭臬的大陆法系中，囿于传统担保制度的规范本体，将兼具物权属性与知识产权属性的新型数据财产直接归于《民法典》担保物权分编规定的典型担保财产之范畴难免有无效之虞。为了避免未来在数据资产担保普遍开展后可能带来的法律风险和适用难题，维护数据资产担保市场的稳定和秩序，辨析数据资产应选择"抵押"或"质押"尤为重要。

传统的不动产与动产设立抵押时，抵押权的客体能够不通过转移占有达成担保财产用益属性在不同主体间实现，仅着眼于物的交换价值，以物转让的货币来担保债权的优先受偿。抵押权的设立以具有担保法律关系的双方存在相似的价值预期，即担保财产稳定的交换价值足以保障债权的实现为基础。但是，数据具有动态性、易变性以及潜在价值的高度依赖性，在价值实现上具有相较于传统财产的强风险性和不确定性，单靠具有担保法律关系的双方很难实现对数据资产未来交换价值形成一致且稳定的预期，担保权人单纯的担保效力很难控制数据资产的交换价值。

质权的设立则是通过转移占有质押财产，实现质权人对质押财产的实际控制，以达到公示目的。数据资产本身具有可复制性和同一性，在流通方式上存在隐蔽性，数据处理者可轻易对数据进行备份。对于动产质权人而言，欲通过移交数据资产的方式实现动产质押所要求的"转移占有"可谓是"痴人说梦"。虽然目前实践中已有采用"数据安全岛＋质押"的方式，但该方式主要依靠监管方的公共性监管，公共监管质量则取决于受监管方的管理能力和监管人员履责程度。可见，数据资产担保选择动产质押路径已存弊病。

"数据二十条"在国家政策层面表达了确立数据资产的"权利束"式分置权利体系，[①] 为担保路径选择提供了政策指引。"三权分置"印证了多个数据参与方对该数据的财产性权利的同时共享利用，即表现为数据资源持有权和数据产品经营权的资产处分权能，以及数据加工使用权的数据使用权能。因此，数据资产担保并非数据本身的担保，而是强调数据财产权利的担保。对此，数据资产担保形态可借鉴设立权利质权之方式，在遵循担保制度原理的基础上寻找依据。另外，囿于数据资产为不特定限定的财产，需要采用登记制度以符合"公示和公信原则"。在数据资产担保实践中，从数据价值核查到产权质押与流转的全过程均需及时公示信息。因此，在数据资产担保让渡中，数据处理主体及数据的整体继受者可通过设立数据质权的方式实现数据资产的价值流通，通过对数据财产权利的质押登记等方式对外公示整体转让的事实。

（二）实践机制：建立健全数据资产质押相关规则

1. 明确数据资产的法律地位

碍于数据资产的法律属性仍未在立法层面得到明确的现状，数据资产质押可能与物权法定原则相悖。当前多数学者主张消解物权法定原则的副作用，以开放心态接受适应经济发展的新型财产权质押方式。[②] 然而，对物权法定原则的缓和仅停留在理论层面，物权法定原则依然是我国物权法的基础。因此，在符合物权法定原则的前提下，综合当前数据要素交易市场发展现状，预先通过司法解释的方式确认数据资产作为财产性权利的法律地位，然后将数据资产纳入权利质押客体范围，等待理论进一步深入研究与立法技术成熟时转化为成文化条款，并逐步完善相关具体规则。

---

① 参见王利明《论数据权益：以"权利束"为视角》，《政治与法律》2022年第7期。
② 王利明：《担保制度的现代化：对〈民法典〉第388条第1款的评析》，《法学家》2021年第1期。

2. 数据资产质押的绝对禁止和相对禁止

《数据安全法》第 21 条明确规定数据分类分级保护机制，以维护国家主权、安全和发展利益。数据是信息的承载基础，数据资产虽作为已经匿名化脱敏后的数据集合，但不可轻率地脱离法律限制，应明确数据资产质押的内容范围，包括绝对禁止和相对禁止质押的数据类型。其一，含涉国家安全、国民经济命脉、重要民生以及重大公共利益内容的数据资产应排除质押之可能。随着大数据技术发展与各国对数据资源的依赖增强，对数据的占有和利用成为国家间竞争与博弈的关键环节，数据主权原则成为数据安全利用的基本遵循。[1] 因此，数据资产在设立质权时，要遵循总体国家安全观，审慎按照国家数据分级分类标准评估客体适格性。将涉及高度国家机密与安全的数据资产列入禁止作为质押客体清单。其二，涉及公共通信、水利等关键信息基础设施领域的数据应列入相对禁止质押类型。根据《网络安全法》和《数据安全法》之规定，该类数据资产在作为质押客体时应向有关机关进行申报备案，实现国家公权力对数据资产利用的全面审查效能，从根源上杜绝泄露国家安全数据的危险行为。其三，涉及违反公序良俗与违背社会公德的数据资产同样应当排除设立质权之可能。数据资产生成于人类的指令设计，是无差别的传感器收集与算法处理之结果，不可避免地存在算法歧视、诱导风险和信息侵权等问题。数据资产设立质权前应当协同各部门严格进行安全审查，避免歧视性、风险性数据资产进行质押交易，确保数据风险处于可控范围。[2]

3. 建立统一的数据资产价值评估认定标准体系

数据资产质押的前提便是对其经济价值进行准确的评估认定，数据资产价值评估是一个复杂而又重要的问题，需要综合考虑数据资产的内在价值、应用价值以及供需双方等多方面因素。为有效提升数据资产的流通性，亟须建立统一的数据资产价值评估认定标准体系。首先，设立专门的数据资产价值评估（服务）机构，弥合供需双方因对数据资产价值认知偏差而产生的差异化评估问题。其次，结合数据资产场景化应用与动态变化等特征，建立"以市场定价为主、政府干预定价为辅"的定价体系。政府

---

[1] 参见齐爱民、盘佳《数据权、数据主权的确立与大数据保护的基本原则》，《苏州大学学报》（哲学社会科学版）2015 年第 1 期。

[2] 参见商建刚《生成式人工智能风险治理元规则研究》，《东方法学》2023 年第 3 期。

出台数据资产定价行政法规，制定数据资产定价目录清单，统一数据资产类型化定价标准和价值效力期限。[①] 最后，数据资产价值评估（服务）机构要对数据资产的内容合法合规性、价值真实性、先权利是否冲突等方面进行严格审查。评估（服务）机构可依据数据资产的类型和特征，以及数据资产的生命周期、市场竞争状况等方面，选择合适的计量和定价标准，为数据资产出具实质性价值审查和评估报告，为数据资产设立质权奠定基础。

4. 数据资产质押合同的特殊约定

数据资产作为一种不同于传统特定财产的动态资源，其内在价值在质押期间可能经历显著变动。合同是最灵活有效的资源配置工具，以市场为导向的合同是分配交易风险、确保数据交易安全的重要手段。[②] 双方当事人应签订数据质押合同，并且应在一般性质押合同的法律条款基础上明确特殊性条款。其一，价值调整条款。质权方与出质方在设立质押关系时，应认识到数据资产质押期间可能因相关政策、行业、环境变化等因素导致价值波动，因此，应事先约定灵活的价值调整机制，并要求债务人及时采取补充担保措施。若债务人没有及时采取补救措施，债权人将依据违约处置条款加速债权到期并要求提前清偿债权。其二，数据质量保障与价值维护条款（数据资产出质人责任条款）。根据《民法典》的规定，财产权利在质押期间，所有权由出质人依法持有，质权人有妥善保管的义务。数据资产作为质押财产具有一定特殊性，实践中出质人能够以登记凭证等形式证明其对数据资产拥有所有权或控制权，而数据资产的价值状况则受到相关政策、行业、环境变化的影响，甚至导致价值量骤减。另外，数据依托物理存储载体，且存储设备常不由质权人直接管理。因此，质权人与出质人应就数据的有效管理（含备份、存储、访问、监管等）进行明确约定，以保障双方权益。其三，数据资产信息更新条款。数据资产质押期间，出质人需要向质权人定期报告数据资产的动态更新情况，以防止数据价值减损导致质权不能实现。

---

① 邓刚宏、刘乐：《数据资产市场定价机制的局限性及其法治构想》，《上海大学学报》（社会科学版）2024 年第 4 期。

② 莫琳：《数字经济背景下的数据交易及其法律制度构建》，《华侨大学学报》（哲学社会科学版）2024 年第 1 期。

5. 数据资产质押的登记规则

质权的设立核心在于对出质人处分权的约束，通常采取的方式是交付动产或权利凭证作为生效的先决条件；对于缺乏实体凭证的情况，则需要通过相关机构完成登记手续，以实现权利的公示与确认。如前文所述，数据资产本身具有的可复制性和同一性、流通的隐蔽性等决定了数据资产事实上难以完全交付，需要建立与数据资产质押适配的交付转移登记和公示方式。正如"数据二十条"强调的"研究数据产权登记新方式"，并要求"建立健全数据要素登记及披露机制"。

数据资产质押的登记规则。首先，设立数据资产登记机构，充分考虑其与数据交易所的职责划分和运行机理。在坚持场内外交易协同发展的背景下，加强统筹规划和区域合理布局，打造"逻辑一体、物理分散"的全国一体化的数据登记机构体系，[1] 并区分具有营利性质的数据交易所，确保全国性数据登记机构的普惠性、中立性与公信力。[2] 其次，实行数据质权登记制度，以登记作为数据资产质押的生效要件，即数据质权的产生、变更和消灭以登记为生效要件。出质人与质权人约定并签订数据质押合同后，须向数据登记部门申请登记，经登记后才能生效。采取登记生效主义，使得设立质权的数据资产符合当事人约定和法定标准，从而减少数据资产的道德风险和违约责任。最后，就数据资产登记簿的设置而言，应当采取"人的编制主义"而非"物的编制主义"登记原则。[3] 即在登记中为每位数据财产权利人设置登记簿页，而非以确定的数据登记单元设置登记簿进行权利记载。需要说明的是，数据登记部门或机构仅需进行形式审查，由国家机关背书。

设立辅助数据资产质押登记的动态公示机制。当前数据登记和交易机构呈现"物理分散"的局面，并且数据登记簿所登记的数据保密信息仅权利人和利害关系人可查询，并非全面公开。加之，作为隐蔽流动性的复合权利"束体"，数据资产设立质权应减轻不特定第三人的查询义务，权衡交易各方及第三人的利益和解决纠纷，在数据登记机构质押登记时，同步

---

① 《探索数据产权登记新方式，加快构建全国一体化数据要素登记体系》，国家发展改革委网站，2022 年 12 月 21 日，https://www.ndrc.gov.cn/xxgk/jd/jd/202212/t20221220_1343700.html。

② 熊丙万、何娟：《论数据要素市场的基础制度体系》，《学术月刊》2024 年第 1 期。

③ 程啸：《论数据产权登记》，《法学评论》2023 年第 4 期。

借用数据交易所登记平台和动产与权利担保统一登记平台弥补公示公信力不足的缺陷。①

6. 数据资产质权的效力规则

数据设立质权的目的是保障债权的实现，即当主债权无法实现时，设立质权的数据可偿还债权是制度设立的根本。数据资产的价值在于动态使用，数据资产在质押期间应保证"利益最大化"，以继续使用为特殊原则。所谓继续使用原则系指数据资产在设立质权后，数据质权人以及数据使用权人均能够继续使用和事实持有该数据资产，正如知识产权中的财产权出质后仍可由担保人继续使用。数据动态使用是企业数据资产的"活水之源"，阻止数据动态使用便是一种道德的恶，从根本上阻碍了数字经济的发展。若非如此，数据处理者以及数据使用权人可能因丧失对重要数据资产的利用而瘫痪崩溃，甚至无法保障担保权人的债权实现。因此，根据《民法典》对权利质权之规定以及数据价值实现存在风险性，数据资产在质押期间因通过开放 API 等方式继续使用状态所产生的性质类似于"孳息"的经济收益应当向质权人提前清偿主债务及利息。

根据《民法典》对担保财产处理方式的规定以及相似质押财产的处置规定，② 建议仅在场内处置数据资产，以最小限度减损数据价值和最大限度实现债权，即若质押双方当事人自行协商一致，质权人可将数据资产在数据交易所以拍卖、变卖等方式变现并优先受偿本金及利息或者直接进行数据权属交易；反之，质权人则可请求人民法院在数据交易所内依法强制拍卖、变卖数据资产以清偿债务。另外，同一宗数据可能被多个主体同时合法持有与使用，数据资产极易被重复设立质权，各质权人受偿权的先后顺序可参照《民法典》第 414 条规定的抵押财产共同排序规则确定，即通过数据资产质

---

① 参见林彦佐《数字经济背景下数据资产担保规则研究》，《中国矿业大学学报》（社会科学版）2023 年第 5 期。

② 根据《民法典》第 436 条、第 437 规定可知，担保财产的处置一般有两种方式，一是双方协议以该担保财产折价受偿；二是将该担保财产依法拍卖、变卖（拍卖或者变卖时应当参照市场价格），质权人就所得价款受偿，不足部分则仍然由债务人清偿。对比股票等权利类担保财产的特殊规定，《证券法》《关于进一步规范人民法院冻结上市公司质押股票工作的意见》《证券公司股票质押贷款管理办法》等特别法规定，无论是由当事人自行转让股票或折价抵债，还是依托人民法院转让股票，原则上应通过证券交易所在场内进行。

押有无登记、登记时间顺序确定质押权人的优先受偿顺序。

此外，数据资产具有时效性和强风险性，还应限定其质权期限并定期评估其财产价值。正如有学者提出对数据资产质权设定"固定期限"，实践中对数据资产登记也设定有效期。①

7. 多元共治，管控、分散与化解数据资产质押风险

由于数据要素市场处于初级探索阶段，数据作为基础资产进行质押存在诸多风险，因此应通过多种数字技术联动实现质押数据的安全和隐私保护。首先，利用区块链与智能合约技术，确保数据质押的公平性、透明性、不可篡改性。基于区块链技术的智能合同可以缓解质押合同的模糊性和信息的差异，自动执行合约以保障质押双方利益，降低欺诈风险。② 此外，智能合约还可充当仲裁员，自主执行事件验证，精确判定服务协议违规并确定相应赔偿责任。③ 其次，加强区块链与云存储融合，形成高效安全的数据存储方案。区块链的不可篡改性与可追溯性，结合云存储的便利性，可确保质押数据的完整性和安全性，同时加密与控制访问强化数据的隐私保护。再次，区块链结合数据加密技术，强化质押数据的保密性和安全性。例如，利用对称加密与非对称加密技术，出质方提供加密的设质数据，而质权人则需要通过相应的密钥解密才可访问，实现数据的字节级精细化保护；利用差分隐私技术，降低设质数据中商业秘密和隐私的可识别风险。最后，数据泄露追踪溯源方面，利用不易被感知与篡改的数字签名技术、数字水印技术对质押数据进行标记，实现对数据的追踪溯源。④

构建政府资金支持、数据交易所监管预警、保险公司增信的多元共治体系下的数据资产质押风险预防与补偿机制，最大限度地分散和化解质押风险。首先，政府建立数据资产质押贷款的财政激励机制，包括精准实施

---

① 学界关于固定期限的观点，参见董泽瑞《企业数据担保的法律适配路径》，澎湃新闻，2023 年 11 月 21 日，https://m.thepaper.cn/baijiahao_ 25383310；实践中实施数据有效期的措施，如《广东省数据资产登记凭证》有效期为一年，北京国际大数据交易所数据资产登记中心所颁发的数据资产登记凭证有效期为一年。

② 欧阳日辉、李文杰：《数字技术与数据交易安全治理》，《银行家》2023 年第 8 期。

③ See D'Angelo, G., Ferretti, S., Marzolla, M., "A Blockchain-based Flight Data Recorder for Cloud Accountability," *Cryptocurrencies and Blockchains for Distributed Systems*, 2018, pp. 93-98.

④ 俞海海、张丽、邹宏：《风险管理视角下的数据安全与隐私保护》，《中国网信》2024 年第 1 期。

贷款贴息政策、提供差异化的银行税收优惠政策、设立数据资产质押风险补偿基金①和保险补助等，以分散和化解潜在的数据资产质押风险。数据交易所建立数据资产信息不对称缓解和披露机制。面对数据交易供需双方信息不对称导致的激励扭曲和市场失灵困境，数据交易所应在履行安全保障义务前提下，借鉴合作型交易模式，通过渐进式信息披露，实现数据交易双方的个性化或非标准化互动，或者借助声誉机制克服"阿罗信息悖论"，从而有效促成数据资产质押交易。② 其次，数据交易所应积极履行监督数据交易市场价格行情、警示价格波动风险的义务，对数据资产的价值进行动态更新和监控预警，当数据价值波动或出现其他风险时向质权人提供详细的风险预警信息，并协助质权人采取相应的风险缓释措施，最大限度减轻信用风险以及市场风险。③ 最后，保险公司通过引入数据资产保险、完善理赔流程等方式激发质权人购买保险意愿，助力质权人应对转移数据质权等特殊风险，促进数据资产质押市场稳健发展。

五　结论

大数据时代，数据资产已经成为数据企业的重要资产之一，所以如何激发数据资产的经济价值便成为数字经济和数据要素交易市场面临的重要问题。数据资产担保依托数据资产蕴含的财产属性和交换价值，成为"重数据、轻资产"的数据企业弥补资金缺口的重要方式之一。为应对物权法定原则和数据资产自身具备的区别于传统物权和知识产权的复杂性，本文综合考虑现有政策、市场等方面的因素，在遵循担保制度原理的基础上为数据资产设计相应的担保规则，即将数据资产担保方式确定为质押担保，依托全国统一数据产权登记机构设定"人的编制主义"登记簿，以登记作

---

① 例如浙江省发布的《关于深化数据知识产权改革推进数据要素赋能发展的意见（征求意见稿）》规定，支持有条件的地区设立数据知识产权风险补偿基金，建立完善数据知识产权价值评估和价值实现风险分担机制；常州市工信局联合市财政局、市地方金融监管局共同出台的《常州市"智改数转数字贷"风险补偿资金管理实施意见（试行）》，依托"常州市中小微企业信用保证基金"设立"智改数转数字贷"产品，创新"数字增信+风险补偿"。

② 参见丁晓东《数据交易如何破局——数据要素市场中的阿罗信息悖论与法律应对》，《东方法学》2022 年第 2 期。

③ 刘小钰、许永国、王建平：《数据资产的价值实现：跨市场融合与质押担保应用》，《金融市场研究》2024 年第 3 期。

为数据资产质押的生效要件，同步借用数据交易所登记平台和动产与权利担保统一登记平台进行动态公示以弥补登记公示的缺陷。从数据资产质权的实现来看，设定数据资产质押有效、变价优先受偿顺序以及共同抵押财产处置顺序规则，并建议将数据资产确定为场内处置。与此同时，构建统一的数据资产价值评估认定标准和体系，利用多种数字技术联动实现质押数据的安全和隐私保护，以及建立"政府资金支持、数据交易所监管、保险公司增信"的多元化协同治理体系下的数据资产质押风险预防与补偿机制，促进数据要素交易市场良性发展。

网络平台市场治理的优化路径研究

李俊辉　程宝库[*]

摘　要：网络平台市场的治理已经存在平台自治、政府外部治理和"平台—政府二元共治"三种模式。平台自治主要是由平台企业主导的规则治理，同时运用算法等技术加以保障，但平台规则的制定、执行、监督及技术运用的过程会产生道德风险和市场失灵。由于监管游说、监管俘获、监管规避等因素，政府对平台市场的外部治理存在诸多障碍，既无法取代平台自治，也无法克服平台自治所引发的道德风险和市场失灵。在平台—政府二元共治模式中，政府所代表公共利益的广泛性使其不能专注于平台内经营者和消费者的切身利益，平台内经营者和消费者不直接参与治理过程，他们的合法利益诉求得不到充分表达，平台的道德风险和市场失灵也难以彻底消除。网络平台市场的有效治理，需要政府、网络平台、平台内经营者和消费者四方主体共同参与，在平台规则的制定、执行和监督过程中深度互动，促进网络平台市场健康有序运行。

关键词：网络平台市场　平台市场治理　市场失灵　道德风险

一　问题的提出

互联网时代，各种网络平台从消费观念、文化体验、商业模式、就业方式等方面深刻影响了人们的生活。然而，网络平台市场的治理成为困扰

---

[*]　李俊辉，江苏银行股份有限公司总行管培生，研究方向为国际经济法、经济法等；程宝库，南开大学法学院教授、博士生导师，研究方向为国际经济法、经济法等。

世界各国的难题，治理不仅涉及平台企业本身，也涉及平台内经营者①和终端用户等多方主体。各国针对平台治理的讨论主要体现为对以下问题的关注：一是治理措施为国家行为还是非国家行为；二是国家是应对平台进行结构性拆分以实现更大程度的市场竞争和选择，还是应在保留平台结构完整的条件下提高市场治理透明度和参与度；三是治理措施应主要依靠作为正式制度的法律规范还是作为非正式制度的契约规范。上述三个方面的问题相互联系，归根结底是为了澄清有效的治理路径应如何构建。目前，网络平台市场的治理主要存在三种模式，即平台自治、外部治理及共同治理。

平台自治着眼于网络平台的"中介"身份，并为平台提供了一种"安全港"保护，美国的《通信规范法》（Communications Decency Act）第 230 条及欧盟的《电子商务指令》（E-Commerce Directive）均认为网络平台作为中介仅仅是信息的管道或"宿主"，而非内容的生产者，无须对用户的言论或行为负责。这实际上是一种"广泛的豁免"，② 监管部门和平台企业之间的关系也相对放任和自由。然而，不同于传统产业中的中介经营者，网络平台能够立、改、废平台规则，实施具体的管控措施并在线解决纠纷，具有"准立法权"、"准行政权"和"准司法权"，③ 这种平台权力有别于公权力，是一种新兴的凭借市场优势地位而产生的私权力。④ 平台自治实际上就是放任网络平台在平台市场中行使私权力。

在平台自治模式下，基于用户通过协议作出的权利让渡、政府机关的默许和授权以及技术先占中的自我赋权，⑤ 网络平台的身份已不再局限于中介，俨然已经成为平台活动的组织者、协调者和控制者，平台制定规则

---

① 本文中"平台内经营者"包括电商平台中的特约商户、搜索平台中的广告商等各类经营者。为行文方便，如无特殊说明，本文中的"经营者"与"平台内经营者"同义，"用户"与"终端用户""消费者"等词同义。

② MacKinnon, R., et al., *Fostering Freedom Online：The Role of Internet Intermediaries*，UNESCO Publishing，2015，p.42.

③ 黄文艺、孙喆玥：《论互联网平台治理的元规制进路》，《法学评论》2024 年第 4 期。

④ 刘权：《网络平台的公共性及其实现——以电商平台的法律规制为视角》，《法学研究》2020 年第 2 期。

⑤ 马治国、占妮：《数字社会背景下超级平台私权力的法律规制》，《北京工业大学学报》（社会科学版）2022 年第 2 期。

以约束用户和维持正常的交易活动。① 支持平台自治的学者认为，在平台自治模式下，平台会十分关注声誉，它们会不断进行技术革新并承诺做得更好。② 但是，平台自治经常难以防范侵犯用户权益事件的发生，例如，在 Facebook 成立后的 15 年时间内，扎克伯格曾就侵犯隐私问题公开道歉了 14 次。③

外部治理，即政府强化监管以实现对网络平台市场的有效规制。外部治理的兴起与平台自治的局限性有关。在平台自治模式下，平台的大多数决策是在最低限度的外部监督下作出的，囿于平台企业的逐利性，在自治规则制定公开性和公正性缺乏以及难以和国家现行法律形成有效衔接的情况下，网络平台极易运用算法等手段滥用私权力，作出数据资源垄断等排除、限制竞争的行为。此时，平台自治难以满足 Arie Freiberg 总结的实现良好治理的三个条件，即不会产生严重的公共利益担忧、不会产生重大风险、问题可以由市场自行解决。④

由于平台自治的局限性，有学者认为，适当的外部治理是必要的，但这种外部治理又应当保持谦抑性，给予平台自治充分的尊重。⑤ 实践中，外部治理主要通过政府三个方面的监管强化实现：第一，实施全面的隐私和数据权利保护；第二，否认网络平台享有基于中介身份的安全港保护；第三，实现竞争法在网络平台市场的充分应用。

首先，在隐私和数据权利保护方面，欧盟始终走在前列。2018 年生效的《通用数据保护条例》（GDPR）对数据保护进行了全面的规定，兼采人格权和财产权的保护进路，赋予数据主体数据隐私权，个人访问、修改和删除个人数据的权利得到加强，第三方共享或处理数据受到更多的限制，

---

① 金善明：《电商平台自治规制体系的反思与重构——基于〈电子商务法〉第 35 条规定的分析》，《法商研究》2021 年第 3 期。

② Gamito, M. C., "Regulation.com: Self-Regulation and Contract Governance in the Platform Economy: A Research Agenda," *Eur. J. Legal Stud*, 2017, p. 54.

③ Tufekci, Z., "Why Zuckerberg's 14-year Apology Tour hasn't Fixed Facebook," *Wired*, 2018.

④ Freiberg, A., "The Tools of Regulation (Federation Press, 2010)," cited in Flew, T., *Platforms on Trial*, 2018, p. 4.

⑤ 刘浩然：《论网络平台规则效力的司法审查》，《行政法学研究》2023 年第 3 期；姚辉、阙梓冰：《电商平台中的自治与法治——兼议平台市场治理中的司法态度》，《求是学刊》2020 年第 4 期。

违者将受到严厉的行政处罚。① 相比之下，美国对隐私和数据权利的保护主要依赖传统的消费者保护方法，范围要比 GDPR 窄得多，而且仅限于几个州的个别立法，比如《加利福尼亚州消费者隐私法案》等。②

其次，在否认"中介"避风港保护方面，"守门人"概念在数字经济中的应用对网络平台提出了更高的责任要求。③ 在互联网领域，网络平台固有的网络交叉外部性以及用户锁定效应等特点，使其能够控制市场准入挑选赢家和输家，排除潜在的竞争对手，俨然已经成为一个"守门人"。④"守门人"决定什么可以通过，什么不能通过，作为非国家行为者，在国家能力有限的情况下，他们有能力改变他人的行为。如果说平台行使私权力的自治行为为国家在这一领域的监管留下了空白，那么对网络平台提出的"守门人"要求则意在努力填补这一空白。2022 年 7 月，欧盟通过了《数字市场法》，使得欧盟委员会能够对大型网络平台进行市场调查并制裁不合规行为，这正是对这一问题的积极回应。

最后，在竞争立法和执法方面，网络平台的双边市场特征给竞争法带来了新的挑战，突出表现为传统的相关市场界定及分析方法难以适用于互联网领域。⑤ 为应对这一挑战，2021 年美国出台了《终止平台垄断法》。有学者认为该法提供了一种结构性救济，并为美国司法部和联邦贸易委员会拆分大型平台公司提供了法律支持。⑥ 为保护平台市场竞争，我国出台了《电子商务法》《国务院反垄断委员会关于平台经济领域的反垄断指

---

① Golla, S J., "Is Data Protection Law Growing Teeth: The Current Lack of Sanctions in Data Protection Law and Administrative Fines Under the GDPR," *J. Intell. Prop. Info. Tech. & Elec. Com. L.*, 2017, pp. 74–78.

② Prasad, A., Perez, D. R., "The Effects of GDPR on the Digital Economy: Evidence from the Literature," *Informatization Policy*, 2020, 27 (3), p. 8.

③ Barzilai-Nahon, K., "Toward a Theory of Network Gatekeeping: A Framework for Exploring Information Control," *Journal of the American Society for Information Science and Technology*, 2008, 59 (9), pp. 1493–1512.

④ 丁晓东：《论超大型互联网平台的法律规制》，《法律科学（西北政法大学学报）》2025年第 1 期。

⑤ 相关讨论参见孙晋、钟瑛嫦《互联网平台型产业相关产品市场界定新解》，《现代法学》2015 年第 6 期；赵莉莉《反垄断法相关市场界定中的双边性理论适用的挑战和分化》，《中外法学》2018 年第 2 期等。

⑥ Enia, P. R., "A Continental Rift? The United States and European Union's Contrasting Approaches to Regulating the Monopolistic Behavior of Gatekeeper Platforms," *Brook. J. Corp. Fin. & Com. L.*, 2021, pp. 258–262.

南》等。

　　共同治理是平台自治和外部治理之外的第三条道路，但由于各国制度习惯和文化传统的显著差异，对共同治理模式的讨论和建议亦存在明显不同。西方学者更多认为共同治理是除政府之外的其他主体间的合作治理，通常需要在平台和政府之间存在独立的第三方民间组织，这种组织能够履行从调查用户投诉到为平台公司制定治理框架的多种职能。相较之下，我国学者讨论更多的是网络平台和政府之间的二元合作治理，① 但其本质更像是一种平台自治与外部治理的结合。对于网络平台多元共治的研究则较为原则性，也相对匮乏。例如，罗智敏、陈锦熠认为应该结合合作监管与自律监管，发展协作式混合管理机制，实现网络交易秩序的合作治理。② 李韬、冯贺霞也认为应当以政府为主导，发挥网络平台、行业协会、社会组织以及公民个人在平台市场治理中的协同作用。③

　　从上述有关治理模式的讨论不难看出，随着平台市场治理问题的日益凸显，人们对这一问题的讨论逐渐由平台自治、外部治理转向共同治理。但是，现有研究仍然存在以下不足之处：其一，平台市场治理归根到底是对平台市场契约关系的治理而非平台公司治理，但既有研究未明确区分平台公司治理和平台市场治理，且几乎没有学者讨论平台市场治理，这实际上是一种认识不清，在一定程度上混淆了二者的概念；其二，对于平台自治，现有研究只关注到了平台私权力扩张会产生一系列问题，但对这些问题本身的性质缺乏系统、清晰的认识；其三，对于外部治理，既有研究虽然认识到政府强化监管的必要性，但对政策制定的适当性及可行性分析不足；其四，对于共同治理，既有研究虽然提供了多种方案，但多为原则性倡导，可操作性不强，实际上未能脱离平台和政府之间的二元合作治理窠臼。由于既有研究存在上述缺憾，本文拟从

---

① 相关讨论参见唐惠敏、范和生《论互联网平台治理规则体系的构建》，《出版发行研究》2024 年第 12 期；王坤、周鲁耀《平台企业的自治与共治》，《浙江学刊》2021 年第 1 期；孙韶阳《网络市场"平台—政府"双层治理模式建构与机理分析》，《商业经济研究》2022 年第 11 期；王裕根《迈向合作治理：通过法律规制平台经济的制度边界及优化》，《河北法学》2021 年第 1 期。

② 罗智敏、陈锦熠：《论网络平台的混合式监管》，《大连理工大学学报》（社会科学版）2024 年第 3 期。

③ 李韬、冯贺霞：《平台经济的市场逻辑、价值逻辑与治理逻辑研究》，《电子政务》2022 年第 3 期。

平台自治及其产生的问题出发，对优化平台市场治理的可行路径进行探讨。

二 网络平台市场由平台自治易陷入道德风险与市场失灵

网络平台市场治理的基本目标是保护各方主体的合法权益，维护公平竞争，实现最有效率的资源配置。如果良好治理能够通过网络平台市场内部契约关系实现，政府则没有必要介入治理过程，放任市场自治是最理想的选择。不过，网络平台市场的特殊性决定了良好的市场自治难以实现，现实中网络平台企业对市场治理过程的主控不可避免地导致平台沦陷于道德风险，同时产生市场失灵。

（一）网络平台市场自治中的规则治理和技术保障

不同于传统的企业运行模式，平台企业的特殊性在于其具有复杂的网络效应。从某种意义上讲，没有网络效应的平台不应被视为平台。数字平台的网络效应以及由此产生的用户锁定效应，使得平台上集聚了海量的经营者和用户。面对数量庞大的经营者和用户，网络平台需要对平台市场及市场上的交易活动进行管理。像其他非平台类公司一样，网络平台从事的经营行为受到法律的规制，而其对平台内经营者和消费者的管理行为却未纳入法律的规制范畴，这就为网络平台市场自治提供了空间。实践中，平台自治主要体现为以下两个方面的内容。

一方面，平台自治表现为规则治理。网络平台通过与经营者和用户达成服务协议形成市场治理规则。基于这些协议的权利让渡，网络平台在非正式制度意义上获得了治理平台市场的"立法权"、"司法权"和"行政权"，平台治理呈现了以平台为中心的规制秩序。[1] "立法权"使平台有权制定、修改和完善平台市场规则，明确平台各方主体的权利和义务；"司法权"使平台能够对市场内各方主体的违规行为、违规言论以及各方主体之间的争议或纠纷进行裁决和处理；"行政权"使平台可以通过价格控制、竞争策划、创新促进等手段调节平台市场内的经济秩序，[2] 同时对违反平台市场规则的行为进行管理和处罚。如淘宝通过《淘宝网平台规则总则》

---

① 胥国一：《互联网平台治理的法理分析》，《电子知识产权》2023年第7期。
② 王坤、周鲁耀：《平台企业的自治与共治》，《浙江学刊》2021年第1期。

《淘宝网开店规范》《淘宝网店铺命名及信息规范》《淘宝网商品发布规范》等一系列规范对淘宝平台卖家的行为进行限制。对于卖家的违规行为，淘宝网可以采取公示警告、账户权限管控、经营权限管控、违规商品或信息处置等措施。[①]

另一方面，规则治理需要技术保障。实践中，这种技术保障主要通过大数据和算法实现。从制度的角度看，算法是一种制度，它们是经过不断试错从而设计和进化的结果，是一套既限制活动又创造新的操作空间的规则，[②] Lessig 所说的"代码就是法律"最能说明这一点。[③] 网络平台作为数据驱动型企业，以数据作为生产要素，以算法实现对数据的处理和输出，形成了"算法、数据、平台"三位一体的技术架构。[④] 实践中，平台一方面通过算法进行数据收集和处理，监控、审查并自动化决策用户的不合规行为，另一方面运用算法对用户进行评分、分级，引导激励合规行为。[⑤] 例如，《淘宝网市场管理与违规处理规范》第六条规定，淘宝平台可以"基于大数据主动排查"进行市场管理及违规处理；《淘宝网关于虚假交易实施细则》载明"基于概率学和大数据技术，淘宝研发了'虚假交易模型'系统，该系统可从交易账号、商品价格、交易行为、交易资金等多个维度对异常的交易数据进行排查"，从而判定经营者及用户行为是否合规。

（二）规则治理和技术运用中的道德风险及市场失灵

1. 信息不对称是规则治理和技术运用中道德风险及市场失灵产生的根本原因

在经济学概念中，道德风险的产生是因为市场中存在信息不对称，信息优势方很容易在最大化自身利益的同时，作出损害他人利益的行为。此时，市场机制无法对社会资源进行最优配置，也就产生了市场失灵。由于

①　参见《淘宝网市场管理与违规处理规范》第 8 条，https：//rule. taobao. com/？ type = detail&ruleId = 14&cId = 1157#/rule/detail？ ruleId = 14&cId = 1157。

②　Just, N., Latzer, M., "Governance by Algorithms: Reality Construction by Algorithmic Selection on the Internet," *Media, Culture & Society*, 2017, 39 (2), p. 7.

③　Lessig, L., *Code and Other Laws of Cyberspace*, Read How You Want. com, 2009, cited in Finck, M., "Digital Co-Regulation: Designing a Supranational Legal Framework for the Platform Economy," *European Law Review*, 2017, p. 10.

④　洪学军：《关于加强数字法治建设的若干思考——以算法、数据、平台治理法治化为视角》，《法律适用》2022 年第 5 期。

⑤　程增雯：《平台经济领域自治算法滥用与反垄断规制》，《南方金融》2021 年第 10 期。

平台企业数据孤岛等问题的存在，在网络平台自治的情况下，信息不对称以及由此产生的道德风险和市场失灵现象更为明显。一方面，平台自治的有效性通常取决于外部压力在多大程度上带来了平台进行自我约束的动力，① 外部压力的缺乏将使平台在进行规则治理和技术治理时更容易陷入只考量自身利益的道德风险；另一方面，自我约束动力的不足毫无疑问也会减弱平台进行良好市场治理的动力，尽管平台有更好的办法解决可能或者已经出现的问题，它们可能也缺乏采取行动的意愿。②

网络平台市场结构和治理的特殊性，决定了平台市场中的道德风险及市场失灵不仅体现在规则治理层面，而且体现在保障规则运行的算法技术的设计及应用过程中。

2. 规则治理中的道德风险和市场失灵

在规则治理层面，平台规则的制定、执行和监督过程均有可能产生道德风险。

首先，从平台规则的制定来看，平台规则通常由平台单方制定，缺乏民主协商的过程，因而也就难以平衡各方主体的利益诉求。同时，网络平台作为营利性主体，在制定规则时难免会被自身利益左右，③ 从而利用优势地位制定相对于经营者和用户更有利于自身的规则条款。此时，可能规则本身便带有"恶"的阴霾。④ 即便经营者在制定规则的时候有讨价还价的余地，但网络平台作为整个市场生态系统所依附的基础设施，控制着市场的双向流动，⑤ 可供谈判的空间也十分狭小。例如，澳大利亚竞争和消费者委员会（ACCC）认为，大量媒体企业依赖谷歌和 Facebook 的新闻推荐服务，以至于它们都是不可避免的交易伙伴，一些广告商尤其是小企业，几乎无法与谷歌和 Facebook 就业务条款进行谈判；⑥ 亚马逊在与图书

---

① Segerson, K., Miceli, T. J., "Voluntary Approaches to Environmental Protection: The Role of Legislative Threats," in *Voluntary Approaches in Environmental Policy*, Springer, Dordrecht, 1999, pp. 2-24.

② Gunningham, N., Rees, J., "Industry Self-Regulation: An Institutional Perspective," *Law & Policy*, 1998, p. 404.

③ 李洪雷：《论互联网的规制体制——在政府规制与自我规制之间》，《环球法律评论》2014 年第 1 期。

④ 刘浩然：《论网络平台规则效力的司法审查》，《行政法学研究》2022 年第 4 期。

⑤ Rahman, K. S., Thelen, K., "The Rise of the Platform Business Model and the Transformation of Twenty-First-Century Capitalism," *Politics & Society*, 2019, 47 (2), p. 179.

⑥ Australian Competition and Consumer Commission, "Digital Platforms Inquiry", 2019, p. 163.

出版商进行谈判的时候，声称自己可以调整算法，并有能力将其排名降到用户通常可以注意到的级别以下，甚至通过禁用"购买按钮"从图书出版商那里获得更好的条款。①

其次，从平台规则的执行来看，用户和经营者的行为是否违规，通常由平台单方面作出判断和裁决。此时，即使某些行为有可能对经营者或用户造成损害，平台基于自身利益的考量，也很可能对这些行为视而不见。比如，对于电商平台内经营者在促销活动中先提价后降价的行为，平台一般很少干预，因为这不仅有利于平台内经营者销售商品，也有利于平台吸引流量。又如，平台内经营者销售假货、消费者知假买假等行为，尽管对营造良好健康的市场秩序毫无益处，但经营者、消费者乃至平台都乐在其中，因为这并不会给他们之中任何一方的利益造成损害。可见，规则赋予平台管理市场的权力，同时又给它们提供了选择性"执法"的机会。

最后，从平台规则的监督来看，有效监督机制的缺乏增加了平台市场产生道德风险和市场失灵的可能。一般而言，广大经营者和用户作为监督平台规则的重要参与者，应当对平台规则的修改和完善建言献策，积极履行监督职能。但是在平台市场中，经营者和消费者非但很少行使监督职能，甚至自身就是市场秩序的破坏者。比如，在电商平台中，消费者无法知晓经营者所售商品的真假好坏，其对商品的感知高度依赖店铺声誉和其他买家的评价。这种情况下，经营者通过刷单提高店铺销量和信用度，通过"好评返现"引导消费者作出非客观评价的积极性便不断提高，尽管电商平台"评价规范"及《禁止网络不正当竞争行为规定（公开征求意见稿）》都对该问题有所回应，但消费者的积极参与和平台的消极响应使政府也鞭长莫及，缺乏监督导致的市场失灵问题仍难以解决。

3. 技术运用中的道德风险和市场失灵

在技术保障层面，算法技术的设计和应用过程也会产生道德风险和市场失灵。这是因为，虽然技术本身是中性的，但"算法黑箱"问题的存在，使得算法的设计过程容易产生自我偏向性。通过自我偏向的程序设计，网络平台可以从事不公平的竞争行为，由此导致市场竞争的扭曲。

平台技术运用中经常出现的竞争问题至少表现为以下两个方面。一方

---

① George Packer，"Cheap Words"，https：//www.newyorker.com/magazine/2014/02/17/cheap - words.

面，平台通过算法推荐进行流量传导，帮助自身在另一个平台获得更多的交易机会，从而将现有的优势传导到通信、社交、阅读、支付、购物等其他市场。① 比如，京东、谷歌、亚马逊等均发展自有品牌，消费者搜索相关商品时，平台可能会优先显示自营店铺或自有品牌，并将其他经营者降级，以此获得竞争优势。2017 年，谷歌便因为"为自己的销售服务提供突出的位置"和"在搜索结果中对竞争对手的销售服务进行降级"违反了欧盟委员会案例，被处以 27 亿美元的罚款。② 另一方面，平台通过大数据对用户进行"画像"，并根据用户喜好"精准"投放相关内容，使用户产生依赖，形成用户锁定效应，从而为平台和经营者达成更多交易以及更高交易价格提供可能。一些网络平台拥有超高广告收入与其给消费者画像的"精准"广告投入方式不无关系。2021 年谷歌总收入的近 81% 来自广告，③ 2020 年 Facebook 97.9% 的全球收入来自广告④。背后的代价，是平台市场上消费者长时间的注意力损耗及由此产生的"信息茧房"。

"算法黑箱"及算法技术的秘密性决定了对其进行监督是十分困难的。多数情况下，经营者和消费者只能通过算法运行产生的后果判断技术运用是否对自身权益造成了损害。与传统经济不同的是，平台通过算法技术造成的用户损害通常不是可以衡量的经济损失，这种损害通常很难证明，因此很难获得救济。由于保障规则运行的算法技术难以监督，因此缺乏监督造成的平台市场扭曲更加难以恢复。

总之，平台规则赋予平台类似于政府的能力，算法技术赋予平台超越政府的能力，平台本身应当正确运用这些能力进行平台市场的良好治理，然而在追逐利润最大化的路径依赖下，平台自身反而沦陷于道德风险之中，深陷数据风险与算法困境，⑤ 成了公平竞争的破坏者、扰乱秩序的纵容者，平台自治产生的道德风险和市场失灵也就越来越令人担忧。

---

① 杨东、王睿：《论流量传导行为对数字经济平台市场力量的影响》，《财经法学》2021 年第 4 期。

② European Commission, Case AT. 39740 (2017), Google Search (shopping), pp. 77-110.

③ "Google's Revenue (2002-2021)", https://www.globaldata.com/data-insights/technology-media-and-telecom/googles-revenue/, visited in 2024-12-01.

④ "Meta's (formerly Facebook Inc.) Advertising Revenue Worldwide from 2009 to 2021", https://www.statista.com/statistics/271258/facebooks-advertising-revenue-worldwide/, visited in 2024-12-01.

⑤ 黄健源：《超越路径依赖：复杂性视角下的平台治理》，《未来传播》2024 年第 2 期。

三 政府监管难以克服平台自治引发的道德风险 与市场失灵

在政府与市场的关系中，政府监管的根本目标是保护而非取代市场。虽然网络平台市场自治所暴露的严重问题，似乎意味着政府有必要强化监管，但是强化监管不仅会抑制产业创新，也可能遭遇监管俘获、监管规避和其他困境，结果往往是强化监管的成本高昂而收益甚微。基于鼓励产业创新和降低治理成本的考量，强化监管并非网络平台市场治理的最优路径选择。

（一）政府监管政策制定的两难抉择

网络平台作为一种新兴业态飞速发展，使政府处于"包容放任"和"强化监管"的两难境地。如果对新兴业态放任不管，则有可能导致大量企业滥用政府的放任政策，甚至给市场带来系统性风险；如果对新兴业态进行强力干预，则有可能抑制企业创新，将新兴业态扼杀在摇篮之中。互联网发展早期，各国政府普遍对网络平台采取了相对包容的治理态度，监管的放任不仅导致一众大型乃至超大型网络平台的产生，也为平台滥用市场自由提供了政策空间，使平台自治经常陷于道德风险和市场失灵。平台自治并没有充分发挥市场本身的资源配置作用，反而引发了道德风险、市场失灵等一系列问题，要求政府强化对平台市场监管的呼声日益高涨。

政府对平台自上而下的监管必须兼顾两个方面的政策目标，既要促进公共利益，还要防止对创新造成不利影响，[1] 这便使政府面临"包容放任"和"强化监管"的两难抉择。

首先，网络平台的新特点和新形势使得政府在"管"和"放"之间左右为难。其一，法律固有的迟滞于社会发展的特性，使得现行法律难以应对数字平台出现的新模式和新特征，[2] 例如，网约车出现后，对现有劳动

---

[1] Finck，M.，"Digital Co-regulation：Designing a Supranational Legal Framework for the Platform Economy，" *European Law Review*，2018，p. 3.

[2] 刘权：《数字经济视域下包容审慎监管的法治逻辑》，《法学研究》2022 年第 4 期。

法的适用提出了挑战；Facebook 和谷歌等互联网巨头的崛起，掀起了世界范围内对反垄断监管的讨论。而如果只是对现有规则进行机械套用，或者被动、应急性地出台监管规则，看似实现了有法可依，往往却只能"头痛医头，脚痛医脚"，[1] 不仅效果不佳，也与良法善治的追求相背离。其二，平台和政府之间的信息不对称也使政府出台相应规则时不敢贸然决断。数字经济中，数据成为认识世界、分析世界的要素，海量数据相互联系，能够抽象展现数据背后的普遍特征，并通过数据透析客观世界或分析对象的规律、特征。[2] 网络平台作为数据的实际掌控者，拥有对数据的垄断权，政府可能缺乏必要的数据来作出明确的决策。这种情况下，政府行为不仅难以应对"算法黑箱"，更面临"数据盲盒"，最终采取的措施也不得不浮于表面。因为至少"那些为了自身经济利益不断参与市场交易的人，要比那些只是为了理想中利益的立法者和执法者对市场情况有着更深刻的认识"。[3] 其三，网络平台市场治理中，囿于技术落后、信息匮乏、交易海量等原因，传统的政府监管手段存在明显不足。以电商平台为例，突破地域限制的大量主体进行的海量交易，让信息滞后、人力物力支出有限、技术手段落后的政府没有精力，也没有能力进行卓有成效的监管。[4]

其次，政府需要考虑监管的错误成本，也即如果错误地处罚或者不处罚平台行为所带来的成本。以反垄断监管为例，Easterbrook 提出的错误成本分析框架认为，反垄断监管中存在假阴性和假阳性两种错误成本。[5] 假阴性错误成本是指法院或者监管机构错误地没有对市场上的反竞争行为进行处罚以及由此产生的威慑不足等成本；假阳性错误成本是指错误地对市场竞争或者有利于消费者的行为进行处罚以及由此产生的威慑过度等成本。[6] 一般而言，假阳性错误会比假阴性错误产生更高的成本，因为后者可以通过市场力量进行调节，而政府错误的执法行为所产生的后果是不可

---

① 徐汉明、张新平：《网络社会治理的法治模式》，《中国社会科学》2018年第2期。

② 高富平：《数据流通理论 数据资源权利配置的基础》，《中外法学》2019年第6期。

③ Holton，R.，Turner，B.，*Max Weber on Economy and Society*（*Routledge Revivals*），Routledge，2010，cited in Finck，M.，"Digital Co-regulation：Designing a Supranational Legal Framework for the Platform Rconomy，" *European Law Review*，2018，p.19.

④ 刘权：《网络平台的公共性及其实现——以电商平台的法律规制为视角》，《法商研究》2020年第2期。

⑤ Easterbrook，F H.，"Two Agency-Cost Explanations of Dividends，" *The American Economic Review*，1984，pp.650-659.

⑥ 李剑：《中国反垄断法实施中的体系冲突与化解》，《中国法学》2014年第6期。

逆的，也很难有纠正的可能。对于互联网等创新型企业而言，假阳性执法错误产生的成本会更大，因为监管者很容易将他们不太理解的创新产品和商业实践视为反竞争行为。此外，由于在互联网经济中区分促进竞争和反竞争行为本身就是十分困难的，因此假阳性和假阴性的错误成本都是不可避免的。[①] 这经常使政府在强化对互联网企业的监管时犹豫不决，政府要考虑的是如何正确地"管"和正确地"放"，从而使监管错误成本最小化。

最后，从国际经济竞争的角度来看，严格的政府监管会抑制网络平台的发展，从而可能损害一国在国际市场上的竞争力。[②] 比如，上述谷歌进行自我优待的案件，在欧盟遭受了 27 亿美元的处罚；但是在美国，联邦贸易委员会（FTC）也曾调查过谷歌的自我优待行为，尽管调查多年，却没有对谷歌作出处罚。究其原因，欧洲并没有类似 Facebook、谷歌的大型企业，本土数字企业发展空间被严重挤压，对域外网络平台的大力度处罚有利于保护自身数字主权和经济发展，而美国打压本国企业则可能会损害企业国际竞争力。这种情况下，放任平台发展还是进行强化监管，亦需要政府衡量。

（二）政府监管政策制定中的监管俘获

如果说政府面临的两难困境是制定平台市场监管政策的内部阻碍，那么政策制定时的监管俘获则是政府面临的外部压力，即平台对立法产生的反作用。[③] 监管俘获理论认为，监管通常服务于公共利益以外的利益，[④] 监管机构往往会屈从于监管对象的利益，被行业收买，政策的设计和制定也主要是为了其利益。[⑤] 对监管俘获的研究表明，私人利益可以通过各种手段对立法者和监管机构产生影响。例如，政府在面临企业退出或撤资的威胁时，会对 Lindblom 所说的"惩罚反冲机制"表示担忧，因为企业会离开，前往更有利的商业地点或投入更少的资金，从而抑制本地的经济增长

---

① Manne, G. A., Wright, J. D., "Innovation and the Limits of Antitrust," *Journal of Competition Law and Economics*, 2010, 6 (1), p. 159.

② 戚聿东等：《平台经济领域监管问题研讨》，《国际经济评论》2021 年第 3 期。

③ 张新平：《网络平台治理立法的反思与完善》，《中国法学》2023 年第 3 期。

④ Carpenter, Daniel, David, A., Moss, eds., *Preventing Regulatory Capture: Special Interest Influence and How to Limit It*, Cambridge University Press, 2013, p. 73.

⑤ Stigler, G. J., *The Theory of Economic Regulation*, *The Political Economy*, Routledge, 2021, p. 3.

和就业。[①]

相比于传统产业，网络平台除了会通过竞选捐款、津贴、礼物等物质主义俘获影响监管政策制定外，文化或认知俘获也表现得更加明显。文化和认知俘获是指监管者采用被监管者的观点或思维方式，从而确信公众利益与产业利益是一致的。[②] 这种类型的俘获可以通过两种路径实现，一是通过宣传、游说和倡议等展示公司的世界观和价值观，并向监管机构证明采纳其观点将会使整个社会受益；二是一些监管人员以前在他们所监管的产业工作，他们可能会和这个产业保持联系。虽然监管者和被监管者同处于一个圈子时俘获也不一定会出现，但有大量证据表明，人们倾向于采取与他们有关的人的立场。[③] 尽管网络平台很难通过第二种路径进行监管俘获，但其往往会通过宣传、游说等手段干扰监管政策的制定，企图通过游说让政府制定更有利于自己的条款。[④] 例如，2023 年，美国在 AI 领域的相关游说活动规模创下新高，参与组织超过 450 个，包括 AI 在内多个议题的游说总支出超过 9.57 亿美元。[⑤]

网络平台的真正强大之处不仅在于游说上的巨额投入，更在于其对新闻机构甚至新闻传播的俘获。例如，Facebook 和谷歌对数字内容分发越来越多的控制，使得新闻机构很难在没有它们的情况下有效接触用户。Siapera 将数字平台和新闻机构之间的这种关系界定为"寄生"，[⑥] Nechushtai 认为这是一种"基础设施俘获"，即一个组织或企业在基础设施上依赖网络平台，没有它们提供的资源或服务，该组织或企业就无法持续运营。[⑦] 网络平台对数字内容分发的控制使得新闻机构失去了对发行的控制权，网络平台能够按照自己的逻辑运作，它们在控制谁发布信

---

① Lindblom, C. E., "The Market as Prison," *The Journal of Politics*, 1982, p. 325.

② Bagley, N., "Agency Hygiene," *Tex. L. Rev*, 2010, p. 1.

③ Nechushtai, E., "Could Digital Platforms Capture the Media Through Infrastructure?" *Journalism*, 2018, 19 (8), p. 4.

④ Popiel, P., Sang, Y., "Platforms' Governance: Analyzing Digital Platforms' Policy Preferences," *Global Perspectives*, 2021, 2 (1).

⑤ 《激增 185%！美国五大科技巨头斥资 5.1 亿游说政府加强 AI 监管》，"钛媒体 APP"百家号，2024 年 3 月 4 日，https: //baijiahao. baidu. com/s? id = 1792566378477701993&wfr = spider&for = pc。

⑥ Siapera, E., "Platform Infomediation and Journalism," *Culture Machine*, 2013, p. 17.

⑦ Nechushtai, E., "Could Digital Platforms Capture the Media Through Infrastructure?" *Journalism*, 2018, pp. 3–10.

息、向谁发布信息以及怎样发布信息方面已经变得极为强大①。对数字内容分发的控制使网络平台能够向监管人员等用户精准传达有利于自己的思想和观念，从而潜移默化地让监管机构对网络平台产生价值认同，进而在文化和认知上俘获监管机构。不仅如此，基于数字平台的网络效应以及由此产生的用户锁定效应，网络平台还会俘获用户，并依靠与自己绑定的用户进行公开的政治施压。② 比如，在加利福尼亚州，亚马逊曾与 Overstock. com 合作发起了一场反对向互联网零售商征收销售税的全民公决运动，亚马逊向一项打着"更多工作而非税收"旗号的倡议投入了数百万美元，③ 最终在与立法者达成协议并推迟征收销售税一年后，公投活动才被取消。

综上，物质主义俘获和文化认知俘获经常使政府服从于网络平台的利益并从网络平台立场出发决定制定或不制定相关监管政策。很明显，这种情况下监管政策将很难出台，即便能够出台，也因立场缺陷而难言有效。

（三）政府监管政策运行中的监管规避

在平台市场监管上，政府面临的政策两难以及平台企业的政策游说使政府经常难以制定有效的监管政策，即便存在监管规则，平台企业也经常会找各种理由或者通过各种手段予以规避。对于某些创新型企业而言，创新的部分动力有时就是为了规避监管，它们总是以某种方式挑战现有的监管制度。2004 年，Coyne 和 Leeson 率先提出"规避型创业"概念④，Elert 和 Henrekson 进一步将其定义为"旨在通过创新和利用现有体制框架内的矛盾来规避现有制度的利润驱动型商业活动"。⑤ 因此，规避型创业者是熊

---

① Bell, E., "Facebook is Eating the World", http：//ww. cjr. org/analysis/Facebook＿ and＿ media. php, visited in 2024-12-05.

② Culpepper, P. D., Thelen, K., "Are We All Amazon Primed? Consumers and the Politics of Platform Power," *Comparative Political Studies*, 2020, 53（2）, pp. 19-21.

③ "California Lawmakers Try to Head off Amazon Sales Tax Referendum", https：//www. latimes. com/business/la-xpm-2011-aug-26-la-fi-amazon-sales-tax-20110826-story. html, visited in 2024-12-05.

④ Boettke, P. J., Coyne, C. J., Leeson, P. T., "The Many Faces of the Market," *Journal des Conomistes et des tudes Humaines*, 2004, p. 2.

⑤ Elert, N., Henrekson, M., *Evasive Entrepreneurship and Institutional Change*, IFN Working Paper, 2014.

彼特式规则破坏者和科兹纳式套利者的组合。① 如果成功，这种创业对市场和监管机构都是破坏性的存在。对互联网企业而言，规避型创业表现得更加明显。比如，为了规避金融监管法规，蚂蚁金服一直凭借技术和大数据标榜自己是一家科技公司而非金融公司，其联合贷款模式虽然渗透了银行的信贷业务，但银行监管规则仍对其无法适用，② 直至蚂蚁集团上市被叫停，这种联合信贷模式才被逐步纳入监管。

相比于模式上或者理念上的"规避型创业"，网络平台技术手段的应用也使规避监管行为变得更加隐蔽和难以监管。比如，为了规避监管，Uber 使用了一个终止开关，该开关可以切断对 Uber 服务器的访问，在阿姆斯特丹的一次突击检查中，Uber 前首席执行官 Travis Kalanick 亲自下达命令按下终止开关来防止警察获取证据。③ 此外，算法的运用也使得平台规避监管的手段更加丰富和多元。平台可以通过算法进行"大数据杀熟"等歧视性定价行为而不被发现，因为算法所依赖的运营数据只有平台可以访问，这些数据不仅是保密的，而且会被作为商业秘密加以保护。④ 同时，平台还可以通过算法让企业在无须明确沟通和互动的前提下相互协调，这提高了默示共谋的风险。⑤

总体上看，通过商业模式创新或者技术手段的运用，平台可以利用监管制度的内在不足和矛盾来改变制度的实际效果或功能。一般而言，监管制度的内在不足和矛盾包括监管不一致、缺乏监管以及执法复杂三个方面，网络平台不仅利用了这些内在不足和矛盾，更放大了它们。从某种意义上讲，网络平台规避监管的手段越多、效果越明显，越表明政府监管这种外部治理模式在平台市场治理上的先天不足和应用失灵。

---

① Elert, N., Henrekson, M., Wernberg, J., "Two Sides to the Evasion: The Pirate Bay and the Interdependencies of Evasive Entrepreneurship," *Journal of Entrepreneurship and Public Policy*, 2016, p.5.

② 《蚂蚁是如何逃避金融监管的?》，搜狐网，2020年11月4日，https://www.sohu.com/a/429610081_ 99900 352。

③ "Uber Lobbied, Used Stealth Tech to Block Scrutiny, Evade Regulators: Report", https://www.business-standard.com/article/international/uber-lobbied-used-stealth-tech-to-block-scrutiny-evade-regulators-report-122071100008_ 1. html, visited in 2024-12-06.

④ Malgieri, G., "Trade Secrets v Personal Data: A Possible Solution for Balancing Rights," *International Data Privacy Law*, 2016, 6 (2), pp.102-116.

⑤ 周围:《算法共谋的反垄断法规制》，《法学》2020年第1期。

四 平台—政府二元共治难以完全克服平台自治引发的 道德风险与市场失灵

支持平台—政府二元共治的学者认为，平台和政府可以在信用机制、信用工具、管理标准以及数据共享等方面开展合作，以实现平台市场的良好治理。政府作为最广泛公共利益的代表，参与网络平台市场治理的正当性毋庸置疑，但政府所代表公共利益的广泛性很容易分散注意力，导致政府参与治理过程的作用弱化。用户和经营者作为直接与网络平台发生交易的市场主体，最为了解平台市场治理的利弊得失，二者的切身利益也最容易受到不良治理的侵害。赋权用户和经营者直接参与网络平台市场的共同治理是实现网络平台市场良好治理的必然选择。

（一）平台—政府二元共治不满足实现平台市场良好治理所需的利益相关者代表性

正如欧洲法院在一起案件中所指出的，"只有在利益相关者具有代表性的情况下，共同治理才具有完整的合法性"。① 平台市场由网络平台自治沦陷于道德风险，根源在于平台内经营者和消费者作为"具有代表性的利益相关者"不能有效参与治理过程，他们沦为被治理的对象，几乎没有话语权。平台—政府二元共治模式下，这种状况仍然难以改变。

尽管平台内经营者利益和消费者利益可以成为公共利益的子集，但政府与平台的合作行为不能成为经营者和消费者参与平台市场治理行为的有效替代。长期以来，人们从各个领域对公共利益的内涵和外延进行解释，但至今对何为公共利益以及如何界定公共利益仍不能得出统一的答案。② 实践中，随着越来越多的利益价值，诸如市场秩序、经济安全、道德利益等被纳入公共利益的范畴，公共利益的指向性也变得越来越模糊。③ 公共利益内容

① Case T-135/96, UEAPME v Council［1998］EU: T: 1998: 128., cited in Finck, M., "Digital Co-regulation: Designing a Supranational Legal Framework for the Platform Economy," *European Law Review*, 2018, p.19.

② 张成福、李丹婷：《公共利益与公共治理》，《中国人民大学学报》2012 年第 2 期。

③ 吴惟予：《平台经济领域中的反垄断公益诉讼研究——以消费者利益与社会公共利益为分析视角》，《上海法学研究》2021 年第 2 期。

的开放性和多元性使其能够将越来越多的因素纳入考量，也说明其与消费者利益和经营者利益之间的耦合度越来越低，差异越来越大。

在平台市场上，平台内经营者和消费者的利益是具体的而非抽象的，并且主要表现为个体利益。虽然公共利益和个体利益通常是一致的，[①] 但这种"一致"只是最小程度的耦合，实践中既会出现政府为了公共利益而损害个体利益的例子，也会产生个体为了自身利益与公共利益发生冲突的情形。以公共利益取代平台内经营者和消费者利益难以获得人们的认同，因为代表着最广泛社会公共利益的政府在参与平台市场治理时很难做到从经营者和消费者的立场出发，平台—政府二元共治模式存在治理主体上的不完全性。

（二）政府难以代表平台内经营者的立场参与平台市场治理

在平台市场上，平台内经营者需要同时面对网络平台、消费者和政府。网络平台、平台内经营者和消费者之间是法律意义上平等的横向契约关系，政府和平台内经营者之间是法律意义上不平等的纵向行政管理关系。虽然网络平台、平台内经营者和消费者法律地位平等，但因市场地位不平等，三者之间的契约经常呈现网络平台侵犯平台内经营者权益、平台内经营者侵犯消费者权益的道德风险，克服这种道德风险是平台市场治理的要义所在。若想借平台—政府二元共治模式克服网络平台对平台内经营者权益的侵犯，政府必须完全从平台内经营者的立场出发与网络平台进行治理博弈，但是在政府与平台内经营者之间的纵向行政管理关系中，政府关注的是平台内经营者的侵权行为及风险，这使得政府难以完全代表平台内经营者的立场。

在平台市场治理中，出于监管者本位思维，政府希望提高对平台内经营者的监管能力，保护公平竞争。公平竞争，一方面要求经营者合法的商业模式不受妨碍和破坏，另一方面要求经营者提供的产品和服务能够被消费者自由选择、使用和评价。[②]

平台—政府二元共治模式下，政府可以利用平台的技术优势，实现对

---

① 高志宏：《公共利益：基于概念厘定的立法导向与制度优化》，《江西社会科学》2021 年第 10 期。

② 熊文邦：《互联网不正当竞争行为司法认定中的利益衡量与平衡路径》，《中国应用法学》2022 年第 4 期。

平台内经营者更为精细化和精准化的监管。比如，阿里巴巴集团与多地市场监督管理局签订《网络交易监管跨区域协作协议》，运用其开发的在线协查平台"红盾云桥"对淘宝、天猫、1688等各种网络交易平台的侵权案件进行调查，解决异地协查时效差、数据交换难等问题。

平台—政府二元共治模式固然有利于政府对平台内经营者的监管，平台内经营者之间的公平竞争由此可以得到更好的保障，但无助于改变网络平台与平台内经营者之间市场地位的不平等，也无助于改善网络平台和平台内经营者之间的契约治理。网络平台和平台内经营者之间的服务协议如何进行权利让渡，本质上属于私权自治，政府的公权力身份使其难以代表任何一方私权主体介入谈判。因此，平台—政府二元共治模式仅能实现相对公平的市场竞争环境，无法完全消除平台自治引发的道德风险和市场失灵，经营者对网络平台的利益诉求，还需要自己去争取。

（三）政府难以代表消费者的立场参与平台市场治理

对消费者而言，虽然其在平台市场上的权益与《消费者权益保护法》中规定的安全权、知情权、自主选择权、公平交易权等没有区别，但其权益在数字经济背景下难以保障的状况并没有在平台—政府二元共治模式下得到改善。消费者有必要直接参与平台市场治理，为维护自身权益发声，从而使自身合法权益得到网络平台和平台内经营者的认可与尊重。

首先，平台市场消费者的人身财产安全难以在平台—政府二元共治模式下得到保障。以网约车为例，想要成为网约车司机，往往只需要几步简单的认证，平台只根据《网络预约出租汽车经营服务管理暂行办法》进行形式审查，甚至无法保证司机上传资料的真实性。乘客在无法知悉司机真实信息的情况下，极易将自己置于危险的环境中并受到侵害。平台—政府二元共治模式下，市场准入标准由政府制定，准入审查和认证则交由平台执行，这种合作治理看似高效便捷，实际上不仅缺乏有效的监督机制，而且平台审核时也容易发生道德风险。

其次，消费者的知情权难以在平台—政府二元共治模式下得到保障。一方面，平台内经营者会对发布的商品信息进行美化，或者通过刷单、好评返现等手段营造良好信誉，误导消费者；另一方面，平台往往会在消费者不知情的情况下过度收集其信息，并在数据分析的基础上对消费者进行

"画像"，通过个性化推荐算法对消费者进行信息干预，使消费者所接触的信息趋于同类化、同质化。① 平台—政府二元共治模式下，数据和算法作为平台市场的信息壁垒很难被政府突破，消费者的"信息茧房"处境亦很难得到改善。

最后，消费者的自主选择权和公平交易权难以在平台—政府二元共治模式下得到保障。在平台市场上，消费者的自主选择权和公平交易权很容易受到损害。比如，网络平台强制性"二选一"行为虽然未必是直接针对消费者，但其外溢效果直接侵害了消费者的自主选择权，增加了消费者在某一平台上支出的注意力和时间成本；② 又如，平台的"大数据杀熟"行为虽然侵害了消费者的公平交易权，但由于该行为难以被发现，消费者寻求法律保护存在举证困难，实践中消费者无法及时有效地维护自身权益。平台—政府二元共治模式虽然可以在很大程度上消除"公然"侵害消费者自主选择权和公平交易权的行为，但很难消除以技术手段隐蔽实施的此类行为，因为政府并不像消费者那样对于以技术手段隐蔽实施的侵权行为有切肤之痛，政府与消费者感受的时空间隔使政府难以在平台—政府二元共治模式下代表消费者立场。

五　四方共治是平台市场治理优化的必由路径

四方共治意味着治理理念的变化，在从单一中心结构转向多中心治理网络的过程中，需要厘清政府、市场以及越来越多技术之间的复杂互动，承认在政策、法律的制定、执行和演变过程中纳入更广泛的利益相关方和决策者群体的好处。③ 四方共治的治理模式吸纳了平台、政府、经营者和消费者共同作为平台市场治理的主体，以四方主体之间的协调合作和良性互动有效解决平台市场中的道德风险和市场失灵问题。这种模式下，公共性是平台市场治理的精神内核，④ 政府不再处于纯粹的裁判者地位，转而

---

① 刘坤、喻玲：《算法个性化推荐商业应用、消费者损害及其多元救济》，《江南大学学报》（人文社会科学版）2022 年第 4 期。

② 苏号朋：《优势电商平台"二选一"行为中的消费者权益保护》，《法律适用》2021 年第 3 期。

③ Brescia, R. H., "Regulating the Sharing Economy: New and Old Insights Into an Oversight Regime for the Peer-to-Peer Economy," *Neb. L. Rev.*, 2016, p. 134.

④ 彭双杰：《互联网平台治理的公共性困境及其应对》，《北京理工大学学报》（社会科学版）2024 年第 6 期。

发挥更为积极的引导和监督作用，确保共同治理不损害公共利益。平台作为治理过程的主导者，应充分发挥在平台市场上的轴心作用，为治理提供可行性方案，承担更多的社会责任。经营者和消费者作为网络平台市场共同治理的重要参与者，作用主要是对治理方案表达自身诉求，确保平台市场的治理有利于维护市场公平竞争，保障广大平台内经营者和消费者的合法权益。

（一）理念革新：四方共治中的政府引导和平台主导

1. 四方共治中的政府引导

长久以来，无论是市场规制还是宏观调控，政府可以调动社会各个方面的资源达成治理目标，因而在社会治理中占据主导地位。[①] 然而，对于网络平台市场的治理，需要在新的治理过程、治理规则和治理方式中赋予政府治理新的内涵。[②] 政府必须正视日益复杂的平台市场环境与政府治理能力有限之间的矛盾，在治理思维上作出变革，对复杂的问题作出灵活处理。这种变革反映在政府职能上，要求政府从简单的"裁判—命令—控制"向"参与—引领—服务"转变，发挥政府的"引导型职能"。根据学者对政府"引导型职能"的研究，引导型政府是深度参与社会治理过程的监管与服务相结合的政府。[③] 引导型政府具有行动主动性，要求政府从社会问题的纯粹裁决者转向社会治理的参与者，承担行动引导责任。引导型政府具有前瞻性，要求政府以前瞻性的战略替代应激性的回应式行政。引导型政府具有治理参与性，要求政府置身于社会治理，突破站在高位监管时的规制外部性。引导型政府具有灵活适应性，要求政府能够灵活处理复杂的社会问题，不断优化自身的履职方式。具体到平台市场治理领域，政府不仅要在治理思维上从传统的被动应对向主动谋划转变，而且要发挥引导型政府的行动主动性、前瞻性、治理参与性以及灵活适应性，作为平台市场治理的参与者，以前瞻的、动态的、发展的眼光看待平台市场治理，以灵活的、智慧的方法引导平台市场发展。

[①] 许荻迪、杨恒：《平台经济事前治理的国际经验和中国路径》，《电子政务》2023年第3期。

[②] 宋华琳：《论政府规制中的合作治理》，《政治与法律》2016年第8期。

[③] 郑家昊：《政府引导社会管理：复杂性条件下的社会治理》，《中国人民大学学报》2014年第2期。

2. 四方共治中的平台主导

四方共治模式下，政府参与治理过程，同时尊重平台作为治理过程带动者和主导者的身份。事实上，平台作为连接消费者、平台内经营者、政府的中枢，其关键地位在平台商业模式孕育之时便已确定。平台通过技术赋权，拥有技术权力和市场权力，能够为产权保护、契约执行提供保障。① 考虑到平台对其他市场主体的强大影响，需要在共同治理的语境下讨论平台主导。共同治理中的平台主导是相对于传统的平台自治而言的，强调平台在治理中的关键地位与社会责任。② 与平台自治相比，四方共治削弱了平台的独断权，平台作出与市场治理有关的决策时，可以通过谈判以及听取政府、平台内经营者和消费者的意见等方式与后者互动。平台以这种方式参与共同治理，不仅可以避免对平台内经营者和消费者权益的忽视，也有助于维护平台形象，增强公众对平台的信任。③ 四方共治模式下，政府可以大量减少对经营者和消费者的监管成本，转而要求平台自身对经营者和消费者行为、言论的合法性和合规性进行监督，即形成一种政府监管平台、平台管理经营者和消费者的双层治理模式。④

四方共治模式下的平台主导是责任型平台主导。网络平台作为一种特殊的市场主体，不仅是市场逻辑主导下的"经济人"角色，而且具有社会公共性特征。平台企业的社会公共性体现在平台通过开放的准入标准，将平台市场之外的社会主体引入平台市场领域，并行使平台市场治理意义上的"准立法权""准司法权""准行政权"建立一个安全、高效、公平、诚信的平台市场，实现"法律秩序"与"平台秩序"的良性互动。⑤ 因此，从平台的公共性特征出发，平台需要承担对公共场域进行良好治理的社会责任。网络平台承担社会责任的核心，一方面在于其需要减少平台规则和算法设计中的利益偏向性，避免陷入只考量自身利益的道德风险；另

① 孟凡新、涂圣伟：《技术赋权、平台主导与网上交易市场协同治理新模式》，《经济社会体制比较》2017 年第 5 期。
② 靳文辉、苏雪琴：《平台型治理模式运行的原理分析与制度保障》，《厦门大学学报》（哲学社会科学版）2024 年第 6 期。
③ Finck, M., "Digital Co-regulation: Designing a Supranational Legal Framework for the Platform Economy," *European Law Review*, 2018, p. 21.
④ 孙韶阳：《网络市场平台与政府协同治理的策略选择与模式优化——基于"平台—政府"双层治理模式的演化博弈分析》，《企业经济》2021 年第 3 期。
⑤ 周辉：《双重秩序视角下的网络平台监管及其制度完善》，《法律科学（西北政法大学学报）》2024 年第 6 期。

一方面其要规范自身参与平台市场竞争的商业行为，与平台内经营者和消费者一起营造公平有序的市场环境。

（二）路径突破：平台内经营者和消费者参与治理

1. 平台内经营者和消费者应有权参与平台市场规则的制定

对于平台市场规则的制定，一方面，平台企业需要将外部的社会责任制度内化成平台自身的运行规则，增强平台生态圈内部经营者和消费者的履责自愿性和积极性；另一方面，平台内经营者和消费者也要积极表达自己的利益诉求，对于不符合自身合法权益和明显不公平的条款，通过协商谈判等手段进行救济。这客观地要求平台企业打通与平台内经营者和消费者沟通的渠道，建立信息收集、公示的渠道，比如淘宝"规则众议院"和京东"规则评审团"等在意见征集和结果公示方面进行了较为积极的探索。此外，为了支持平台内经营者和消费者更好地参与平台市场规则的制定，政府有关部门应当加强对平台规则的研究，对平台和用户之间的协议进行合法性与合理性审查，[①] 不仅要审查规则本身是否符合法律、行政法规的规定，是否存在违背社会公共利益和公序良俗的情形，而且要审查是否符合比例原则，是否为实现平台市场良好治理所必需。例如，协议要求用户授权平台获取通讯录、照片等私密信息是否存在必要。

2. 平台内经营者和消费者应有权参与平台市场规则执行机制的治理

平台市场规则的有效执行，有赖于对违规行为和违规言论的公正裁决，这至少需要保障经营者和消费者两个方面的公平，一是裁决所依据的规则和裁决标准要透明，二是裁决机制的中立和非偏向性。一方面，透明度是正当程序的先决条件，如果规则或程序不透明，经营者和消费者既无法保障自身程序权利，也不可能知道自己是否违反了规则。完整的透明度规则要求用户知道规则是什么、知道他们违反了什么规则、知道存在一个系统或机构审查违规行为和言论、知道该系统是什么以及系统最后作出的决定。[②]

---

① 刘浩然：《论网络平台规则效力的司法审查》，《行政法学研究》2023 年第 3 期。

② Klonick, K., "The Facebook Oversight Board: Creating an Independent Institution to Adjudicate Online Free Expression," *Yale Law Journal*, 2020, 129 (8), p.2479.

然而，现实情况往往是平台市场治理的执行机制透明度不足。比如，为保持内容适度，平台需要对用户发布的内容进行审查，并作出保留或删除内容的决定，但审查的标准究竟是什么，外界并不知情。2018 年，在面向公众的社区标准背后的内部规则隐藏了十多年后，Facebook 发布了一个完全公开的版本，这意味着用户有权了解管理平台的规则并表达他们的诉求。[①]

在平台市场治理的执行机制上，执行的中立性要求构建网络平台、平台内经营者和消费者均认可的独立机制，参与独立裁决机制的人员可以从平台、经营者和消费者当中选出，也可以选取社会人员或学者等，但无论如何，不能仅是一方利益的代表者。例如，Facebook 成立了监督委员会，由 Facebook 任命的民间社会成员和学者对执行机制进行外部监督，尽管有学者认为这种做法模糊了共同治理和自治之间的界限，但本文认为，如果平台内经营者和消费者对监督人员的选取有足够的参与权，则可被视为参与了执行机制的治理。又如，马斯克收购推特后，发起一项是否解封特朗普账号的投票，以广大推特用户的意愿对特朗普账号的去与留进行裁决。用户投票是一种参与性赋权，可被视为平台内经营者和消费者参与执行机制治理的方式。

3. 平台内经营者和消费者应有权参与平台市场治理的监督

四方共治模式下，平台内经营者和消费者参与平台市场治理的监督，意味着不仅有权监督平台规则本身，而且有权监督保障规则实施的技术手段。平台内经营者和消费者可以通过平台信誉机制进行规则评价，也可以向政府有关行政部门反馈，促进平台改进和完善相关治理规则。

一方面，平台业务的开发和拓展高度依赖信任和声誉，平台内经营者和消费者对平台提供产品和服务的反馈和评级会促使平台改进治理规则。因此，四方共治要求平台完善自身评价机制，畅通信息传输渠道，而不是让规则的制定、运行总是依赖少数受过专门培训的专业人员。同时，为保障评价、评分、评级的理性和客观，需要政府发挥在召集、宣传等吸引公众注意力方面的优势，给予平台内经营者和消费者正确的价值引导，指引他们客观、理性地看待问题和认识世界，避免跟风造势。

---

① Klonick, K., "The Facebook Oversight Board: Creating an Independent Institution to Adjudicate Online Free Expression," *Yale Law Journal*, 2020, 129 (8), p.2479.

另一方面，当网络平台企业面临政府监管的现实压力时，即使自我革新可能会损害短期利益，它们也会认真对待。因此，对于存在问题和缺陷的平台规则，如果平台自身缺乏改进的动力，四方共治模式下平台内经营者和消费者可以向政府有关部门反馈，增加平台企业自我改革的外部压力，促进平台规则的完善。

4. 平台内经营者和消费者应有权参与对算法等技术的评价

算法等技术是保障平台规则良好运行的手段，因此要还原技术本身的中立性，防止平台技术权力异化产生技术极权，[①] 这对平台规则的有效执行同样重要。为防止技术本身的自我优待，需要从算法设计和算法运行两个方面进行监督。在算法设计层面，尽管"算法黑箱"导致的一系列问题似乎可以通过提高算法透明度解决，但算法作为平台企业赖以生存的关键，任意的强制公开不仅可能抑制企业创新，而且无法解决由此产生的知识产权保护等问题。[②] 对此，可以借鉴《通用数据保护条例》中的"数据保护官"制度，加强政府和平台之间的合作。平台内部可以设置算法合规审查专员或安全责任人，政府内部也可以设置相应的部门完善算法的备案、监督、审查和分级工作，二者对接，既可以对算法进行"不透明"的保护，又可以使算法"透明"地工作。在这种安排下，政府监督人员听取平台内经营者和消费者对算法运行效果的评价至关重要。

针对算法运行过程中的利益偏向性，平台内经营者和消费者可以通过行使"算法解释权"等进行监督。例如，我国《个人信息保护法》第24条规定，对于平台通过自动化决策方式作出的对个人权益有重大影响的决定，个人有权要求平台进行解释并有权拒绝平台仅通过自动化决策的方式作出决定。相比于欧盟《通用数据保护条例》，《个人信息保护法》并未要求决定"仅"由算法作出，即并未排除人工干预下作出的决定，[③] 因此对算法规制的种类更多，范围也更加广泛。尽管各国都对算法决策问题作出不同程度的规定，但该权利相对新颖，各国的法律规定也都比较抽象，不

---

① 马治国、占妮：《数字社会背景下超级平台私权力的法律规制》，《北京工业大学学报》（社会科学版）2023年第2期。
② 蒋慧、徐浩宇：《电商平台个性化推荐算法规制的困境与出路》，《价格理论与实践》2022年第12期。
③ 林洹民：《〈个人信息保护法〉中的算法解释权：兼顾公私场景的区分规范策略》，《法治研究》2022年第5期。

同主体从不同角度可以作出不同的解释。[①] 因此，为了完善平台市场治理，有必要完善算法解释权，让平台内经营者和消费者真正有法可依，提高参与平台市场治理的能力。

六 结论

不可否认的是，网络平台发展至今，平台自治已经成为现实。针对平台自治产生的各种问题，无论是政府监管还是平台—政府二元共治，对于平台市场如何治理、道德风险和市场失灵问题如何解决以及平台社会责任如何承担等问题，[②] 都无法给出令人满意的答案。事实上，没有任何一个主体具备解决复杂、多样和动态问题所需的全部信息，也没有任何一个主体具备必要的总览能力，能够运用所有必要的手段进行有效治理。平台市场治理的优化路径仍然有赖共同治理的理性选择。

政府、网络平台、平台内经营者和消费者共同参与的治理模式，需要处理好政府与平台、平台与经营者及消费者之间的关系。在政府与平台之间，一方面需要政府以前瞻性、主动性、灵活性的引导者身份参与平台市场治理的全过程和各方面；另一方面，需要平台以技术和管理优势主导平台市场的治理，同时强化平台企业的社会责任，促进相关问题以市场化方式解决。在平台与经营者及消费者之间，一方面需要平台开放沟通渠道、提高算法和裁决的透明度，保障经营者和消费者参与平台市场规则制定、执行和监督的权利；另一方面，政府需要支持经营者和消费者对平台规则提出意见和建议，对平台治理作出客观、理性的评价，切实保障平台内经营者和消费者的利益不受损害。

[①] 丁晓东：《基于信任的自动化决策：算法解释权的原理反思与制度重构》，《中国法学》2022年第1期。

[②] 蒋慧：《数字经济时代平台市场治理的困境及其法治化出路》，《法商研究》2022年第6期。

实务研究

论个人信息侵权的归责原则与适用

——基于《个人信息保护法》第 69 条 第 1 款的研究

陈　宇　曾荣燏*

摘　要： 2021 年《中华人民共和国个人信息保护法》颁布施行，其中第 69 条第 1 款明确规定了对个人信息侵权的民事责任适用过错推定的归责原则，促进了我国个人信息保护法律体系的发展。然而在该法条的具体适用中，依然存在司法对于个人信息侵权的归责原则重视不足、适用混乱，以及权利人对于网络服务提供者主观过错的举证能力弱、败诉率高等问题，同时理论界对于个人信息侵权的归责原则亦存在争议。基于此，应当对个人信息处理者进行辨析界定，构建个人信息侵权归责原则的"新三元归责体系"，同时注重司法实践中适用个人信息侵权归责原则的规范性和统一性，以推动我国个人信息保护法律体系的不断完善，促进社会公平正义的实现。

关键词： 个人信息保护　侵权责任　三元归责体系

当前，信息技术高速发展，同时催生了各式各样的侵害个人信息权行为，公民只能生活在"信息茧房"之中。面对个人信息侵权的复杂现状，许多学者不断致力于对个人信息权益的研究，具体而言，主要包括但不限于以下几个方面：一是完善个人信息权益公益诉讼制度以保护

---

*　陈宇，福州大学法学院副教授，研究方向为环境与资源保护法；曾荣燏，福州大学法学院硕士研究生，研究方向为民法。

公民个人信息权益；① 二是完善敏感个人信息保护规则以加强对公民个人信息权益的保护；② 三是完善生成式人工智能对个人信息权益的风险规制以保护公民个人信息权益。③ 2021 年 8 月 20 日，《中华人民共和国个人信息保护法》（以下简称《个人信息保护法》）正式颁布，其中第 69 条第 1 款规定，处理个人信息侵害个人信息权益造成损害，个人信息处理者不能证明自己没有过错的，应当承担损害赔偿等侵权责任。《个人信息保护法》对于个人信息侵权采取了过错推定的归责原则，在一定程度上减轻了权利人的举证负担，促进了我国个人信息保护法律体系的发展。

然而，个人信息侵权的归责原则依然存在一些不足之处。《个人信息保护法》第 69 条第 1 款规定对于个人信息侵权采取过错推定的归责原则，这种方式虽然简便易行，却没有考虑不同个人信息处理者的信息处理能力和举证能力存在差异，例如自然人与公权力机构的信息处理能力和举证能力显然存在差异，不加以区分而一概适用同一归责原则是否公正？这样的立法设计是否充分平衡了侵权人与权利人的举证负担？归责原则在个人信息侵权的司法实践中是否发挥了应有的作用？面对网络服务提供者的强大举证优势，权利人是否能保护自己的个人信息权不受侵害？司法实践中法院对于个人信息侵权归责原则的适用是否一致？因此，亟须采取相应措施，解决实践问题，回应时代需要。

鉴于此，面对个人信息侵权的归责原则适用困境，应当从个人信息侵权归责原则的司法实践出发，分析对于个人信息侵权归责原则的不同理论观点，对个人信息处理者作出正确界定和分类，同时注重对个人信息侵权

---

① 参见姚佳《个人信息保护检察民事公益诉讼的理论基础与实施进路》，《政法论坛》2024 年第 4 期；欧元捷《公益治理体系下的个人信息保护公益诉讼》，《法律适用》2023 年第 12 期；黄恒林《预防性个人信息保护民事公益诉讼的证立及其制度展开》，《法制与社会发展》2024 年第 2 期。

② 参见王利明《敏感个人信息保护的基本问题——以〈民法典〉和〈个人信息保护法〉的解释为背景》，《当代法学》2022 年第 1 期；郭传凯《敏感个人信息处理规则的反思与修正》，《政法论坛》2024 年第 3 期；杨惟钦《敏感个人信息告知同意规则的制度逻辑、规范解释与补强》，《财经法学》2024 年第 1 期。

③ 参见钭晓东《风险与控制：论生成式人工智能应用的个人信息保护》，《政法论丛》2023 年第 4 期；王东方《生成式人工智能对个人信息权益的侵害风险及其法律规制》，《征信》2024 年第 2 期；陈禹衡《生成式人工智能中个人信息保护的全流程合规体系构建》，《华东政法大学学报》2024 年第 2 期。

归责原则的"新三元归责体系"的构建与表达，正确适用个人信息侵权的归责原则，保护公民个人信息权不受侵害。

一　问题提出：个人信息侵权归责原则的实践困境

探求《个人信息保护法》第 69 条第 1 款的实施效果，必须对我国个人信息侵权的司法实践情况进行分析。在研究过程中，利用中国裁判文书网，将检索条件设置为"全文：个人信息权益"、"案由：侵权责任纠纷"、"文书类型：判决书"和"裁判日期：2021 年 1 月 1 日~2024 年 12 月 8 日"，进行检索后得到个人信息侵权裁判文书 27 篇（见表 1）。

表 1　2021~2024 年个人信息侵权案件裁判文书数量及变化趋势

单位：篇

项目	2021 年	2022 年	2023 年	2024 年
数量	2	8	11	6
变化趋势				

注：2024 年统计数据截至 2024 年 12 月 8 日。

通过对不同判决年份进行区分，不难发现，从 2021 年《民法典》施行至 2023 年，个人信息侵权案件数量不断增加，2024 年个人信息侵权案件数量有所下降，但整体而言个人信息侵权案件已经逐渐成为司法实践中重要的案例类型。究其原因，一方面随着信息技术的发展，个人信息的重要性日益显露；另一方面《民法典》以及《个人信息保护法》的施行增强了公民维护个人信息权的意识。

法律的实践性要求法律必须能够满足现实的需要。而面对个人信息侵权案件数量不断增加、保障公民的个人信息权不受侵害迫在眉睫的形势，正确适用个人信息侵权的归责原则无疑是至关重要的应对之策。通过对上述 27 篇判决文书的研究，可以发现当前司法实践在适用个人信息侵权的归责原则中主要存在三大问题：首先，对于个人信息侵权的归责原则阐释不足；其次，权利人对于网络服务提供者主观过错的举证能力弱，败诉率高；最后，个人信息侵权归责原则的适用混乱，严重阻碍了对公民个人信息权的保护。

（一）司法实践中对于个人信息侵权的归责原则阐释不足

在个人信息侵权案件中，侵权人的主观过错是认定其侵权责任的构成要件之一，而归责原则决定对于侵权人的主观过错应当由哪一方来举证，这是认定个人信息侵权责任是否成立的一大关键。然而，如图 1 所示，根据 27 篇判决文书的"本院认为"部分，只有 44% 的判决文书对归责原则作了具体明确的说明，另外 56% 的判决文书则未明确说明该案应适用的归责原则。由此可见，司法实践中对于个人信息侵权归责原则阐释不足的问题十分严峻。

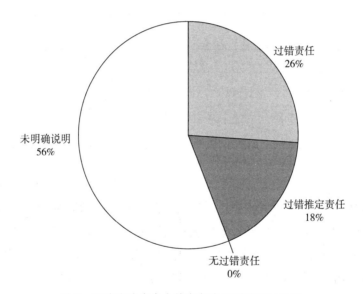

图 1 司法实践中个人信息归责原则的适用比例

如在麦某某诉北京某某生科技有限公司等网络侵权责任纠纷案①中，法院在论证某某生公司收集和使用麦某某个人信息是否侵权时，仅对某某生公司是否构成个人信息处理行为、是否构成自动化决策以及个人信息处理行为是否超出法定范围等进行阐释，而未对个人信息侵权的归责原则进

① 麦某某诉北京某某生科技有限公司等网络侵权责任纠纷案，广州互联网法院（2022）粤 0192 民初 20966 号民事判决书。

行说明。虽然在判决中法院曾引用《个人信息保护法》第 69 条，但主要是引用该条第 2 款①的规定对经济损失赔偿数额进行论证，而非说明个人信息侵权的归责原则。

如表 2 所示，类似案件判决文书的数量在本文收集的判决文书中占比高达 56%，并非偶然现象。在这些案例中，法院未对案件所应适用的个人信息侵权归责原则进行说明即认定被告的行为是否构成个人信息侵权，一方面对判决的释法说理不够完整，另一方面不利于发挥司法在法治宣传中的作用，阻碍了个人信息侵权归责原则引导当事人行为功能的实现。

表 2　2021~2024 年个人信息侵权案件归责原则适用情况

案由	案号	归责原则
陈某某诉北京某啤酒集团有限公司侵权责任纠纷	(2022) 京 0113 民初 7292 号	未明确说明
陈某诉深圳市某物业服务中心等侵权责任纠纷	(2023) 粤 0306 民初 26015 号	一般过错责任
陈某生诉陈某光等侵权责任纠纷	(2023) 粤 0804 民初 2648 号	未明确说明
代某某诉广州某计算机系统有限公司网络侵权责任纠纷	(2022) 粤 0192 民初 18079 号	未明确说明
段某某诉某科技股份有限公司网络侵权责任纠纷	(2023) 粤 01 民终 32870 号	过错推定责任
顾某诉某有限公司等侵权责任纠纷	(2023) 京 0102 民初 890 号	未明确说明
何某诉某有限公司网络侵权责任纠纷	(2023) 京 0491 民初 11754 号	未明确说明
胡某某诉上海某商务有限公司侵权责任纠纷	(2021) 浙 06 民终 3129 号	一般过错责任
李某诉上海某建设工程有限公司其他侵权责任纠纷	(2021) 沪 0115 民初 6849 号	一般过错责任
刘某某诉某银行股份有限公司网络侵权责任纠纷	(2023) 粤 0192 民初 3365 号	过错推定责任
龙某诉河北某某有限公司等网络侵权责任纠纷	(2022) 京 0491 民初 21755 号	未明确说明

---

① 《个人信息保护法》第 69 条第 2 款："前款规定的损害赔偿责任按照个人因此受到的损失或者个人信息处理者因此获得的利益确定；个人因此受到的损失和个人信息处理者因此获得的利益难以确定的，根据实际情况确定赔偿数额。"

续表

案由	案号	归责原则
麦某某诉北京某某生科技有限公司等网络侵权责任纠纷	（2022）粤 0192 民初 20966 号	未明确说明
石某诉北京某卫生院网络侵权责任纠纷	（2023）京 0491 民初 19473 号	一般过错责任
王某诉某有限公司网络侵权责任纠纷	（2023）京 0491 民初 1410 号	未明确说明
王某诉广州某信息科技有限公司网络侵权责任纠纷	（2021）粤 0192 民初 44778 号	一般过错责任
王某某诉北京某科技有限公司网络侵权责任纠纷	（2021）京 0491 民初 45720 号	未明确说明
夏某某诉北京某科技有限公司侵权责任纠纷	（2023）京 0116 民初 1296 号	一般过错责任
许某某诉某银行股份有限公司某分行等个人信息保护纠纷	（2023）辽 03 民终 1358 号	过错推定责任
许某某诉北京某度电子商务有限公司网络侵权纠纷	（2022）京 0491 民初 17326 号	未明确说明
薛某某诉深圳某惠小额贷款有限公司等网络侵权责任纠纷	（2022）京 04 民终 288 号	未明确说明
薛某某诉北京某证股份有限公司等网络侵权责任纠纷	（2021）京 0491 民初 41500 号	未明确说明
闫某某诉中国某鲁木齐黄河路支行侵权责任纠纷	（2022）新 0103 民初 7222 号	过错推定责任
张某诉甘肃某商业银行股份有限公司侵权责任纠纷	（2022）甘 07 民终 129 号	过错推定责任
祖某某、欧某等诉广东某物业有限公司个人信息保护纠纷	（2021）湘 0112 民初 7592 号	一般过错责任
贾某诉北京某电子商务有限公司网络侵权责任纠纷	（2022）京 0491 民初 14294 号	未明确说明
张某诉某网络技术有限公司网络侵权责任纠纷	（2024）京 0491 民初 8840 号	未明确说明
杜某某诉万某侵权责任纠纷	（2024）陕 0802 民初 7499 号	未明确说明

资料来源：根据中国裁判文书网数据整理。

党的十九大报告指出"努力让人民群众在每一个司法案件中感受到公平正义"，这要求法官在判决文书中做好释法说理工作，让当事人明了是非对错，以减少不必要的上诉、再审案件。但本文搜集的个人信息侵权案件判决文书中有一半未对归责原则进行明确说明，一方面不利于定分止争，另一方面暴露了当前司法实践对于个人信息侵权的归责原则未能予以充分的重视。而这将导致公民对归责原则的适用产生怀疑，既有碍于对公民个人信息权的保护，也危害法的权威性。

（二）权利人对于网络服务提供者主观过错的举证能力弱，败诉率高

2021~2024 年，个人信息侵权案件数量总体增加，但遗憾的是，权利人往往处于败诉的窘境。如图 2 所示，在 27 篇判决文书中，全部支持原告诉讼请求的仅有 1 篇，驳回全部上诉请求的足有 17 篇，部分支持原告诉讼请求的则有 9 篇，负多胜少，权利人通过诉讼途径保护个人信息权的局势不容乐观。

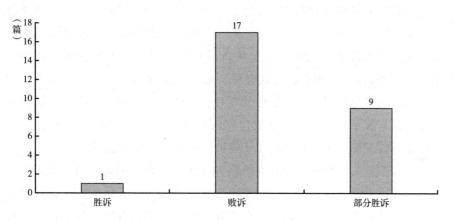

图 2　2021~2024 年个人信息侵权案件判决文书权利人诉讼结果

此外，通过研究发现，司法实践中侵害个人信息权的主体一般可分为三类：一是采取数据自动处理技术的网络服务提供者；二是具备公共管理职能的公权力机构；三是未使用数据自动处理技术的自然人和其他组织（相较于前两者，又可称为一般侵权主体）。如表 2 所示，当侵权人为一般侵权主体时，原告的胜率为 54%，尚处于正常的胜率区间；但当侵权人为网络服务提供者时，原告的胜率仅有 15%，显然处于异常的胜率区间。

表3　个人信息权利人诉不同侵权主体的胜率

单位：件，%

项目	一般侵权主体	网络服务提供者	公权力机构
案件数量	13	13	1
胜率	54	15	100

注：本表中将部分胜诉并入胜诉进行统计。

虽然诉讼的胜负会受到法律知识储备、个人性格等多种因素的影响，但15%的胜率明显与正常情况不符。而通过对13篇侵权人为网络服务提供者的判决文书的进一步深入分析不难发现，相较于权利人，网络服务提供者在举证能力方面处于显著优势地位，面对悬殊的举证能力，大多数情况下权利人只能遗憾落败。

如在许某某与北京某度电子商务有限公司网络侵权纠纷一案[①]中，被告北京某度电子商务有限公司就通过《××用户×××》的格式条款获得了原告许某某对处理其个人信息的同意，从而轻而易举地主张自己不具有过错。又如在薛某某与深圳某惠小额贷款有限公司等网络侵权责任纠纷一案[②]中，被告深圳某惠小额贷款有限公司亦是通过某惠App借款协议取得了原告薛某某对处理其个人信息的授权，主张自己不存在主观过错。类似的情况还有薛某某诉北京某证股份有限公司等网络侵权责任纠纷案[③]。同时在这种情况下，法院不倾向于认定该格式协议存在无效情形。

然而在现实生活中，面对网络服务提供者提供的格式协议，大多数公民不具备扎实的法律基础，往往难以分辨其中利害，且这类格式协议往往十分冗长，从而导致大多数公民在不知情的情况下授权网络服务提供者处理自己的个人信息。而在这种情况下，作为普通自然人的权利人，往往难以举证证明网络服务提供者具有主观过错，即便适用过错推定原则，网络服务提供者也能以上述格式协议轻松证明自己不具有主观过错。

① 许某某诉北京某度电子商务有限公司网络侵权纠纷案，北京互联网法院（2022）京0491民初17326号民事判决书。

② 薛某某诉深圳某惠小额贷款有限公司等网络侵权责任纠纷案，北京市第四中级人民法院（2022）京04民终288号民事判决书。

③ 薛某某诉北京某证股份有限公司等网络侵权责任纠纷案，北京互联网法院（2021）京0491民初41500号民事判决书。

（三）司法实践中个人信息侵权归责原则适用混乱

在 2021 年 11 月 1 日《个人信息保护法》施行以前，《民法典》并未明确规定个人信息侵权的归责原则。《个人信息保护法》施行后，我国依据《个人信息保护法》第 69 条采过错推定责任。但通过对 27 篇判决文书的研究可以发现，当前司法实践对个人信息侵权归责原则的适用存在混乱。

如在夏某某诉北京某科技有限公司侵权责任纠纷一案①中，案涉侵权行为发生于 2022 年 4 月 15 日，《个人信息保护法》已经施行。《个人信息保护法》作为特别法，该案本应适用其第 69 条规定的过错推定的归责原则，但该案判决文书"本院认为"部分却适用《民法典》关于过错责任的规定："对于第二个焦点，《中华人民共和国民法典》第 1165 条规定：'行为人因过错侵害他人民事权益造成损害的，应当承担侵权责任'。"显然，该法院在该个人信息侵权案中适用的是《民法典》规定的过错责任原则。

又如在许某某诉某银行股份有限公司某分行等个人信息保护纠纷一案②中，被诉侵权行为发生于 2022 年，《个人信息保护法》已经施行，但在该案的审判中，一审法院认为："该案的法律事实发生在民法典施行之后，故应适用民法典的相关规定……行为人因过错侵害他人民事权益造成损害的，应当承担侵权责任。"而二审法院认为："《中华人民共和国个人信息保护法》第 69 条规定'处理个人信息侵害个人信息权益造成损害，个人信息处理者不能证明自己没有过错的，应当承担损害赔偿等侵权责任。'据此可知，个人信息处理者因过错个人信息侵权造成损害结果的，应承担赔偿责任。"显然，一审法院适用的是过错责任的归责原则，而二审法院适用的是过错推定的归责原则，对于同一案件同样的事实，两审法院适用的却是不同的归责原则。法院对归责原则的适用混乱，既不利于公民维护自身的个人信息权不受侵害，也容易破坏司法公信力。

---

① 夏某某诉北京某科技有限公司侵权责任纠纷案，北京市怀柔区人民法院（2023）京 0116 民初 1296 号民事判决书。
② 许某某诉某银行股份有限公司某分行等个人信息保护纠纷案，辽宁省鞍山市中级人民法院（2023）辽 03 民终 1358 号民事判决书。

二 理论争鸣：个人信息侵权的归责原则选择

作为《民法典》侵权责任编的关键，归责原则是侵权责任法其他一切规则的根基，[①] 适用正确的归责原则，是规制个人信息侵权、更好地保护公民权利的前提。虽然《个人信息保护法》第 69 条规定了个人信息侵权应当适用过错推定的归责原则，但正如学者所言，该规定并不完美，仍应进行必要的反思和解释。[②] 如图 3 所示，我国学界在个人信息侵权的归责原则上的不同理论主张，主要包括"一元论"、"二元论"和"三元论"三种，彼此之间各有优劣，在争议中推动我国个人信息侵权归责原则的完善。

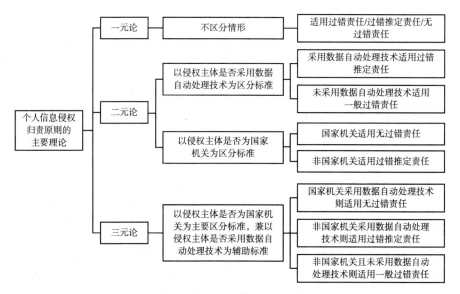

图 3 个人信息侵权归责原则的主要理论

（一）个人信息侵权的"一元论"归责原则

个人信息侵权的"一元论"归责原则，就是指不对侵权行为人作区分，对侵权人一律适用某一种确定的归责原则。在此之下，又可进一步细

[①] 杨立新：《侵权责任法》，高等教育出版社，2021。
[②] 叶雄彪：《个人信息侵权的理论反思与规范构建》，《齐鲁学刊》2023 年第 6 期。

分为过错责任、过错推定责任、无过错责任三种。

1. 仅以一般过错责任作为个人信息侵权的归责原则

一般过错责任原则，又称"过错原则"，是指任何人侵害他人民事权益造成损害，必须具有过错才应当承担侵权责任，但法律另有规定的除外。① 该种观点主要存在于《个人信息保护法》颁布之前，支持该观点的学者认为过错推定责任以及无过错责任必须在法律有特别规定的前提下方可适用，若法律未规定，则只能适用一般过错原则，② 只能由权利人主张个人信息处理者主观上具有过错。

随着时代的进步，对公民个人信息权的侵害越来越呈现侵权方式复杂性、侵权行为隐蔽性的特点，在此情况下，权利被侵害的事实本就难以发现，更别说要求权利人主张行为人主观上存在过错。因此，时至今日这种观点已经落后于时代的发展，该观点对权利人的举证提出较高的要求，不利于打击日趋常见的侵害公民个人信息权行为，更不足以充分保护公民的个人信息权。

2. 仅以过错推定责任作为个人信息侵权的归责原则

过错推定责任，又称过失推定，是指当损害结果出现时，根据某种客观情况而推定行为人主观上具有过错，以减轻或免除权利人对行为人主观上过错的举证责任，并由行为人承担证明自己没有过错的责任，如果行为人没有办法证明自己主观上不存在过错，就必须承担相应的侵权责任。③

《个人信息保护法》第 69 条第 1 款规定了过错推定的归责原则，然而早在《个人信息保护法》施行前，我国司法实践中就已有适用过错推定责任的先例，林某某诉四川某航空股份有限公司侵权责任纠纷案④，便是我国法院针对侵害公民个人信息权案件采取过错推定的归责原则的典型案例。在该案中，法院认为四川某航空公司收集证据的能力明显强于林某某，举证占据优势，林某某已证明其信息在售票渠道被泄露的基本事实，

---

① 程啸：《侵权责任法》，法律出版社，2021。
② 杨立新：《侵害公民个人电子信息的侵权行为及其责任》，《法律科学（西北政法大学学报）》2013 年第 3 期。
③ 程啸：《侵权责任法》，法律出版社，2021。
④ 林某某诉四川某航空股份有限公司侵权责任纠纷案，成都市中级人民法院（2015）成民终字第 1634 号民事判决书。

若还要求林某某进一步举证，显然有违公平原则，因此应采用过错推定的归责原则，由四川某航空公司证明自己不存在主观过错。

诚然，相比于一般过错责任，过错推定责任在保护公民个人信息权方面已经前进了一大步，但并未达到完美。一方面，当侵权人为未采用数据自动处理技术的一般自然人时，侵权人与权利人地位平等，一律适用过错推定将导致侵权人举证负担较高；另一方面，当侵权人为采用了数据自动处理技术的公权力机构和网络服务提供者时，其往往可以轻而易举地采取各种措施事先规避自己的过错，在此情况下，过错推定责任又不足以平衡双方实力，所以该观点亦存在可供完善之处。

3. 仅以无过错责任作为个人信息侵权的归责原则

无过错责任，是指不管行为人对于损害结果的出现主观上有没有过错，只要行为人侵害他人民事权益并造成了损害事实，就必须承担侵权责任。① 适用无过错责任原则，完全免除了权利人对于行为人主观过错的举证责任，在保护公民的个人信息权方面确实具有十分强大的效用，因而有学者持此观点。②

法律从来不是为某一方服务的工具，而是旨在实现社会公平正义的规范。适用无过错责任，固然可以很好地保护公民个人信息权，减轻权利人举证负担，然而对于侵权人不作区分而一律适用无过错责任，显然僵化地加重了一方的负担，有失利益平衡。应当注意到，我国目前正处于经济发展的上升期，无区分地适用无过错责任，存在抑制企业活力的风险，不利于经济发展。

总体来说，不管是主张适用哪一种归责原则，"一元论"都存在过于僵化、缺乏灵活性的缺点。而面对当下个人信息侵权主体日益多元化的现实情况，"一元论"不加区分地适用某一种归责原则，已不足以妥善解决不同主体视角下侵害公民个人信息权的纠纷，难以充分保护公民个人信息权，故而应当对侵权人进行适当的区分，并适用不同的归责原则，以实现社会公平正义的目标。

（二）个人信息侵权的"二元论"归责原则

个人信息侵权的"二元论"归责原则，就是指根据不同的区分标准，

---

① 程啸：《侵权责任法》，法律出版社，2021。
② 程啸：《论侵害个人信息的民事责任》，《暨南学报》（哲学社会科学版）2020 年第 2 期。

对不同的侵权人进行区分，从而适用不同的归责原则。在"二元论"的归责原则体系之下，对侵权人进行区分的依据便处于至关重要的地位。具体而言，主要有是否采用数据自动处理技术以及是否为国家机关两种区分标准。

1. 以侵权人是否采用数据自动处理技术为区分标准

该观点以侵权人是否采用数据自动处理技术作为区分标准，若侵权人采用该技术则适用过错推定责任，否则适用一般过错责任。当侵权人采用数据自动处理技术时，由于专业知识水平的限制，权利人和侵权人之间的举证能力存在较大的差异，一旦发生侵权，权利人往往难以举证证明个人信息处理者主观上具有过错，最终将难以维护自身合法权益，因此有学者对这种观点表示赞同。[①]

首先应当肯定的是，此种观点已经认识到单一的归责原则难以满足保护公民个人信息权的需要，而随着科技的发展，数据自动处理技术越来越受青睐，在个人信息处理活动中亦扮演重要角色。以是否采用数据自动处理技术作为区分标准，一定程度上平衡了双方的利益，具有一定的合理性。然而该观点只看到了技术的重要性，忽视了侵权人本身的差异，如是否具有公共管理职能。

2. 以侵权人是否为国家机关为区分标准

该观点以侵权人是否为国家机关为区分标准，认为当侵权人为国家机关时，应适用无过错责任原则，否则适用过错推定责任。该观点认为，国家机关作为社会的管理者，在很多情境下扮演着个人信息处理者的角色，而且国家机关具有管理公共事务的职能，收集、处理个人信息时往往处于一种较为强势的地位，权利人与其地位显然不平等，因此对于国家机关应适用无过错责任的归责原则，对此观点亦有学者持赞同态度。[②]

该观点从侵权行为人本身出发，同时看到了国家机关因管理公共事务的职能而经常处理公民个人信息的特征，具有一定可取之处。但是该观点同样存在一些问题值得思考，一方面，在今日，一些大型企业的数据处理能力甚至强于一些地方国家机关，单纯以是否为国家机关为区分标准并不

---

① 陈吉栋：《个人信息的侵权救济》，《交大法学》2019 年第 4 期。

② 齐爱民：《中华人民共和国个人信息保护法示范法草案学者建议稿》，《河北法学》2005 年第 6 期。

十分恰当；另一方面，该观点完全抛弃了一般过错责任的适用，忽视了普通自然人作为侵权人的情况，在举证负担上没有做到很好的平衡。

总而言之，虽然"二元论"已经注意到区分不同侵权主体从而适用不同归责原则的重要性，但不论是以是否采用数据自动处理技术为区分标准，还是以侵权人是否为国家机关为区分标准，终究还停留在一个较为简单片面的区分层面，未能就双方的权利义务关系进行动态平衡的分配，依然存在一方举证负担较重或较轻的情况，因此需要对不同侵权人的区分作出更为合理的安排。

（三）个人信息侵权的"三元论"归责原则

"三元论"的归责原则，一定程度上融合了"二元论"的两种观点。该观点主张，当侵权人为国家机关且采用了数据自动处理技术时，适用无过错责任；当侵权人为非国家机关但采用数据自动处理技术时，则适用过错推定责任；而若既非国家机关，也未采用数据自动处理技术，则应适用一般过错责任，从而尽可能对侵权人作出合理的划分，以充分保护公民的个人信息权，有学者支持该观点。[①]

首先，该观点认为对于国家机关，由于其本身便具有公共管理的职能，处于一种无比强势的地位，当其采用数据自动处理技术时，天平更加朝国家机关倾斜，一般权利人在面对采用数据自动处理技术的国家机关时，往往难以抗衡，故应适用无过错责任，以减轻权利人的举证负担。但无过错责任又被称作严格责任，必须谨慎适用，故而对于未采用数据自动处理技术的国家机关，虽然该观点未明确如何适用归责原则，但不宜适用无过错责任，否则将过而不及，不利于双方之间举证责任的平衡。

其次，该观点认为，相较于国家机关，非国家机关并无公权力的依靠，所能掌握的资源较少，即便采取数据自动处理技术，也不应适用无过错责任，而是采用过错推定责任更为合适。针对这一点，该观点忽略了在当前社会条件下，网络服务提供者与一般企业在数据处理能力上的差距，若适用同一归责原则，显然有失公平。

最后，该观点认为未采用数据自动处理技术的侵权行为人，数据处理能力大幅降低，在举证能力方面与权利人处于一个相对平等的地位，故应

---

① 叶名怡：《个人信息的侵权法保护》，《法学研究》2018 年第 4 期。

适用一般过错责任。在保护公民个人信息权的同时，应当时刻不忘法律实现社会公平正义的初衷，当双方举证能力平等时，应适用一般过错责任，由权利人主张侵权行为人在主观上存在过错。

综上所述，传统"三元论"已经认识到，在面对当前个人信息侵权的复杂性、技术性、隐蔽性特征时建立三元归责体系的必要性，并且对不同情况下的侵权人适用不同归责原则以平衡双方举证负担具有一定的合理性。但其并非尽善尽美，首先，其并未回应时代的需求，对于网络服务提供者这个重要主体应如何适用归责原则未作明确安排；其次，其未考虑国家机关未采取数据自动处理技术的情况；最后，其忽略了有权处理公共事务的组织作为侵权人的情况。

三 责任主体辨析："个人信息处理者"的界定与分类

显而易见的是，并非一切侵害他人个人信息权的主体都可适用《个人信息保护法》第69条第1款，该条规定的适用前提是侵害主体为"个人信息处理者"。因此，对于个人信息处理者的界定与分类，是正确适用个人信息侵权归责原则的先决条件。

（一）"个人信息处理者"的界定

如前所述，《个人信息保护法》第69条第1款规定对个人信息处理者适用过错推定责任。立法之所以作出如此规定，是因为其有能力保护个人信息安全。[①] 个人信息处理者在处理个人信息的过程中，负有不得侵害公民个人信息的义务。而要明确界定个人信息处理者，必须先对其核心的个人信息处理行为进行分析。

大数据时代，有学者提出应当从科技和法律两个维度准确界定《个人信息保护法》中的个人信息处理行为，将其限定为具有危害个人信息权可能性的个人信息处理行为。[②]《个人信息保护法》有关个人信息处理行为范

---

① 宋才发：《信息处理者处理个人信息的法律规制、法定职责与侵权责任》，《学术论坛》2023年第5期。

② 高富平：《个人信息处理：我国个人信息保护法的规范对象》，《法商研究》2021年第2期。

畴的内容为第4条①，采用列举法指出个人信息处理行为的主要类型，相比于《民法典》，增加了"删除"行为，使个人信息保护更加完善。

正如学者所言，《个人信息保护法》的重点在于规制个人信息处理者大量且长期处理个人信息的行为，是为了避免给权利人造成风险。②《个人信息保护法》采用列举法规定个人信息处理行为，同时结合《个人信息保护法》第5~10条的规定，亦能使社会大众明白并非一切个人信息处理行为皆是违法的，这样的设计具有一定的合理性。实际上，《个人信息保护法》所要规范限制的，正是本质上利用个人信息分析、识别自然人从而具有危害性的行为。

而就主体而言，根据个人信息的产生、传递所呈现的本质特征，可将与权利人发生联系的主体区分为"信息控制者"与"信息处理者"两类。③ 欧盟便是采此两分法，但我国采用一元化的概念，《民法典》采用了"信息处理者"的概念，《个人信息保护法》沿用之，其中第73条规定个人信息处理者为能够自主决定个人信息处理各种活动的目的以及方式的组织、个人。

根据《个人信息保护法》关于个人信息处理者的定义，杨立新指出，该定义明确了个人信息处理者的两项基本要素：一是主体权能，即具有自主处理目的和方式；二是主体类型，即组织、个人。④ 因此可将个人信息处理者界定为实施具有危害性的个人信息处理行为，并具备自主处理目的和方式的组织、个人。

（二）"个人信息处理者"的分类

"个人信息处理者"实际上是一个具有共性的集合概念，其中还存在许多细致的分类。仅是简单地将个人信息处理者的外延界定为组织、个人尚不足以满足理论及实践需要。因此需要对个人信息处理者的分类进一步细化。

---

① 《个人信息保护法》第4条第2款："个人信息的处理包括个人信息的收集、存储、使用、加工、传输、提供、公开、删除等。"

② 王锡锌：《行政机关处理个人信息活动的合法性分析框架》，《比较法研究》2022年第3期。

③ 姚佳：《论个人信息处理者的民事责任》，《清华法学》2021年第3期。

④ 杨立新：《侵害个人信息权益损害赔偿的规则与适用——〈个人信息保护法〉第69条的关键词释评》，《上海政法学院学报（法治论丛）》2022年第1期。

如前文所述，在个人信息侵权的归责原则争议中，有学者将个人信息处理者区分为国家机关与非国家机关，也有学者将个人信息处理者区分为采用数据自动处理技术者与未采用数据自动处理技术者。这两种区分方法本质上都是以个人信息处理者是否具有某种处理个人信息的"特殊权能"为标准。前者本质上是以是否具备公共管理职能为标准，后者以是否采用数据自动处理技术为标准。

参照这种以个人信息处理者是否具有某种处理个人信息的"特殊权能"为标准的分类方法，结合司法实践中主要的个人信息处理者类型，可将个人信息处理者区分为一般侵权主体与特殊侵权主体，并进一步将特殊侵权主体区分为网络服务提供者与公权力机构。

1. 一般侵权主体

一般侵权主体，即未掌握、采取数据自动处理技术的个体，既包括自然人也包括各种组织，但不包括公权力机构。这类主体不具备处理个人信息的"特殊权能"。能够处理个人信息的，绝不仅仅是网络服务提供者或者国家机关和其他有权管理公共事务的组织，对于一般侵权主体而言，其在由于工作、保管等不同原因掌握其他自然人的个人信息并进行相关处理时，也可以成为个人信息处理者。

2. 特殊侵权主体

特殊侵权主体，即具备某种处理个人信息的"特殊权能"的主体。由于这种"特殊权能"在司法实践中主要体现为公共管理职能和数据自动处理技术，因此可将特殊侵权主体区分为公权力机构与网络服务提供者。

（1）公权力机构

公权力机构，即国家机关和有权管理公共事务的各种组织。二者在社会生活中往往扮演管理者的角色，在对社会进行管理的过程中，也掌握并处理大量个人信息，因此也是个人信息处理者。前述将个人信息处理者区分为国家机关与非国家机关的观点，忽略了一些有权管理公共事务的组织，如部分事业单位亦具有公共管理职能，也应将其纳入公权力机构的范畴。

（2）网络服务提供者

网络服务提供者借助网络向公众提供信息的发布、获取等服务，这类主体的突出特征在于采用了数据自动处理技术。网络信息时代，各种各样的网络服务平台利用数据自动处理技术，往往能够大量、直接地接触和处理我们的各种信息。故有学者指出，网络服务提供者为最典型的个人信息处理者。①

四 创新与适用：新"三元论"的构建与表达

针对当前司法实践中存在的困境，结合当前个人信息侵权归责原则的理论争议，为完善我国个人信息保护法律体系，应当构建个人信息侵权归责原则的"新三元归责体系"，同时在司法实践中重视对个人信息侵权归责原则的表达，并注重个人信息侵权归责原则在适用上的统一性，进一步加强对公民个人信息权的保护。

（一） 构建个人信息侵权归责原则的"新三元归责体系"

在当前司法实践中，权利人对于网络服务提供者主观过错的举证能力弱、败诉率高已经日益成为一大难题，因此必须构建个人信息侵权归责原则的"新三元归责体系"，保障公民个人信息权不受侵害。

他山之石，可以攻玉。在欧盟，从 1995 年施行的《关于涉及个人数据处理的个人保护以及此类数据自由流动的指令》到 2018 年的《通用数据保护条例》，不论是对于数据控制者，还是对于数据处理者，欧盟都适用无过错责任。《通用数据保护条例》也被称为迄今为止最为严格的保护公民隐私数据的法典。② 而德国则采取二元归责体系。2002 年《联邦数据保护法》对于国家机关适用无过错责任，非国家机关则适用过错推定责任；而 2017 年新修订的《联邦数据保护法》则是以是否采用数据自动处理技术为标准，对于采用数据自动处理技术的，适用无过错责任，否则适用过错推定责任。

可见，其他国家对于个人信息侵权的归责原则更倾向于采取多元归责体系，同时注重无过错责任的适用，提高个人信息处理者尤其是国家机关的举证责任。而我国《个人信息保护法》规定适用过错推定的归责原则，对于个人信息处理者，《个人信息保护法》并未区分其是否采用数据自动

---

① 姚佳：《论个人信息处理者的民事责任》，《清华法学》2021 年第 3 期。
② 张雪晴：《大数据视域下个人信息侵权的归责原则》，《中阿科技论坛》（中英文）2021 年第 9 期。

处理技术，亦未将其区分为国家机关和非国家机关，看似简洁明了，但存在一些问题。有学者指出，司法实践的现实操作性以及个人信息侵权案件的归责理论都要求对《个人信息保护法》第 69 条第 1 款有关过错推定责任的适用范围进行进一步细化和修正。[①]

值此信息时代，对于网络服务提供者，不能仅考虑其促进经济发展的能力，还应考虑个人信息保护已经日益成为公民至关重要的一项权利。经济的发展不应建立在对权利受侵害的容忍之上，对网络服务提供者适用无过错责任，既能够更有效地保护公民的个人信息权，也能够培养网络服务提供者在法治轨道上健康发展的意识，从而推动经济发展行稳致远。至于加重公权力机构的举证责任，一般不会打击信息经济的发展积极性，而是更有助于保护个人信息权，完善个人信息保护法律体系。

首先，对于未采用数据自动处理技术的个人信息处理者，其在数据处理能力、举证能力方面，其实与权利人一般无二，并不存在明显的优势，一律适用过错推定责任会加重举证负担，未免有失公平。其次，公权力机构本身在举证能力等方面相比自然人存在天然的优势，也正因如此，我国行政诉讼法律制度规定举证责任倒置。若是仅仅适用过错推定责任，则显然减轻了公权力机构所应承担的证明责任，不利于保护公民的个人信息权。最后，网络服务提供者往往会采取数据自动处理技术，同时在提供网络服务的过程中相对权利人处于一种优势且强势的地位。相比于一般企业、组织，网络服务提供者与权利人之间的举证能力更为悬殊，因此应对其提出更高的举证要求，以平衡双方的举证负担。

对于个人信息侵权的民事责任，应构建三元归责体系，即若个人信息处理者为采用了数据自动处理技术的公权力机构和网络服务提供者，适用无过错责任更为合适；若个人信息处理者是采用了数据自动处理技术的一般企业、组织或者未采用数据自动处理技术的公权力机构，则适用过错推定责任；而若个人信息处理者是未采用数据自动处理技术的一般侵权主体，则应适用一般过错责任。

（二）重视对个人信息侵权归责原则的表述

作为法律实现的重要环节，司法是正义的最后一道防线，也是进行法

[①] 王思思：《个人信息权益侵害案件的归责思路辨析——从〈个人信息保护法〉第 69 条第 1 款展开》，《法律适用》2023 年第 10 期。

治教育、法治宣传的一线。司法裁判一方面解决当事人之间的纠纷，化解社会矛盾，另一方面司法过程中司法文书的内容也影响公民对于法治的理解及对于正义的感知。因此，在司法运行过程中，必须重视个人信息侵权的归责原则，同时充分发挥个人信息侵权的归责原则对公正司法的促进作用，使二者相辅相成，完善对公民个人信息权的保护。

如前所述，在当前的司法实践中，判决文书"未明确说明该案所应适用的归责原则"的案件占比高达56%，暴露出当前司法对于个人信息侵权的归责原则重视不足、司法文书写作不规范的问题十分严峻。为正确应对该问题，必须提高个人信息侵权的归责原则在司法审判中的地位，同时规范司法文书中责任构成要件的写作，努力让人民群众在每一个案件中感受到公平正义。

在我国侵权责任法律体系中，若要认定行为人承担侵害他人个人信息的责任，选择适用何种归责原则对于认定行为人具有主观过错有着重大影响，继而影响对公民个人信息权保护的成功实现。因此，司法机关必须培养一支高素质的司法队伍，对司法人员进行教育培训，加强司法人员对于归责原则在侵权责任法律体系中重要性的认识，同时提高司法人员在审判过程中正确适用个人信息侵权的归责原则的能力。

此外，应注重提高司法人员的文书规范写作能力。具体到个案，司法人员在判决文书等相关司法文书的写作中以及在对案件进行调解的过程中，应当注重释法说理，注重对个人信息侵权责任四要件认定过程的完整说明，不得随意省略某个要件的写作。同时要具体论证个案所应适用的归责原则，并准确认定侵权人的主观过错，从而使当事人明晰责任，增强其对司法裁判的认可，充分发挥归责原则在认定个人信息侵权责任中的重要作用，以实现司法的公平正义。

（三）统一对个人信息侵权归责原则的适用

法律的生命力在于实施，良法亦需善治，在构建个人信息侵权归责原则的"新三元归责体系"的同时，亦应注意在司法实践中必须统一对个人信息侵权归责原则的适用。司法的权威性和公信力来源于个案正义的实现，面对数量日益增多、复杂性日益加深的个人信息侵权案件，只有在每个案件中正确适用个人信息侵权的归责原则，才能维护司法权威，增强司法公信力，焕发个人信息侵权归责原则的生命力。

然而在前述许某某诉某银行股份有限公司某分行等个人信息保护纠纷案以及其他类案中，已经暴露出司法实践中对于个人信息侵权归责原则的适用存在一定混乱的问题，一方面是因为司法人员对于法条的认识和理解不同，另一方面是因为司法实践中错综复杂的案件频出，对于司法人员的专业水平提出了更高的要求，因此必须采取相应的措施，统一个人信息侵权归责原则的适用，以维护司法公信力不受破坏。

良法亦需要得到严格的贯彻执行，需要素质优秀的司法人员的正确适用，方能真正实现应有的法律效果。针对当前司法实践中对个人信息侵权归责原则适用的不一致，应当加强对司法人员的教育培训，提高司法人员的规则意识和专业水平，提高司法人员对《民法典》以及《个人信息保护法》等个人信息权相关法律的掌握水平，统一个人信息侵权归责原则的适用。

此外，还应当明确《民法典》与《个人信息保护法》之间的适用关系，明确在不同个人信息侵权情形下应当适用的法条依据，准确区分个案在不同情况下应当适用的归责原则，防止在司法实践中出现不同法院之间对个人信息侵权归责原则的适用相互矛盾的情况，避免"同案不同判"现象的产生，维护司法权威性，增强司法公信力，努力保障公民的个人信息权不受侵害，在每一个案件中实现公平正义。

五　结语

大数据时代加大了对于个人信息权的保护难度。《个人信息保护法》推动了我国个人信息保护法律体系的完善，加大了对个人信息权的保障力度，对于个人信息权的保护具有里程碑意义。然完美难寻，《个人信息保护法》第 69 条第 1 款规定的过错推定责任并非万能，应当通过构建个人信息侵权归责原则的"新三元归责体系"，完善我国个人信息保护法律体系，同时在司法实践中正确适用个人信息侵权的归责原则，遏制当下个人信息侵权的气焰，并注重发挥利益协调功能，平衡保护个人信息权和发展市场经济的需要，努力维护信息时代的个人信息权。

智能审判中自动化决策拒绝权的实现困境及化解[*]

智能审判中自动化决策拒绝权的实现困境及化解[*]

邢贺通　杜美欣[**]

摘　要： 基于人工智能的智能审判涉及对个人信息的处理和算法自动化决策行为，存在相关法律风险。由于《个人信息保护法》中规定的自动化决策拒绝权具有保护数字人权的宪法基础，能够维护司法公正性与公信力，因此允许当事人行使拒绝智能审判权利具有必要性。然而目前，智能审判场景下该权利的实现面临行使条件不明确、权利接续不顺畅、权利保障不完备等困境。对此，结合数字治理中的法理分析与域外经验，提出由最高人民法院制定《人民法院人工智能辅助审判诉讼规则》，明确自动化决策拒绝权的行使条件，构建权利接续顺畅的智能审判程序，赋予个人信息权利主体有限申诉权，完善侵犯自动化决策拒绝权的司法责任制度，以明确自动化决策拒绝权适用规则与程序，化解其实现困境。

关键词： 智能审判　自动化决策　自动化决策拒绝权　数字人权

为科技自立自强提供坚实可靠的法治保障，既是中国遵循科技创新发展规律、推动关键核心技术攻关的客观要求，也是健全新型举国体制、应

---

* 基金项目：中国法学会部级法学研究委托课题"最高人民法院知识产权法庭运行试点情况评估"〔CLS（2022）WT02-3〕、司法部2024年度法治建设与法学理论研究部级科研项目青年课题"数据财产权益反不正当竞争法保护研究"（24SFB3024）、中央宣传部版权管理局委托课题"《中华人民共和国著作权法实施条例》修订课题研究项目"。
** 邢贺通，中国政法大学民商经济法学院、早稻田大学法学研究科联合培养博士研究生，研究方向为知识产权法学、竞争法学；杜美欣，西安交通大学法学院博士研究生，研究方向为知识产权法学、科技法学。

对激烈国际科技竞争的必然选择。[①] 近年来，人工智能技术实现了飞速发展，应用领域广泛，不仅应用于作品创作活动，[②] 还逐渐应用于司法审判活动，司法人工智能实现了从工具型人工智能到决策型人工智能的重要技术性突破。智能审判本质上是一种人工智能基于数据处理的算法自动化决策行为，值得注意的是，其在提高司法效率的同时，可能存在侵犯隐私权、个人信息权以及破坏司法公正等法律风险。《中华人民共和国个人信息保护法》（以下简称《个人信息保护法》）第 24 条第 3 款规定了自动化决策拒绝权。[③] 目前学界普遍关注到了智能审判引发的一系列法律风险，相关讨论集中在智能审判算法治理、法律推理规则融入算法以及司法信任重塑方面，[④] 而对自动化决策拒绝权应用于智能审判领域以维护公民权益尚无深入研究。鉴于此，本文将探讨自动化决策拒绝权在智能审判中的实现路径，以期更好地保护个人信息自决权，提高智能审判的公正性和可信度，从而促进智能审判的应用和发展，开创数字治理时代人工智能司法应用的新局面。

一　智能审判中实现自动化决策拒绝权的必要性

2022 年 12 月 8 日，最高人民法院发布《关于规范和加强人工智能司法应用的意见》（以下简称《意见》），其中第 5 条明确了司法人工智能

[①] 宋伟、王欣辰：《知识产权制度何以促进科技自立自强：以市场失灵和规制失灵为切入点》，《电子知识产权》2024 年第 11 期。

[②] 李扬、邢贺通：《论人工智能生成内容在著作权法中的定性》，《中国版权》2024 年第 5 期；刘云开：《人工智能训练作品的著作权合理使用进路》，《东北大学学报》（社会科学版）2025 年第 1 期；李晓宇：《元宇宙下赛博人创作数字产品的可版权性》，《知识产权》2022 年第 7 期；金春阳、邢贺通：《人工智能出版物版权归属及侵权归责原则研究》，《出版发行研究》2021 年第 9 期。

[③] 由于拒绝权具有丰富的内涵与外延，还包括宪法、行政法、民法具体制度（比如被代理人的拒绝权、合同债权人对部分履行的拒绝权）中的拒绝权，为加以区分，本文将以个人信息保护法为主的数字法学领域的拒绝权称为"个人信息拒绝权"。另外，个人信息拒绝权（包括自动化决策拒绝权）实质是个人信息权的一项拒绝权能，是基于个人信息权的法律地位而衍生的效力，不具有独立性，无法单独予以转让。为行文便利，本文称之为"权"。参见申卫星《论个人信息权的构建及其体系化》，《比较法研究》2021 年第 5 期。

[④] 杨延超：《算法裁判的理论建构及路径选择——基于若干人工智能实验的启示》，《治理研究》2022 年第 4 期；卓翔、崔世群：《论人工智能在证据推理中的辅助性定位》，《治理研究》2023 年第 1 期；赵杨：《人工智能时代的司法信任及其构建》，《华东政法大学学报》2021 年第 4 期。

"辅助审判原则"，一定程度上回应了智能审判这一数字治理活动对公民自主权的尊重。①《意见》中规定"有权随时退出与人工智能产品和服务的交互"是因为智能审判存在侵犯数字人权和破坏司法公信力的风险。为了应对上述风险，建议在智能审判领域允许公民行使自动化决策拒绝权，该权利的行使能够有效应对上述风险，具有必要性。

（一）自动化决策拒绝权具有保护数字人权的宪法基础

在数字化时代，基于人工智能、大数据等技术，公民的个人信息能够被快速、广泛地收集、分析和利用。不经个人许可获取数据和使用，实际上剥夺了公民对自己信息的控制权，公民的个人信息保护受到了前所未有的关注和挑战。在此背景下，自动化决策拒绝权应作为一种基本人权在数字社会的延伸。一方面，自动化决策拒绝权是宪法公民拒绝权在数字社会的延伸。早在古希腊和古罗马时期，公民拒绝权的思想就已经存在，即允许公民拒绝服从不合理或不公正的政令。现代公民拒绝权主要体现在行政法领域，指公民对行政主体非法作出的侵害其合法权益的某些行政行为享有直接抵制的权利。② 在法治社会，公民拒绝权是维护社会公平和正义的重要手段，是人权保护的重要组成部分。而在数字社会，个人信息成为个体的数字化表示，人从"目的"变成了"手段"，自动化决策机制提供者对数据和算法的控制几乎等同于公权力机关，理应受到自动化决策拒绝权的限制。另一方面，自动化决策拒绝权是数字人权的重要组成部分，是维护公民新兴基本权利和人格尊严的必要武器。《中华人民共和国宪法》第二章除规定中国公民享有平等权等基本权利外，还在第 33 条第 3 款特别规定"国家尊重和保障人权"。该条款为新兴权利纳入公民基本权利体系提供了空间。强调"数字人权"概念，意味着随着数字科技的发展，需要有人权的力量和权威来约束数字科技的开发和应用。③ 在数字社会，公民基本权利和人格尊严可能受到数字技术的威胁，算法带来的不确定性进一步

---

① 具体而言，《意见》第 5 条指出："坚持对审判工作的辅助性定位和用户自主决策权……各类用户有权选择是否利用司法人工智能提供的辅助，有权随时退出与人工智能产品和服务的交互。"

② 章志远：《行政法上的公民拒绝权研究——以人权三种存在形态理论为分析视角》，《苏州大学学报》（哲学社会科学版）2010 年第 3 期。

③ 《张文显丨无数字 不人权》，中国法学会网络与信息法学研究会网站，2021 年 1 月 1 日，http://cyberlaw.chinalaw.org.cn/portal/article/index/id/502.html。

削弱了公民对个人权利的控制力，同时为公权力的施展提供了便利，公民拒绝权在数字社会中更具必要性。为应对数字科技导致人的主体性消解、自主性丧失、工具化乃至"无用化"等问题，① 国家对待人工智能技术的发展必须秉持人类中心主义立场，凸显人的尊严，② 国家机关处理个人信息数据的行为应当受到自动化决策拒绝权的约束。③ 这不但让公民在数字社会中保有一定的隐私空间，而且确认了公民对自己信息的主导权。只有确立并执行关于自动化决策拒绝权的法律规定，才能有效地约束公权力，保障公民的数字人权不受侵犯。

综上，公民拒绝权可基于宪法人权理论证成，宪法意义上和行政法意义上的公民拒绝权随着社会变革扩大了适用范围，将自动化决策拒绝权作为公民拒绝权在数字社会的新形态具有正当性。同时，因为公权力机关所担负的价值目标是多元的，所以立法赋予公民拒绝权需要兼顾公民个体权益、公共利益和国家利益。

（二）维护司法公正性与公信力需要自动化决策拒绝权

智能化的前提是计算机化，目前还不存在脱离计算机的人工智能。④智能审判并不意味着真的智能，同样存在破坏司法公正的风险。首先，对于法律推理的大前提，人工智能无法判断规则的有效性。编写机器学习算法的研究人员只能通过计算机科学语言解构法律规则，且有时仅限于解释来自机器学习系统的数千个参数。其次，推理过程中，关键的问题在于法律中的因果关系不等同于数据统计得出的相关关系，所以智能审判的算法决策并不能达到融入人类法律观以及基于法律观的联想功能和理论联系实践作出人类决策的效果。目前的大数据处理算法并不是要复制人类的认知模型，而是对宏大规模的数据进行上下文统计，无法保证排除错误的相关性。⑤ 在司法审判中，司法人工智能虽然可以大规模高效处理类案与事实信息，但在生成结果前对信息的筛选、生成结果过程中对大前提的选择以及因

---

① 郑智航：《数字人权的理论证成与自主性内涵》，《华东政法大学学报》2023 年第 1 期。

② 方芳：《论人工智能技术应用下的公民权利保障原则及其实现》，载齐延平主编《人权研究》第 25 卷，社会科学文献出版社，2022。

③ 韩旭至：《认真对待数字社会的个人拒绝权》，《华东政法大学学报》2023 年第 1 期。

④ 中国科学院科技战略咨询研究院、中国科学院学部科学普及与教育研究支撑中心编著《中国科技热点述评 2019》，科学出版社，2020。

⑤ 郭锐：《人工智能的伦理和治理》，法律出版社，2020。

果逻辑上都存在漏洞，难以做到公正审判。最后，从结果上看，当事人可能难以认可审判结果的公正性。第一，算法可能会复制人类的错误或偏见，或引入新的错误或偏见。[①] 比如，在数据采样中选择一个数据而不是另一个数据的权衡偏差导致智能审判的裁判结果存在一定的伦理风险，从而破坏司法公正。[②] 第二，由于智能审判存在一些复杂的逻辑和算法，可能令人难以理解。如果公民无法理解智能审判的裁判结果是如何得出的，将会导致公民对司法的不信任，认为司法不透明，从而影响司法的公信力。

坚持"辅助审判原则"并不能完全解决上述问题。辅助审判只能一定程度上防止人工智能对审判结果起到决定性作用，但要在数字社会实现智能审判的良性发展，还需要形成公民与司法机关的互动合作机制，在此基础上建立智能审判背景下的司法信任。[③] 智能审判所需的数据包括大量的个人信息，如身份信息、犯罪记录和社会关系等，为了让当事人能够信任智能审判技术并主动参与其中，自动化决策拒绝权的实现至关重要。赋予当事人自动化决策拒绝权不仅是建立信任和促进参与的途径，也是实现程序正义的要求。落实自动化决策拒绝权有利于更好地平衡科技的使用和个人隐私的保护，从而确保审判过程的公正性和维护公信力。[④] 不仅如此，自动化决策拒绝权实质上是一种选择权，有助于督促提高算法透明度和解决算法歧视等问题，促进数字正义的实现。

二 智能审判中自动化决策拒绝权的实现困境

自动化决策拒绝权是以《个人信息保护法》为主的数字法学领域的拒绝权，属于数字权利。[⑤]《个人信息保护法》第 24 条第 3 款规定了自动化决策拒绝权，有学者将其与欧盟《通用数据保护条例》(GDPR) 中的

---

① A. Amarendar Reddy, "Legal Implications in Artificial Intelligence," *International Journal of Law Management & Humanities*, 2022 (5), pp. 1766–1767.

② 王文玉:《司法人工智能:实现裁判正义的新路径》,《大连理工大学学报》(社会科学版) 2022 年第 6 期。

③ 赵杨:《人工智能时代的司法信任及其构建》,《华东政法大学学报》2021 年第 4 期。

④ 马长山:《司法人工智能的重塑效应及其限度》,《法学研究》2020 年第 4 期。

⑤ 根据权利来源，韩旭至将数字社会的个人拒绝权分为数字权利和传统权利派生的拒绝权，前者即指向个人信息处理的拒绝权，认为自动化决策拒绝权是一种数字权利。参见韩旭至《认真对待数字社会的个人拒绝权》,《华东政法大学学报》2023 年第 1 期。

"禁令模式"进行对比后认为，中国采用了"权利解释"模式，在人工智能产业发展和个体权益保护之间进行微妙平衡，不对基于完全自动化决策的方式作出的决定进行法定禁止，但在涉及信息主体重大利益时赋予信息主体拒绝自动化决策的权利。这反映了相比强调决策者的义务，《个人信息保护法》更倾向于加强个体的权利，与《意见》保护信息主体在数字治理中自主权的理念高度一致。① 利用好自动化决策拒绝权有利于作为信息主体的数字社会公民在被动依赖信息处理者履行合规义务以及监管机关实现监管职能之外，把握维护自身信息数据权益的主动性。但目前在智能审判场景下，自动化决策拒绝权的实现困难重重，表现为自动化决策拒绝权能否行使、如何行使以及如何保障等问题。

（一）智能审判中自动化决策拒绝权适用情形不明确

《个人信息保护法》第24条第3款在自动化决策拒绝权行使条件上存在两点不明确之处：其一，尚未清晰界定何为"对个人权益有重大影响"；其二，"仅通过自动化决策的方式作出决定"是否适用于智能审判情形仍存争议。智能审判属于自动化决策的范畴，但在现阶段其形式上不属于完全自动化决策。依据"辅助审判原则"，在智能审判中，人工智能系统会根据案件的事实和法律规定，自动产生裁判结果和理由，但最终裁判仍需要由法官进行审核和确认，确保裁判符合法律规定和司法程序。因此，对于裁判结果而言，智能审判是一种与人类决策相结合的混合决策。但也存在一种可能性，即法官对审判过程无实质性参与，沦为"橡皮图章"式的责任承担者。

除此之外，一般认为，《个人信息保护法》第44条规定了一般性的个人信息拒绝权，第24条第3款、第27条规定了自动化决策拒绝权、公开信息处理拒绝权两种具体拒绝权。这些法条的共同核心内涵在于，在一定条件下个人可以限制或拒绝他人对其个人信息的处理，以平衡信息主体的信息权利和他人的合法权益。② 因此，自动化决策拒绝权理论上也适用第

---

① 王苑：《完全自动化决策拒绝权之正当性及其实现路径——以〈个人信息保护法〉第24条第3款为中心》，《法学家》2022年第5期。

② 萧鑫：《个人信息拒绝权的界定与适用》，《社会科学研究》2023年第2期；申卫星：《论个人信息权的构建及其体系化》，《比较法研究》2021年第5期；韩旭至：《认真对待数字社会的个人拒绝权》，《华东政法大学学报》2023年第1期。

44 条规定的一般个人信息拒绝权与其不相冲突的一般规定的情形。第 44 条的个人信息拒绝权没有前提条件，只规定了"法律、行政法规另有规定的除外"。该除外规定主要包括三种情形：需要告知但无须同意，不需要告知，不得限制或拒绝。首先，需要明确的是，在《个人信息保护法》体系内，"同意"对应着"撤回同意"，而非"拒绝"。第 13 条规定不适用同意制度的情形，目的在于为处理个人信息提供合法性依据，根据文义解释和体系解释，"不需个人同意"并不意味着剥夺了个人知情权和拒绝权，因此第 13 条不会直接影响自动化决策拒绝权。"不得限制或拒绝"主要指个人不得对侦查机关处理个人生物识别信息的活动加以拒绝或者限制，与智能审判无关。因此，关键在于"不需要告知同意"情形的界定：利用人工智能进行智能审判，如果告知当事人有可能产生第 35 条中妨碍司法机关履职的效果，如果不告知当事人，当事人可能无从知晓个人信息被处理，事实上会架空当事人的拒绝权。此外，智能审判能否构成处理个人信息的免责事由存在不确定性。《中华人民共和国民法典》（以下简称《民法典》）第 1036 条第 3 款规定了处理个人信息的免责事由为"维护公共利益或者该自然人合法权益，合法实施的其他行为"，由于信息处理者已经规避了法律责任，没有动力提供个人信息权的保护，是对个人信息权利体系整体的限制，因此可能也构成对自动化决策拒绝权的限制。

综上，自动化决策拒绝权事实上受到"告知可能妨碍司法机关履职"的不需要告知情形条款，为维护公共利益或个人合法权益的合法实施处理行为免责事由条款，判断是否"对个人权益有重大影响"以及"仅通过自动化决策方式作出决定"条款的限制。已公开个人信息处理拒绝权额外受到没有"明确拒绝"和非"对个人权益有重大影响"判断条款的限制。可见，自动化决策拒绝权的行使条件涉及较为复杂的事实判断和价值判断，造成法律适用不明确。

（二）智能审判中自动化决策拒绝权实现机制不畅通

《个人信息保护法》第 44 条列举了个人在信息处理活动中的多项权利，如知情权、决定权和拒绝权；第 45～48 条进一步规定了查阅、复制、转移、更正、补充以及删除等个人信息保护请求权。这些规定构建了以实体性权益为核心的权利体系，既反映了权益内容，也强调了对这些权益的保护。① 自动化决策拒绝权的行使有赖于权利体系中其他权益的实现，需要畅通的权利接续机制。其中，享有知情权和国家机关为履行法定职责处理个人信息的告知义务是行使自动化决策拒绝权的前提，否则无从得知拒绝的对象；② 自动化决策拒绝权条款中的要求说明权③也应为拒绝权的前提，其并不排除拒绝权的适用，但通过说明也许会改变个人行使自动化决策拒绝权的决定。对于国家机关的告知义务，《个人信息保护法》设置了法定例外和酌定例外。法定例外指法律或行政法规明确规定的保密要求或免除告知义务；酌定例外则涵盖两种情形：一是第 18 条第 2 款中的紧急情况，二是第 35 条提到的妨碍履行法定职责的情况。④ 与智能审判联系相对密切的妨碍公务例外并未明确方式和限度，故智能审判中自动化决策拒绝权的起点，是否适用酌定例外即国家机关是否需要履行告知义务，立法尚不明确，并且司法机关如何履行告知义务，以及保障个人的知情权、决定权、要求说明权的方式尚无明确规定。

此外，智能审判中拒绝方式和拒绝后的制度安排不足。依据《个人信息保护法》第 16 条，信息处理者不得以个人撤回同意等为由拒绝提供产品或者服务。因此，自动化决策拒绝权的落实需要替代性解决方案，那么智能审判中除了设置便捷的拒绝途径，还需要给当事人提供人类法官审判的选择。但现行立法并未明确赋予个人请求人工决策的权利，也未规定个人信息处理者需要履行人工复核义务，这使得自动化决策拒绝权与个人后续的撤回同意权或删除权之间形成了"权利真空"。⑤

（三）智能审判中自动化决策拒绝权侵权救济不完善

一方面，无救济则无权利，目前保障自动化决策拒绝权实现需要的权利救济途径不充分，集中体现为不可诉性。对于行政法领域行政机关的违法或失职行为，行政相对人的权利救济途径包括申诉、行政复议、行政诉

---

① 张新宝：《论个人信息保护请求权的行使》，《政法论坛》2023 年第 2 期。
② 参见《个人信息保护法》第 35 条。
③ 一般认为，《个人信息保护法》第 24 条第 3 款的要求说明权是一种受限的"解释权"，在实践中仅针对作出决定后的解释说明。
④ 王东方：《商业自动化决策规制的私法困境及其完善路径》，《中国流通经济》2022 年第 5 期。
⑤ 王怀勇、朱俊达：《自动化决策中个人拒绝权的制度困境与应对》，《西南政法大学学报》2023 年第 1 期。

讼、申请行政赔偿、申请行政强制执行等。对于司法机关违法妨碍自动化决策拒绝权实现的行为，个人如何有效救济成为难题。智能审判中，法院是个人信息处理者，更是审判者，其为了实现审判目的而处理个人信息的行为可能侵害个人信息权。[①] 但该侵权行为已成为审判权行使的一部分，故个人难以通过诉讼程序救济个人信息权。目前，中国的相关监管部门更关注商业、私人处理个人信息的行为，且根据独立审判原则，智能审判融入审判权行使过程，监管部门难以对智能审判行为进行直接干涉，存在缺少诉讼救济途径的弊端，可能导致该权利沦为具文。

另一方面，权利的救济需要落实责任的承担。国家互联网信息办公室等九部门联合发布的《关于加强互联网信息服务算法综合治理的指导意见》明确了企业对算法应用产生的结果负主体责任的要求。同理，智能审判中，司法机关是个人信息处理者，也是义务主体和责任主体。智能审判虽然是对审判方式的整体革新，但由于在具体操作层面离不开人类法官的参与和最终决定，即智能审判中仍然存在承办案件的具体法官，以对智能审判算法具有充分认识和对人工智能熟练运用为前提，法官需要对案件中侵害个人信息权的行为负责。此外，要警惕人类法官容易盲信算法的理性逻辑，使最终决策倾向于同智能审判保持一致的行为。目前又缺乏对法官独立判断能力的考核和监督机制。

三　自动化决策拒绝权相关欧盟法治经验探析

在全球范围内，多个国家和地区已经制定了关于自动化决策和人工智能应用的法律法规，其中以欧盟最具代表性。欧盟的数据立法和人工智能立法，尤指 GDPR 和《人工智能法案》（AIA），为全球提供了宝贵的法治范例，确立了严格的数据保护标准和个人信息权利框架，强调了伦理原则和技术可控性，确保数字治理尊重人权，避免技术滥用带来的风险。欧盟的数字领域立法不仅塑造了欧洲内部市场的规则，还因高标准和广泛影响而成为全球数据保护和人工智能治理的标杆，为其他国家和地区制定相关政策和法律法规提供了可借鉴的范例，尤其是对于处理智能审判等新兴技

[①]　张素华、王年：《在线诉讼中的数据安全问题及法律规制》，《科技与法律》（中英文）2022 年第 4 期。

术应用中的自动化决策拒绝权问题具有特别重要的参考价值。通过借鉴欧盟较为成熟的法治经验，中国可以更好地平衡技术创新与公民权益保护之间的关系，促进智能审判制度的健康发展，以保障数字人权、维护司法公正，避免人工智能参与司法决策对司法公信力的削弱。

（一）动态利益平衡理念下自动化决策拒绝权的适用

自动化决策的前提为个人数据处理，依据 GDPR 第 21 条的规定，在三种情况下，数据主体①有权拒绝：第一，公共利益，即数据的处理符合第 6 条第 1 款 e 项所述的公共利益，或者为了行使赋予处理者的官方权力；第二，正当利益，即处理数据是为了第 6 条第 1 款 f 项所述处理者或第三方的正当利益；第三，为直接销售处理数据主体信息，如果数据主体对前两项提出拒绝，处理者需要证明数据处理基于令人信服的合法利益，且该利益优先于数据主体的利益、基本权利和自由，或者证明数据处理是为建立、行使或抗辩法律主张所必需的。除非能证明这一点，否则此后将无法处理数据主体数据。而是否能证明有令人信服、合法的理由优先于数据主体的利益、基本权利和自由，在很大程度上要视具体情况而定。从处理者角度看，如果认为数据主体的拒绝意见"明显没有根据或过分"，也可以拒绝遵守。

在自动化决策方面，GDPR 第 22 条规定，若自动化决策对数据主体具有法律效力或产生重大影响，数据主体有权拒绝接受。然而，该规定在以下情况下不适用：处理是履行合同所必需的、依法获得授权的，或基于数据主体的明确同意。在完全基于自动化的数据处理中，对于特殊类型的个人数据，例如基因数据、生物识别数据等，由于其中凝聚了更加明显的人格特征，因此法律给予了特别保护，即只有数据主体同意处理或法律规定为了公共利益需要的情况下处理特殊数据，才对拒绝权加以限制。

相比中国国内立法，GDPR 引入了动态利益平衡原则，应用于自动化决策拒绝权的情境中，强调根据个案的具体情况和举证义务的承担状况随时调整，以实现个人权利与其他相关方利益及社会整体利益之间的动态平衡。一方面，在 GDPR 框架下，并非一概禁止所有形式的自动化决策，而是通过设立特定条件和例外情况，在尊重数据主体基本权利的同时，允许

---

① GDPR 中规定的"数据主体"即前述个人信息被处理的"个人"或"信息主体"。

基于具体案例的事实进行灵活考量。例如，当自动化处理获得欧盟或其成员国法律授权，并且伴有充分保障措施来保护数据主体的权利和自由时，可以有条件地限制拒绝权。政府有权根据公共政策制定规则，同时确保有适当的保护机制防止权力滥用。此安排体现了对公共利益和私权之间动态平衡的关注：既不牺牲公民的基本权利，又能够适应性地达成社会管理目标。另一方面，GDPR 还保留了一定程度的自由裁量空间，但特别之处在于其强化了数据处理者的举证责任。这意味着，面对个案，数据处理者若要依据重要理由对抗个人的数据权利，必须根据具体情况提供强有力的证据证明行为的正当性和必要性。这种动态调整不仅加强了数据处理者的义务，也促进了数据主体与处理者之间的实时利益平衡，确保两者权益在快速变化的技术环境中得到公平对待。

（二）被遗忘权司法实践对自动化决策拒绝权的借鉴

欧盟在 GDPR 第 17 条中首次以法律条文的形式确立了"被遗忘权"，指个人数据的数据主体享有的要求数据控制者删除留存于互联网上的个人信息的权利，一般要求个人信息是过时的、不准确的或者可能损害个人声誉。有学者认为，被遗忘权属于实质意义上的个人信息拒绝权，其与自动化决策拒绝权都具有维护个人信息自决权的本质内涵。[1] 从信息数据处理的角度看，被遗忘权也是一种特殊的个人信息拒绝权，即有权拒绝特殊主体对特殊信息以存储为主的信息处理行为。个人信息保护固然重要，但也不能以牺牲秩序为代价，被遗忘权的实现方式可以为自动化决策拒绝权提供参考。

自 2014 年欧盟最高法院首次在判决中确立被遗忘权，该权利的实现即成为争议焦点，特别是判决作出后，搜索引擎服务提供者应当在多大程度上执行判决以实现原告的被遗忘权难以确定。例如，2019 年的谷歌诉法国国家信息与自由委员会案（Google LLC v. CNIL）中，核心争议为 CNIL 认为 Google 应该在全球范围内执行被遗忘权，而不仅仅限制在欧盟境内的搜索结果，Google 则辩称仅需在欧盟境内遵守这一规则。欧盟最高法院裁定，虽然欧盟的 GDPR 适用于所有处理欧盟居民个人数据的情况，但并不强制要求搜索引擎服务提供者在世界范围内采取措施实现被遗忘权。此外，关

---

① 韩旭至：《认真对待数字社会的个人拒绝权》，《华东政法大学学报》2023 年第 1 期。

于同意的具体性和必要性，法院指出依据 GDPR 第 6 条的规定，处理个人数据必须基于有效的法律基础，如同意、合同履行等；但对于搜索引擎而言，其通常不会也不需要获得用户的明确同意来索引网页上的公开信息。法院同时强调，如果一个人提出删除请求，则意味着此人不再同意搜索引擎继续处理他的个人数据。① 更多案例表明，被遗忘权的实现本质上是"去链接"，并不会删除原始内容，依然允许通过使用除人名以外的其他搜索词和直接访问信息来源等方式访问原始内容。② 可见在司法实践中，"相对化的遗忘"更符合现实。③ 一方面，对案涉信息的彻底删除耗费成本过大，同时信息在成为数据的同时就意味着在互联网上的无限复制传播，删除信息不具有可操作性。另一方面，基于信息安全方面考虑，数据控制者对许多信息具有留存义务，尽管不进行公开披露，也需要后台保存以备监管机关和相关部门查验。因此，不必完全删除信息，而是要求数据控制者隐藏信息，避免公开披露。

作为同属数字治理领域的个人信息权，被遗忘权和自动化决策拒绝权的实现均需要在数据处理者的义务、数据主体的权利和公共利益之间寻求平衡。因此，欧盟被遗忘权较为丰富成熟的司法实践可为自动化决策拒绝权的实现提供借鉴。具体而言，应明确在智能审判领域的绝对拒绝权不具备现实可能性。拒绝也只能是"相对地拒绝"：其一，智能审判作为司法机关行使司法权力的一种工作方式，不必经个人同意，但依然应保障知情权；其二，若个人明示拒绝，也不意味着个人信息的彻底删除，而是可采取其他替代性解决措施。

（三）数字治理领域立法中自动化决策拒绝权的救济

欧盟在数字治理领域构建了全球领先的规制框架，其法律体系涵盖网络安全（《网络与信息系统安全指令》）、个人数据保护（GDPR）、数据主权（《数据治理法案》）、算法透明度（《数字服务法案》《数字市场法

---

① Court of Justice of the European Union, Judgment of 24 September 2019, Case C‑507/17, Google LLC v. Commission Nationale de l'informatique et des Libertés (CNIL).

② 王苑：《中国语境下被遗忘权的内涵、价值及其实现》，《武汉大学学报》（哲学社会科学版）2023 年第 5 期。

③ 王义坤、刘金祥：《被遗忘权本土化的路径选择与规范重塑——以〈个人信息保护法〉第 47 条为中心》，《财经法学》2022 年第 3 期。

案》）及人工智能伦理（AIA）五大核心领域，形成了数字技术治理的"欧盟范式"。其中，每部法律法规各有侧重、各司其职，因此对自动化决策拒绝权的救济不应局限于一部法律法规。

从救济手段上看，GDPR 第 22 条第 3 款规定了基于履行合同或个人明确同意，数据主体不能行使自动化决策拒绝权的情况下，数据控制者有采取适当的措施保护数据主体权利的义务，包括保障数据主体享有申诉、获得人工干预下二次决策以及质疑决策结果的权利。上述保障并非一纸空文，例如，2021 年 7 月 22 日，意大利个人数据保护机构 Garante 决定对意大利国内主要的外卖服务平台 Deliveroo 处以 290 万欧元的罚款。该决议基于 Deliveroo 在骑手评分算法的应用中未能遵守 GDPR 的要求。具体而言，其一，平台未向骑手提供一个有效的机制来表达他们对于算法生成评分的不同看法或挑战这些评价结果；其二，Deliveroo 缺乏必要的技术与组织手段，以确保定期审查和验证由算法产生的结论，以及用于支持这一系统的数据的质量，从而未能有效降低可能产生的偏见或不公正影响的风险。

从法律责任上看，GDPR 和 AIA 均为行政监管规定，强调行政责任。特别的是，AIA 根据人工智能系统的风险程度将人工智能系统分为不可接受风险、高风险、有限风险和最小风险四个等级，并针对不同风险等级规定了相应的法律责任。对于高风险人工智能系统，AIA 要求提供者承担主要法律责任，包括建立风险管理系统、保障数据集质量、保存技术文档和记录、确保透明度和向用户提供信息、确保人类监督等；AIA 还规定了高风险人工智能系统提供者的一系列合规义务，如质量管理系统、技术文档、记录保存、透明度和信息提供、人类监督、准确性和网络安全等，违反这些义务将承担相应的法律责任。

相比中国的《个人信息保护法》和《生成式人工智能服务管理暂行办法》，欧盟立法对自动化决策拒绝权的救济具有更为全面的考量。其一，对于不适用自动化决策拒绝权的情形，GDPR 进一步要求数据处理者提供权利保障措施，特别是承担使数据主体获得人工干预下二次决策权利的义务，这可作为对自动化决策拒绝权的变相保障，也是上文"相对地拒绝"的最佳诠释。其二，AIA 采取风险分级分类治理原则，对明确属于高风险智能审判系统的服务提供者规定了一系列高规格合规义务和相应的法律责任，特别是数据留存义务和人类监督义务，为智能审判中数据主体的权利

救济提供了证据支持，同时为人类法官承担相关结果的责任提供了法律
依据。

四　智能审判中自动化决策拒绝权实现困境的化解路径

"辅助审判原则"意味着人类法官不会被人工智能技术完全取代，但
人类的智慧可能会被技术补充。[①] 由于信息数据利益的特殊性，数字治理
中信息数据利益不是完全属于个人的专有权利，应以合理的方式实现，坚
持动态利益平衡原则。智能审判既要保障自动化决策拒绝权的实现，又不
能过度排斥或妨碍数字化智能化的司法改革进程。但自动化决策拒绝权的
实现困境并非《个人信息保护法》的立法缺陷，而是在数字治理中自动化
决策拒绝权的实现本身就需要在具体应用场景中细化规则和程序设计。因
此，本文建议参照《人民法院在线诉讼规则》，结合《新一代人工智能伦
理规范》和《生成式人工智能服务管理暂行办法》，基于中国现行审判制
度和法官制度，由最高人民法院制定《人民法院人工智能辅助审判诉讼规
则》（以下简称《诉讼规则》），以明确自动化决策拒绝权适用规则与程
序，化解其实现困境。

（一）明确自动化决策拒绝权的行使条件

第一，在《诉讼规则》中明确智能审判中自动化决策拒绝权的排除适
用情形，借鉴 GDPR 动态利益平衡的理念，要求个人信息处理者在个案中
证明处理行为具有更重要的受保护法益。建议参照《人民法院在线诉讼规
则》，在《诉讼规则》中区分同意的排除适用和自动化决策拒绝权的排除
适用。即同意虽然是个人信息处理行为的合法性基础，但这与自动化决策
拒绝权并不冲突。只能认为，不需要同意构成一种"默认同意"，也就是
不明确表示拒绝即为同意，但若个人行使自动化决策拒绝权，也应当进行
利益衡量，可借助比例原则对数据处理行为的必要性进行判断，考虑是否
有风险更小的替代措施，如果自动化决策拒绝权成立，个人信息处理者继
续处理信息就构成违法。因此，即使个人信息处理行为符合"为维护公共

---

①　Tania Sourdin，"Judge v Robot? Artificial Intelligence and Judicial Decision-Making," *University of New South Wales Law Journal*，2018，41，pp. 1114–1133.

利益或个人合法权益的处理行为"这一要件，也不能当然地排除自动化决策拒绝权的适用。

第二，《诉讼规则》应当明确个人具有智能审判结果拒绝权，但该权利的实现不等同于直接完全推翻审判结果，此为借鉴相对化的遗忘的"相对地拒绝"，当事人应当在与办案法官交流后给出充分理由方能产生推翻审判的效果。GDPR 第 22 条第 2 款也对算法结果拒绝权进行了限制，明确将合同所必需、成员国法律授权、数据主体明确同意规定为豁免事由。从动态利益平衡的角度看，建议在《个人信息保护法》第 24 条第 3 款后增加：个人有权拒绝自动化决策结果，但在特定情况下，个人信息处理者可以对抗自动化决策结果，并且应采取合理的程序性措施确保个体申诉的可能。

（二）构建权利接续顺畅的智能审判程序

智能审判程序有别于传统司法审判程序。无论人工智能是"出庭"审判还是仅依据案卷等信息进行审判，都在很大程度上改变了原有的审判程序。《新一代人工智能伦理规范》第 16 条强调了保障用户权益的重要性，包括知情同意权和选择退出权。

首先，作为智能审判中自动化决策拒绝权的起点，《诉讼规则》必须明确司法机关应当履行告知义务，并且只有经过诉讼参与人的一致同意，案件才能适用智能审判。其次，司法机关履行告知义务，保障个人的知情权、决定权、要求说明权及解释说明权的方式应当在《诉讼规则》中具体规定。以解释说明权为例，依据《互联网信息服务算法推荐管理规定》第 16 条，算法解释至少应包括算法的基本原理、目的意图和主要运行机制等。当然，也需要考虑说明内容的易读性，用简明的自然语言解释算法决策相关信息。再次，拒绝的方式应当便捷。根据"通过设计保护隐私"（Privacy by Design）理论，数据保护机制应内嵌于技术架构。欧盟《数据治理法案》在立法理由中提出"对于用户来说，拒绝或中断第三方对数据的访问应该像授权访问一样容易"。《互联网信息服务算法推荐管理规定》第 17 条第 2 款规定，服务提供者应向用户提供选择或删除用户标签的功能。因此应在《诉讼规则》中规定将介绍智能审判情况（告知智能审判高效率的优点等）和选择是否接受智能审判作为起诉立案的必经程序，若有一位当事人表示拒绝则不能适用智能审判程序。最后，在《诉讼规则》中明确赋予个人请求人类法官审判或判断相关事项的权利（如是否满足起诉条件，是否可以上诉等），设定办案法官的审核义务。可以借助软法，例如由监管部门、社会组织、市场主体等协商制定法官伦理道德规范和人工智能行业技术规范，从而形成技术性更强的执行规则。

（三）赋予个人信息权利主体有限申诉权

针对自动化决策拒绝权的实现需要的权利救济途径不完善的问题，首先，《诉讼规则》应当根据《个人信息保护法》和《生成式人工智能服务管理暂行办法》第 11 条的要求，规定法院建立相应的自动化决策拒绝权的申请受理和处理机制，以提供相应的程序保障。其次，内部监督在法院系统内起着重要作用，个人可以向法院院长举报违规操作，同时对于技术性违规行为，可向上一级法院提出申诉。国家标准《信息安全技术　个人信息安全规范》的第 7.7.C 条便规定了应向个人信息主体提供针对自动决策结果的投诉渠道，并支持对自动决策结果的人工复核。这确保了程序的正当性和公正性，同时维护了当事人的权益。再次，在检察院设立专门的司法行为监督部门，统一受理和监督与智能审判相关的申诉和控告，以进一步增强外部监督机制。此外，可将国家赔偿制度与智能审判相结合，将侵害个人信息权益并导致严重后果的司法行为纳入赔偿范围，并依据《国家赔偿法》为受侵害的信息主体提供赔偿。同时需要明确，个人在智能审判中享有个人信息权益，行使权益应合法正当，遵循诚实信用原则，禁止滥用维护个人信息权益的理由干扰或破坏正常诉讼程序。相应地，《诉讼规则》应明确规定滥用自动化决策拒绝权妨碍司法审判的情形及相应处罚措施。

（四）完善侵犯自动化决策拒绝权的司法责任制度

对于责任主体，应区分法院整体和承办法官个人，在违法失职情形下追究相关主体司法责任。党的二十大报告重申党的十九大报告提出的"深化司法体制综合配套改革"，并将"全面准确落实司法责任制"作为改革重点。[①] 司法不是违法行为的豁免理由，追究相关主体的司法责任

[①] 何帆：《全面准确落实司法责任制的三个维度——兼论中国特色司法责任体系的形成》，《中国法律评论》2023 年第 1 期。

是落实司法责任制的重要表现。

对于各级法院，智能审判是智慧法院建设和司法改革的重要组成部分，将成为法院工作方式转变的重要途径，因此法院的个人信息处理行为"合规"也是考核法院工作成效的一个维度。当智能审判逐步普及达到一定程度，相关具有智能审判选择的法院必须完成相应的程序改革，如果消极对待致使侵权事件发生，检察机关接到申诉可要求法院整改，限期内不合格则要追究法院院长及具体责任人的司法责任。因此，应当确立检察机关为智能诉讼信息数据安全监管机构，并赋予其相应的职能。

对于承办法官，新的审判伦理规范亟待建立。在智能审判的每一个环节，负有告知义务、解释说明义务、拒绝方式提供义务、替代性解决方案提供义务的法官或部门都应当依照《诉讼规则》履行义务，对于不履行义务或履行义务不当的具体个人根据情节予以内部处罚。法官程序违法属于审判阶段程序性违法，一般的处理意见是发回重审，法官在法院内部接受处罚。除此之外，人工智能的作用不仅体现为生产方式、生活方式、政府管理模式的改变，更体现为人们思想观念和认知方式的改变，尽管形式上人工智能对于审判结果只起到"辅助作用"，但实质上仍以另一种方式"参与决策"。因此，法官始终需要对已承办案件的裁判文书内容负责，人工智能的参与不能以任何形式成为免责事由。英国发布的《人工智能司法指南》也确认了智能审判情况下法官的个人责任。① 为了防范人类法官过分依赖人工智能的情况发生，应根据个人选择并结合办案水平和经验，为法官规定智能审判办案比例，同时建立对法官独立判断能力进行考核和监督的机制。

五　结语

随着中国智能审判针对案件类型的多样化、应对审判流程的系统化、参与司法裁判的实体化，关注智能审判侵犯个人信息权及破坏司法公正、司法公信力的潜在风险，提出以自动化决策拒绝权为基础的法律治理路径

---

① 2023年12月12日，英国司法部门官方网站发布《人工智能司法人员使用指南》（Artificial Intelligence Guidance for Judicial Office Holders）。根据指南意见，在英格兰和威尔士，法官被允许利用Open AI的ChatGPT等生成式人工智能系统完成基本任务，但必须采取负责任的利用方式。

具有现实意义。通过对自动化决策拒绝权行使条件与限制因素的厘清，结合诉讼程序、人工智能治理相关的法律法规，构建自动化决策拒绝权机制下的智能审判制度，有利于加强个人对智能司法的监督，维护个人在司法数字化、智能化趋势下的自决权；同时一定程度上缓解了公众对智能审判的质疑和抵触，防止智能审判破坏司法的公正和公信力。

论基于数据属性的"三维定位"数据确权法

陈　福[*]

摘　要： 目前业内对数据的权利属性没有定论，我国现行有效的法律并没有规定数据是属于什么类型的权利，因此，在实践中很难对数据进行确权。本文通过研究数据确权现状及相关理论，深入分析数据的属性，提出"三维定位"数据确权法，通过场景性（X 轴）、阶段性（Y 轴）和身份性（Z 轴）三个维度精准定位数据的用途、类型和权利归属，从而解决数据权属不清晰、数据交易秩序不规范等业内难点问题。

关键词： 数据确权　数据属性　数据人身权　数据财产权　数据要素

随着数字时代的到来，数据与土地、劳动力、技术、资本并列，成为第五大生产要素，数据成为新型生产要素之后，深刻改变生产方式、生活方式和社会治理方式。数据确权，即对数据的所有权、使用权、收益权等进行明确认定，是数据要素市场运行、促进数据高效流通、充分释放数据要素价值的重要前提。当前，数据确权面临诸多挑战，如数据权属不清晰、数据交易秩序不明确、数据收益分配不明晰、数据安全治理不规范等，这些问题亟待解决。在数据确权现状方面，政策法规的日渐完善为数据确权提供了政策基础；在技术发展方面，可信数据空间、区块链、隐私计算、数据沙箱等技术创新也为解决数据确权中的技术难题提供了有力支撑。然而，数据确权实践的步伐快于监管的发展，如何平衡商业利益与公

---

* 陈福，北京大成律师事务所高级合伙人，中国政法大学欧盟法研究中心研究员，研究方向为数据法、数字经济、知识产权法、生物技术法。

众利益，是监管层需要深入思考的问题。①

针对这些挑战，本文提出基于数据属性的"三维定位"数据确权法。该方法通过数据的场景性（X轴）、阶段性（Y轴）、身份性（Z轴）三个维度进行定位，以实现数据的精准确权。在场景性（X轴）方面，从企业角度出发，按照数据的内外应用模式将应用数据的企业分成数据驱动型企业、数据要素型企业、数据赋能型企业。在阶段性（Y轴）方面，确定数据类型对于数据确权有着极为关键的作用。在身份性（Z轴）方面，数据可能涉及多个主体，如数据来源者、数据持有者、数据处理者等。通过准确定位数据主体的类型，明确该等数据主体的权利和义务，可以更好地保护数据主体的合法权益，防止数据被非法使用或滥用。

一 数据确权现状及理论的现实挑战

（一）数据确权现状

数据确权是数据资产化的基石和前提条件，也是数据合规治理中的重要环节。在数字经济背景下，数据已成为一种重要的生产要素，其价值在于能够被企业用于决策、分析、预测等经营活动。然而，数据资源所有权和使用权往往涉及多方主体，如数据来源者、数据持有者、数据处理者等，因此，明确数据资源的权属关系对于数据的开发、使用、交易、利益分配、安全治理和保护至关重要。

数据资源确权的核心在于对数据产权结构的清晰界定。但是，目前在我国，对数据的权利属性（即数据属于什么类型的权利）没有定论，业内争议较大很难形成共识，我国现行有效的法律并没有明文规定数据属于什么类型的权利。虽然《民法典》中涉及了要对数据进行保护，但《民法典》是以"权益"的方式来保护数据，而不是以"权利"的方式来保护数据，据此，在法律层面，如何对数据确权保护成为业内的难题。② 因此，在实践中很难对数据进行确权，从而无法确定数据产权，进而影响数据定价、交易、利益分配等相关活动。在我国司法实践中，当企业之间出现数

---

① 王利明：《数据何以确权》，《法学研究》2023年第4期。
② 陈福：《金融数据资产确权路径研究》，《中国银行业》2024年第2期。

据纠纷时，法院通常以《反不正当竞争法》第二条关于"诚实信用"的原则性规定为法律依据，认定被告的行为构成不正当竞争，应当承担停止侵权并赔偿原告损失的责任，从而解决了当事人之间的纠纷。但这种方式主要是维护市场公平竞争秩序，并未实际涉及数据确权问题，也解决不了业务数据确权的难题，不利于推进数据的价值评估、交易流通以及利益分配。基于立法层面和司法层面均无法解决数据确权问题，中共中央和国务院于 2022 年 12 月颁布了《关于构建数据基础制度更好发挥数据要素作用的意见》（以下简称"数据二十条"），通过行政手段对数据进行确权，将数据的权利分为数据资源持有权、数据加工使用权和数据产品经营权。① 基于"数据二十条"的政策指导，全国各地以数据交易所为中心开展了数据资产登记的实践与探索，为数据确权提供了一种新的路径和方法。

当前，"数据十二条"提出的数据产权结构性分置制度，为数据确权提供了指导思路。该制度建议建立公共数据、企业数据、个人数据的分类分级确权授权制度，以及数据资源持有权、数据加工使用权、数据产品经营权等分置的产权运行机制。这种分置制度既考虑了数据的公共属性，又兼顾了数据的经济价值，有助于平衡数据资源公共利用和商业开发之间的关系。为了鼓励和指导公共数据开发与利用，中共中央办公厅和国务院办公厅于 2024 年 9 月 21 日颁布了《关于加快公共数据资源开发利用的意见》，从而促进数据要素市场化配置，充分释放数据要素的价值。

此外，国家知识产权局出台了数据知识产权相关政策，并指定一些省份（例如北京市、上海市、江苏省、浙江省、福建省、山东省、广东省等）开展数据知识产权登记的实践与探索，并形成了典型的数据知识产权登记案例。尤其在（2024）京 73 民终 546 号案件中，法院间接认可了数据知识产权登记证书的效力，并指出了数据知识产权登记证书系数据权利主体和数据合法来源的初步证据。数据知识产权登记是我国在数据要素领域的全新探索，目前越来越多的企业在数据资产化过程中选择进行数据知识产权登记，获得当地知识产权主管部门颁发的数据知识产权登记证书，以便作为数据权属的有效凭证。

---

① 张衡：《"数据二十条"下探析数据资源持有权的内涵及框架构建》，《信息资源管理学报》2024 年第 2 期。

（二）数据确权相关理论

当前学界对于数据确权方面已经有了诸多研究。有学者从"权利束"的视角出发，探讨了数据权益的复杂性，认为数据权益并非单一的权利，而是一系列权利的组合，这些权利在数据的生成、处理、利用和保护过程中各自发挥着不同的作用，并强调数据的价值在于可利用性，因此数据权益的确认应关注数据使用过程中的各方利益平衡，在保护个人信息的同时兼顾数据利用者的合法权益，实现数据的合理流动和共享。① 有学者则主张建立基于分置式产权架构的数据产权法律体系，并认为数据产权制度是数据基础制度的核心内容，应涵盖数据的持有权、加工使用权和产品经营权等多个方面，所以数据产权的法律体系应适应数据的动态流转和价值实现机制，最终服务于数字经济的发展目标，还应明确数据的初始产权配置，赋予原始数据生产者持有权，并通过数据加工使用和数据产品开发，实现数据的增值和流转。② 还有学者从数据持有权与利用权的角度进行了确权研究，认为数据确权的核心在于解决数据财产权益的配置问题，即应明确企业对数据享有持有权和利用权，并提出数据持有权应置于数据产权双阶二元结构中考察，包括数据来源者权与数据持有权的权利关系结构，以及数据持有权与数据利用权的权利关系结构。数据持有权是数据权属结构的核心与中枢，向前链接数据来源者，向后赋权数据利用者，应扩充数据质量评估指标类型，并明确数据处理者的数据安全保护义务。③ 还有学者提出了"三三制"数据确权法，希望解决数据权利确认的制度障碍，认为数据权利确认之所以困难，是因为现有讨论中存在概念混淆和平面思维，故提出数据财产权制度应采用分层确权法，将数据权利分为不同的层次和阶段进行确认，尊重数据的初始所有权，以企业数据用益权为基本权利，构建三个层级的数据权利确认体系。④

（三）数据确权面临的困境分析

目前，我国现行有效的法律中没有明确规定数据的权利属性，根据权

---

① 王利明：《论数据权益：以"权利束"为视角》，《政治与法律》2022年第7期。
② 冯晓青：《数据产权法律构造论》，《政法论丛》2024年第1期。
③ 张素华：《数据资产入表的法律配置》，《中国法学》2024年第4期。
④ 申卫星：《论数据产权制度的层级性："三三制"数据确权法》，《中国法学》2023年第4期。

利法定原则，"数据权"不是法定的权利，因此只能通过"数据权益"的方式来保护数据，但这种方式不利于对数据进行确权、定价和交易。在司法实践中，法院主要以《反不正当竞争法》第二条关于"诚实信用"的原则性规定为法律依据维护当事人与数据相关的合法权益。虽然有人提出创立新的部门法赋予数据法定的权利，但法律的滞后性决定了目前不适宜通过立法来限制数据要素的发展。数据是信息社会最重要的新型生产要素，如何对数据进行开发利用、如何充分释放数据要素的价值还处于探索阶段，因此现阶段很难通过立法对数据进行定性。需要通过大量的实践促进数据要素的发展，为数据立法提供现实基础，这就为数据确权理论研究提供了巨大的发展空间。

目前不同学者从不同角度对数据确权进行了深入探讨，所提出的许多观点和建议在理论上具有可行性，但在实践操作层面仍面临一些挑战。例如，数据主体的确认、数据主体所享有权利的边界、不同主体之间的权利冲突、数据持有权的确认、数据质量评估指标体系的建立、数据安全保护义务的履行等方面，都需要在具体实践中进行细化和完善。因此，未来的研究应更加注重理论与实践的结合，提出更具可操作性的建议。

二 数据属性对数据确权研究的启示

在数字化浪潮的推动下，数据的价值和功能已经渗透到社会的各个角落。而数据的属性作为一个多层次的复杂概念，既关系到数据的产权、使用和管理，也关系到个人权利和社会秩序的链接。需要从数据的自然属性、社会属性、法律属性三个维度深入分析数据的属性，探索数据的本质，为开展数据确权研究奠定坚实基础。"自然属性—社会属性—法律属性"三者之间存在递进关系：自然属性是基础，社会属性是展开，法律属性是提升。这一逻辑脉络体现了人们认识问题、分析问题、解决问题的思维进路。[①]

（一）探析数据的自然属性

数据的自然属性揭示了数据作为一种客观存在的本质特征，是数据固

---

① 陈福：《数据资产入表与资本化》，知识产权出版社，2024。

有的、不依赖外部条件的特性。数据作为一种新型客体，具有独特的属性和特征。它既有物质载体，又具有非物质性；既可以被多个主体共享使用，又可以被复制和传播；既具有持久性，又具有易变性；既有独特性，又有关联性。这些自然属性使得数据区别于传统的物质财产和知识产权。数据的无形性并不意味着它完全独立于物质世界而存在。恰恰相反，数据只有通过特定的物质载体才能被感知、记录、存储和传输。这种物质载体可以是纸质文档、磁盘、光盘等有形媒介，也可以是电磁波、光脉冲等无形介质。数据与其载体之间存在互依共生的关系：没有载体，数据就无法存储和传播；而脱离了数据，载体也就失去了意义和价值。

可复制性是数据最显著的自然属性之一。与有体物不同，数据可以通过复制的方式在不同主体之间快速传播，且这种复制并不会影响原始数据的存在和完整。这种无损复制的特性意味着数据可以在不同主体间反复共享使用，且边际成本趋近于零，有利于实现规模化应用和价值倍增。例如，在数据分析、查询、整合等各类数据应用场景中，数据在被消费的同时，也会衍生新的数据，形成数据的正向循环。这种"越用越多"的高产特质，体现了数据作为一种新生产要素的巨大创造力。可复制性使数据在更大范围内实现共享利用，由此带来了数据价值创造方式的革命性变革。一方面，分散的数据资源通过复制汇聚形成了规模化的大数据集，为机器学习、知识挖掘等新兴应用提供了丰沃的数据土壤，成为人工智能发展的核心驱动力；另一方面，数据的高效流动打破了部门间的信息壁垒，让不同行业、不同领域的数据能够交汇融合，迸发出更多创新的火花，催生新业态、新模式、新动能。

非排他性源于数据超越时空限制的无形属性。在同一时间、不同空间中，数据可以同时为多个主体所把握和运用。这是因为数据作为一种信息记录，存在形式不依赖唯一的物理载体，而是能够通过复制的方式在不同主体间传播。虽然原始数据具有天然的非排他性，但当数据被收集、加工处理后形成数据集合和数据产品时，情况会有所不同。这些经过人为加工的数据往往蕴含了加工者的劳动成果和商业价值，可能需要通过知识产权等法律工具予以保护，以防止未经授权的复制或使用。然而，即便在数据产品阶段，数据的非排他性特征依然显著，因为数据产品的使用和传播通常不会受到物理空间的限制。数据的非排他性意味着，数据能够被多方共享利用，实现价值的倍增。这不仅能够提升数据资源的利用效率，实现数据要素在全社会范围内的优化配置，还能够推动不同行业、不同部门基于共享数据开展跨界创新，催生新业态、新模式。例如，共享的政务数据可用于企业精准营销和风险控制，共享的交通数据可用于城市规划和管理决策，共享的医疗数据可用于药品研发和疾病预防。

数据的非耗竭性是其另一个重要特征。与自然资源不同，复制并不会对原始数据造成任何减损。无论复制多少次、传播给多少主体，原始数据始终保持完整性和可用性。这种特性使得数据成为一种可持续利用的资源，不会因为使用而耗尽。数据的非耗竭性保障了不同数据主体之间实现数据融合，通过数据融合可以开发数据新的应用场景，充分挖掘数据新的价值。

数据的非竞争性体现在其可以被多个主体同时使用而不会降低其他主体对其的使用价值。这与有体物的竞争性使用形成鲜明对比，也与知识产权的竞争性具有本质区别。例如，一本书在同一时间只能被一个读者阅读，但一条数据却可以同时被多个主体分析、利用，而不会相互影响。

数据作为一种新型生产要素，具有极高的价值。这种价值既体现为单个数据的独特价值，也体现为多源数据关联后的聚合价值。每一条数据都是对客观世界的一种特定描述，都以独特的信息内涵展现自身的价值。同时，当海量、多源的数据汇聚在一起时，可以通过数据之间的关联分析，发现事物内在的关联规律，由此创造出大于局部数据之和的聚合价值。

（二）探析数据的社会属性

数据无法独立于人类社会而存在，其产生、流通和应用都深度嵌入社会运行的方方面面。因此，在考察数据价值的生成逻辑时，还需要进一步分析数据所蕴含的社会属性。不同于自然资源如土地、水和矿产等，数据资源与人类活动有着更为紧密的联系。自然资源虽然支撑着社会发展，但其形成和存在相对独立于人类活动；而数据资源则直接源于人类社会运行，是人类主体对包括自身在内的客观事物的观察、记录和分析的结果。因此，数据的社会属性是指数据在社会生产生活中所展现出的特性，这些特性与数据的应用场景、阶段以及涉及的身份密切相关。

数据应用场景的广泛性构成了数据价值生成的基本社会土壤。数据生产和应用与人类活动同步，贯穿社会生产生活的各个场景，并呈现与具体应用场景相适应的差异化特点和价值功用。随着数字经济的纵深发展，原本割裂的数据应用场景正加速融合，多场景协同成为新趋势。这种融合不仅催生更多跨场景的创新应用，还推动了数据在更大范围内实现多场景融合，进一步拓展了数据价值的内涵和外延。

数据的阶段性特征源于数据在不同发展阶段中主体角色和价值诉求的变化。在数据的初始采集阶段，个人信息属性通常占据主导地位；随着数据进入存储、加工、应用等后续阶段，企业日益成为数据活动的核心主体，数据的企业财产属性上升至关键地位；当数据的规模化积累和关联性分析达到一定程度时，数据的公共资源属性显现，政府开始推动分散数据向公共资源转化；最后，一些数据上升为关乎国计民生、经济命脉的基础性战略资源，国家对数据治理的主导地位愈发凸显。这种多元属性的交织共生，使得数据属性在不同阶段呈现复杂多变的组合状态。从数据的形成和发展过程来看，在当今大数据时代，人们为了获得便捷、高效的互联网服务，通常需要向服务提供者提供相关个人信息；提供互联网服务的企业收集用户信息，进一步分析整合并加工为数据，存储于网络空间，相关企业既可以对数据进行使用，也可以进行数据交易；涉及公共通信、交通、金融等重要领域的相关数据，一旦被泄露将会危及公共安全，此类数据关系到公共利益问题；基因、人种特征、地图轨迹等相关数据一旦被泄露将会危害国家安全，这类数据与国家安全息息相关。[1]

在数据驱动的社会中，不同主体因在数据处理活动中承担的特定角色而呈现相应的身份属性。这些身份属性明确了主体在数据权属关系中的定位，决定了主体所享有的权利和应承担的义务。数据来源者、数据持有者、数据处理者等不同角色身份的划分与定位，反映了数据治理分工的精细化和数据权责配置的多元化。从数据角色分工到交互演进再到协同融合，数据身份关系构建是一个持续演进的过程。在现实中，同一主体可能同时具有多重身份属性，这种身份属性的叠加使得数据权属关系更加错综复杂。

（三）探析数据的法律属性

在探析数据的法律属性时，不可避免地要触及数据复杂而多维的特

---

① 陈福：《数据四重性及其合规系统》，知识产权出版社，2022。

性。数据，作为信息时代的核心要素，既具有承载个人隐私与人格尊严的人身属性，又具有蕴含巨大商业价值与经济潜能的财产属性。这一双重属性使得数据的法律保护成为一个复杂而精细的课题。

从人身属性的角度来看，数据往往与个人信息紧密相关，是个人生活轨迹、行为习惯、思想观念的数字化反映。因此，数据在一定程度上具有人身专属性，是个人隐私与人格尊严的重要组成部分。正如《著作权法》保护作者的精神权利一样，数据的法律保护也应充分尊重并保护个人的数据权利，防止数据被滥用或侵犯，从而维护个人的人格尊严与隐私权。在此意义上，数据的人格权保护应被视为数据法律属性的重要一环。

然而，数据的价值远不止于此。在数字经济时代，数据已成为一种重要的生产要素，具有极高的商业价值。企业通过对数据的收集、处理、分析，可以挖掘出潜在的市场需求、消费趋势和商业机会，进而实现精准营销、优化产品设计和提升运营效率。这种基于数据的商业价值创造，使得数据具有鲜明的财产属性。在此背景下，数据的财产权保护显得尤为重要。数据的财产权保护不仅关乎企业的商业利益，更关乎整个数字经济的健康发展。

在数据的财产权保护中，所有权与用益权的分离已经成为一种有效的制度设计。[①] 一方面，数据的所有权应归属于数据的源发者，即个人或原始数据企业。这是因为数据是由个人行为或企业活动产生的，是个人或企业劳动成果的数字化体现。赋予数据源发者数据所有权，是尊重其劳动成果、保护其合法权益的必然要求。另一方面，数据的处理者、分析者等在使用数据的过程中也应享有相应的权利，即数据用益权。数据用益权是指数据处理者在使用数据时所享有的权利，包括数据的收集、处理、分析、利用等权利。这种权利的设立，既有利于数据处理者发挥数据的商业价值，也有利于促进数据的流通与共享，从而推动数字经济的发展。

（四）基于数据属性探析数据确权方法

数据的可复制性、非排他性、非耗竭性、非竞争性等自然属性决定了数据与传统的物权和知识产权具有本质区别，不能套用物权的占有、使

---

① 王利明：《数据权益的民法表达》，《荆楚法学》2024 年第 1 期。

用、收益、处分四大权能来设置数据权属制度，也不能简单效仿知识产权的专有性、地域性、可复制性等特性构建数据确权制度体系。只有以数据的自然属性为基础，充分了解数据的本质属性，才能构建完善的数据确权制度体系，促进数据作为一种新型生产要素的发展，充分释放数据要素的价值，繁荣数字经济。

数据的场景性、阶段性、身份性构成了数据的社会属性。充分开发数据新的应用场景才能促进数据的应用。为了解决数据应用与需求问题，国家数据局于 2023 年 12 月 31 日颁布了《"数据要素×"三年行动计划（2024—2026 年）》，重点关注工业制造、现代农业、商贸流通、交通运输、金融服务、科技创新、文化旅游、医疗健康、应急管理、气象服务、城市治理、绿色低碳等 12 个数据应用场景。数据的阶段性主要体现为个人信息属性、企业数据属性、公共利益属性和国家安全属性，从而可以将数据分为个人数据、企业数据、公共数据和核心数据，不同类型数据的确权方式也不尽相同，研究数据的阶段性为数据确权方法研究提供了理论支撑。通过数据的身份性，可以准确分析数据来源者、数据持有者、数据处理者等不同角色身份的定位，不同角色身份在数据要素发展进程中对数据拥有不同的权利和义务，厘清不同主体的数据权益边界，为数据确权奠定了坚实基础。

分析数据法律属性有助于充分了解数据的人身属性和财产属性，在保护数据财产权过程中，逐渐出现了所有权与用益权的分离。数据的这些特性要求在保护个人数据权利的同时，也应充分发挥数据的商业价值，推动数字经济的发展。而所有权与用益权的分离，则为这一目标的实现提供了有效的制度保障。分析数据法律属性为数据确权方法的研究指明了方向。

三 构建"三维定位"数据确权法

为了解决业内数据确权的难题，在深入研究数据确权现状及理论、探析数据属性的基础上，笔者提出兼具理论性和实践性的"三维定位"数据确权法，以界定各参与主体的权利和义务并推动数字经济发展。数据的"三维定位"确权法，是一种创新的数据确权方式，通过场景性（X 轴）定位数据的用途、阶段性（Y 轴）界定数据的类型、身份性（Z 轴）确定数据主体及其权利，实现对数据的精准定位和权属界定，并通过举例更加深入地分析和论证"三维定位"数据确权法的可操作性。

（一）通过场景性（X 轴）定位数据的用途

数据的场景性，作为数据三维定位研究方法中的重要维度，揭示了数据在不同领域、行业及企业内部的应用特点和规律。[①] 数据的场景性，指的是数据产生、存储、处理和应用的具体环境和背景。它反映了数据在不同领域、行业、企业及业务环节中的特性和需求。数据的场景性对于数据的价值实现至关重要，因为只有在正确的场景下，数据才能发挥最大的作用，为企业带来实际的经济效益和社会效益。

按照数据的内外应用方式不同，可以将企业分为不同类别。对外应用数据的企业包括数据驱动型企业和数据要素型企业，数据驱动型企业把数据作为经营的工具，数据要素型企业则以数据作为经营的对象。对内应用数据的企业为数据赋能型企业，其通过数据为生产经营赋能。

数据驱动型企业是指那些将数据作为核心生产要素和驱动力，通过数据采集、分析和应用推动业务增长和创新的企业。这类企业通常拥有大规模、多样化且流转频繁的数据资源，这些数据资源是其商业模式和盈利方式的基础。数据驱动型企业汇聚的数据具有规模大、种类多、价值高等特点。这些数据可能包括用户数据、交易数据、行为数据等，它们共同构成了企业数据资产的主体。这些数据的特点是来源广泛、结构复杂且实时性强，需要借助先进的数据处理和分析技术来挖掘潜在价值。在数据驱动型企业中，数据的应用场景非常广泛。例如，电商平台可以利用用户数据和交易数据进行个性化推荐和精准营销；金融机构可以利用客户数据和交易数据进行风险评估和信用评级；社交媒体平台可以利用用户行为数据进行内容推荐和社区治理等。这些应用场景的共同特点是都需要借助数据来洞察用户需求和市场趋势，从而优化业务流程和提升决策效率。当然，数据驱动型企业在应用数据时面临诸多合规要求和挑战。一方面，需要遵守相关法律法规对数据保护的要求，确保数据的采集、处理和应用符合法律法规的规定；另一方面，需要应对数据权属界定、数据要素流通、个人信息

---

① 刘涛雄、李若菲、戎珂：《基于生成场景的数据确权理论与分级授权》，《管理世界》2023 年第 2 期。

保护等复杂问题。

数据要素型企业是指那些将数据作为关键生产要素和核心资产,通过数据的采集、加工、应用和交易创造价值的企业。这类企业通常将数据视为一种战略资源和无形资产,通过数据资产化、要素化来推动传统业态的升级和新业态的孵化。数据要素型企业掌握的数据资源具有高度的关联性和依存性。这些数据通常来自不同的领域和行业,经过采集、加工和整合后形成数据网络和数据资产。这些数据的特点是具有较高的稀缺性和独特性,能够为企业带来竞争优势和经济效益。在数据要素型企业中,数据的应用场景主要集中在数据资产化、数据交易和数据服务等方面。例如,数据交易平台可以提供数据买卖、数据共享和数据授权等服务;数据服务公司可以利用数据为客户提供数据分析、数据挖掘和数据可视化等增值服务;数据资产化企业则可以将数据作为资产进行运营和管理,实现数据的价值变现。数据要素型企业在应用数据时同样面临合规要求和挑战。一方面,需要遵守相关法律法规对数据产权、数据交易和数据安全等方面的规定;另一方面,需要应对数据权属不清、数据交易不规范、数据安全保护不力等问题。

对内应用数据的一般为数据赋能型企业。数据赋能型企业是指那些利用数据为原有业务赋能,通过数据的采集、分析和应用优化生产流程、提升管理效率、实现数字化和智能化转型的企业。这类企业通常将数据作为提升业务能力和创新能力的重要工具,而不是直接的经营对象。数据赋能型企业汇聚的数据通常来自企业内部的生产、管理、营销等环节,具有多源异构、实时性强等特点。这些数据经过整合和分析后,可以为企业的决策提供有力支持。在数据赋能型企业中,数据的应用场景主要集中在优化生产流程、提升管理效率、实现精准营销和智能决策等方面。例如,制造企业可以利用数据对生产流程进行实时监控和优化;零售企业可以利用数据对顾客进行画像和精准营销;金融机构可以利用数据对风险进行预警和管理等。这些应用场景的共同特点是都需要借助数据提升业务能力和创新能力。数据赋能型企业在应用数据时同样需要遵守相关法律法规的合规要求。一方面,需要确保数据的采集、处理和应用符合法律法规的规定;另一方面,需要加强数据安全保护和技术创新以应对数据泄露、数据篡改和数据滥用等风险。此外,数据赋能型企业还需要在数字化转型过程中加强数据整合能力建设和数据治理体系建设,以实现对数据的全面管理和有效利用。

通过场景性（X 轴）准确定位数据的用途，论证企业是对外应用数据还是对内应用数据，然后确定企业的性质，判断属于数据驱动型、数据要素型还是数据赋能型。如果企业对内应用数据，涉及的主体较少，数据流通的链条短，确权的难度相对低一些。如果企业对外应用数据，涉及的主体多，数据流通的链条长，需要分析各个主体享有哪些权利，同时要保障数据流通的安全性，因此确权的难度很高。数据驱动型企业大多为大型平台互联网公司，该类型企业的数据通常涉及个人信息，因此，在数据确权过程中，需要特别关注个人信息保护和防止隐私泄露。而数据要素型企业通常涉及使用网络爬虫爬取网络数据，因此，在数据确权过程中，需要特别论证该爬取行为是否合法合规。数据赋能型企业一般是在生产经营过程中产生数据，数据来源合法性问题不突出，数据确权工作相对简单一些。

（二）通过阶段性（Y 轴）界定数据的类型

数据既是个人信息集合，也是企业的无形资产；既是社会公共资源，也是国家的战略要素，具有个人信息属性、企业数据属性、公共利益属性和国家安全属性。因此，通过阶段性（Y 轴）确定数据类型对于数据确权有着极为关键的作用。

个人信息属性是数据治理的核心议题，它关注的是个人隐私权的保护。个人数据是指能够单独或与其他信息结合识别特定自然人身份或反映自然人活动情况的各种信息，可识别性是个人数据的本质特征。个人数据与个人身份、行为等紧密关联，一旦遭到不当利用，极易侵犯个人隐私。因此，全球范围内纷纷加强个人信息保护立法，如欧盟的《通用数据保护条例》（GDPR）、美国的综合立法进程以及亚洲国家的个人信息保护体系等。在中国，随着《网络安全法》、《民法典》、《数据安全法》和《个人信息保护法》的出台，以及国务院和相关部门发布行政法规和规范性文件，个人信息保护的法律规范体系日益完善。同时，司法机关对严重侵害个人信息的企业保持高压管控态势，如"大数据风控入刑第一案"〔（2020）浙0106 刑初 437 号）〕彰显了国家保护个人信息的决心。个人信息的合理利用能为消费者提供更优质、个性化的服务，但必须在保护个人隐私的前提下进行。

企业数据属性关注的是数据作为驱动企业创新的动力和制度保障。在互联网与大数据时代，企业通过收集、加工、处理个人数据形成数据资产，并由此取得竞争优势。① 企业数据的应用价值体现在数据资产化、数据安全管理和数据要素市场竞争等多个方面。为了实现数据应用价值最大化，企业需要围绕数据资产的全生命周期建立健全数据管理制度，优化数据管理流程。同时，数据安全存储是企业数据管理的核心议题之一，大规模的数据泄露事件不仅损害企业声誉和经济利益，更严重侵害用户隐私。在数据要素市场竞争中，法院支持数据权益属于企业，恶意侵犯其他企业的数据权益构成不正当竞争。此外，数据产品交易和数据资产融资等数据资产化的探索也在加速开展，如中国气象局推出的气象数据产品、光大银行深圳分行提供的跨境数据资产融资服务等。企业数据的合理利用和保护不仅关乎企业自身利益，也影响整个社会的经济发展和数据市场秩序。

公共利益属性强调数据作为一种新型生产要素的正外部性，数据价值通过流通共享不断放大并外溢到更广泛的经济社会领域。个人数据和企业数据经过脱敏汇聚、授权开放后，会在一定程度上体现公共利益属性。公共数据是指政府部门和公共机构在履行管理和服务职能中产生的数据，具有权威性、关联性和时效性，在经济调节、市场监管、公共服务、社会治理等方面发挥不可替代的作用。② 个人数据向企业数据演进的过程中，数据的聚合利用能够更好地服务公共利益，如共享单车数据优化公交线路布局、电商平台数据洞察市场趋势等。同时，公共数据的开放共享也面临规范管理的问题，如何在促进开放利用的同时明晰商业利用边界是重要课题。我国正积极推进公共数据授权运营，希望引入市场机制盘活社会数据资源、释放数据红利。然而，公共数据授权运营也面临诸多法律和伦理问题，需要厘清治理边界、平衡多方利益。公共数据的合理利用和保护对于提升社会整体福祉、促进经济发展具有重要意义。

国家安全属性关注的是数据作为关乎国家安全和主权的战略性资源的重要性。在数字化时代，拥有和掌控关键数据资源事关国家竞争力和话语权，而数据跨境流动、数据滥用等问题也对国家主权和公民权益构成新的挑战。数据安全是国家安全的重要组成部分，一旦关键数据资源被非法使用或共享，可能直接影响政治安全。核心数据是指对领域、群体、区域具

---

① 孙莹：《企业数据确权与授权机制研究》，《比较法研究》2023 年第 3 期。
② 张新宝、曹权之：《公共数据确权授权法律机制研究》，《比较法研究》2023 年第 3 期。

有较高覆盖度或达到较高精度、较大规模、一定深度的数据，一旦被非法使用或共享，可能直接影响政治安全。因此，对核心数据的保护至关重要。中美在个人数据跨境监管立场上存在差异，但都在加强数据出境安全评估和管理制度以防范国家安全风险。个人数据跨境流动已成为国家间博弈的新领域，各国政府纷纷提高数据主权意识，在促进数据跨境自由流动的同时维护国家安全和公民合法权益。国家核心数据的保护不仅关乎国家安全和主权，也影响整个国家的竞争力和未来发展。

通过阶段性（Y 轴）界定数据的类型，可以判断确权的对象属于个人数据、企业数据、公共数据还是核心数据。例如，确权的对象属于个人数据，则涉及个人信息，需要充分保障个人信息来源者的权利。又如确权的对象属于公共数据，则需要根据我国现行的公共数据授权运营规则，确定各个主体的权利。可见，在数据确权过程中，界定数据的类型非常重要，不同类型数据，确权规则也不尽相同。

（三）通过身份性（Z 轴）确定数据主体及其权利

在数据驱动的数字社会，数据的身份性（Z 轴）及其所承载的权利关系日益成为社会各界关注的焦点。随着数据成为驱动经济社会发展的关键生产要素，如何界定数据权属、规范数据流通秩序，已成为法治变革的重要议题。因此，笔者试图从数据来源者、数据持有者、数据处理者（包括数据集加工者和数据产品开发者）三种类型主体入手，深入剖析数据的身份性及数据在不同角色定位下的权利关系。

首先，数据来源者是数据的原始提供者，包括个人数据来源者、企业数据来源者和公共数据来源者。数据来源者因提供数据而享有相应的权利，这些权利主要体现为数据人身权和数据财产权。个人数据来源者是指提供个人身份信息的个体。在数字化时代，个人信息成为数据资源的重要组成部分。个人数据来源者对个人身份信息享有数据人身权，包括隐私权、个人信息保护权等，这些权利保护个人免受未经授权的信息收集、使用、披露等行为的侵害。同时，随着数据经济的发展，个人身份信息也具有一定的经济价值，因此个人数据来源者还可能享有数据财产权，即对个人身份信息在合法范围内进行商业化利用的权利。然而，这种权利的实现需要平衡个人隐私保护与数据利用之间的关系。企业数据来源者是指提供企业运营、客户行为等数据的组织。这些数据对于企业的决策、运营和市场竞争具有重要意义。企业数据来源者对数据享有数据财产权,即有权对数据进行收集、整理、分析和利用。这种权利的实现有助于企业提升运营效率、优化产品服务、拓展市场份额。然而,企业数据来源者在行使数据财产权时也应遵守相关法律法规,尊重个人隐私和商业秘密,避免不正当竞争和侵权行为。公共数据来源者是指提供政府公开数据、公共事业数据等信息的机构。这些数据对于促进经济社会发展、提升公共服务水平具有重要作用。公共数据来源者对数据享有数据财产权,但也承担公开、透明、共享的义务。通过数据共享,可以促进政府决策的科学化、民主化,提升公共服务的效率和质量。

其次,数据持有者是指对数据资源进行实际管理和控制的主体。在数据"三维定位"的制度框架下,数据持有者享有数据资源持有权。这种权利在法律属性上应定位为一种基于事实状态的数据使用权,而非传统民法意义上的所有权或用益物权。数据资源持有权强调对数据资源事实上的管理和控制,突出了数据占有的合法性。这种表述方式契合了数据非排他、可复制的自然属性,为权利设置留下了弹性空间。同时,淡化所有权而强调持有权,意在促进数据的流通和利用,揭示了数据资源"动态流动性"的本质特征。在数字经济时代,激活数据要素、释放数据价值的关键在于流动而非单一归属。因此,数据资源持有权的设置有助于促进数据的共享和交易,推动数据要素市场的繁荣发展。

最后,数据处理者是指对数据进行加工、提炼、转化和应用的主体,包括数据集加工者和数据产品开发者。数据处理者通过数据处理活动,将数据资源转化为高价值的数据集合和数据产品,从而享有相应的数据加工使用权和数据产品经营权。数据集加工者是指对原始数据进行清洗、抽取、转换、分析、挖掘、可视化等一系列处理,生成高级数据产品的主体。通过数据处理活动,将海量、无序的原始数据转化为结构化、可利用、高价值的数据集合。在数据"三维定位"的制度框架下,数据集加工者享有数据加工使用权。这种权利是对其数据处理活动的合法确认和保障,有助于激发其创新活力,推动数据产业的发展。数据加工使用权的行使需要遵守相关法律法规和行业标准,确保数据处理活动的合法性和合规性。同时,数据集加工者还应尊重个人隐私和商业秘密,避免不正当竞争和侵权行为的发生。在数据加工过程中,应注重数据的质量和准确性,提升数据的应用价值和市场竞争力。数据产品开发者是指将经过深加工的数据集合转化为可向用户提供的资产化数据产品的主体，通过数据产品开发活动，将数据资源转化为具有经济价值和使用价值的数据产品。数据产品开发者享有数据产品经营权。这种权利是对数据产品开发活动的合法确认和保障，有助于推动数据产品的商业化和市场化。数据产品开发者还应注重数据产品的质量和创新性，提升数据产品的市场竞争力和用户满意度，注重保护消费者权益和公平竞争秩序（见表1）。

表1　数据的"三维定位"确权法

	场景性（X轴）	阶段性（Y轴）	身份性（Z轴）
功能	定位数据的用途	界定数据的类型	确定数据主体及其权利
分类标准	以应用数据的方式进行分类	在数据演进过程中进行分类	以数据主体身份进行分类
输出产物	对外应用数据的企业:数据驱动型（以数据作为经营的工具）、数据要素型（以数据作为经营的对象）对内应用数据的企业:数据赋能型（数据为生产经营赋能）	个人数据 企业数据 公共数据 核心数据	数据来源者:个人数据来源者、企业数据来源者和公共数据来源者 数据持有者 数据处理者:数据集加工者和数据产品开发者

（四）案例分析

下面以某商业咨询公司的广告监播系统数据为例，深入分析和论证"三维定位"数据确权法的可操作性。"三维定位"数据确权法包括如下具体应用步骤。

第一步，通过场景性（X轴）定位数据的用途。该商业咨询公司的广告监播系统数据主要为对外应用，公司属于数据要素型企业。具体而言，该公司采集用户上传的户外广告牌、网络平台等多种媒体的广告播放数据，并利用图像识别和语音识别技术对广告播放情况进行实时监控。进一步，该公司利用人工智能自动识别广告内容，并对广告播放质量进行评估。通过对这些广告数据的实时分析和处理，公司能够充分挖掘数据价值，进而为客户提供个性化的服务。这种应用场景体现了数据在推动业务增长、创造价值方面的重要作用。

第二步，通过阶段性（Y 轴）界定数据的类型。该广告监播系统在数据处理过程中，已经通过数据清洗剔除了与用户相关的个人信息，确保了数据的匿名性和隐私保护。因此，所形成的广告监播数据主要属于企业数据。这些数据是公司在运营过程中产生的，具有高度的关联性和依存性，能够为公司带来竞争优势和经济效益。同时，由于这些数据不涉及公共利益和国家安全，因此在数据确权过程中可以主要关注企业自身的利益和数据保护需求。

第三步，通过身份性（Z 轴）确定数据主体及其权利。在此案例中，数据来源主要是用户上传的广告播放数据，但这些数据在上传时已经过处理，去除了个人信息，因此不存在具体的个人数据来源者。同时，由于数据是用户主动上传的，且用于合法的商业目的，因此不涉及数据来源者的数据人身权和数据财产权问题。该商业咨询公司作为广告监播系统的运营方，是这些广告监播数据的持有者。公司享有数据资源持有权，即有权对数据资源进行实际管理和控制。此外，该公司不仅持有数据，还对这些数据进行加工和处理，形成广告监播数据集。作为数据处理者，公司又享有数据加工使用权，公司可以通过对数据的清洗、抽取、转换、分析、挖掘等一系列处理活动，生成结构化、可利用、高价值的数据集合。

综上所述，该商业咨询公司的广告监播系统数据在"三维定位"数据确权法下，可以清晰地确定用途、类型和权利归属。这不仅有助于公司更好地管理和利用数据资源，还能为客户提供更加优质和个性化的服务。

四　结语

随着数字化时代的深入发展，数据确权已成为推动数据要素市场运行、促进数据高效流通的关键环节。本文提出的基于数据属性的"三维定位"数据确权法，为企业和监管机构提供了一种新的数据确权思路。通过对场景性（X 轴）、阶段性（Y 轴）和身份性（Z 轴）三个维度的综合考量，能够更精准地定位数据的用途、类型和权利归属，从而解决数据权属不清晰、数据交易秩序不规范等问题。它不仅有助于企业更好地管理和利用数据资源，提升数据资产的价值，还能为客户提供更加优质和个性化的服务。同时，该确权方法也为监管机构提供了有力的工具，使监管机构能够更有效地平衡商业利益与公众利益，维护数据市场的公平和秩序。未来，随着技术的不断进步和市场的深入发展，"三维定位"数据确权法将在更多领域得到推广和应用。

会议综述

以高水平法治保障和推动低空
经济高质量发展[*]

——低空经济创新与安全法治沙龙回顾

陈　兵　胡一帆[**]

摘　要：低空经济是新质生产力催生的以低空飞行活动为核心的新型综合性经济形态。党的二十届三中全会明确提出要加快形成同新质生产力更相适应的生产关系，促进各类先进生产要素向发展新质生产力集聚，其中低空经济是我国未来发展的关键领域。然而，随着无人机、通用航空等低空经济产业的快速发展，相关法律规制、空域管理、隐私保护、安全监管等问题日益凸显，亟待融合及协同技术标准、科技伦理、商业道德、产业政策以及法律法规等，将软法硬法联动适用，注重分类分级，聚焦场景化治理的高水平自主法治实践。当前发展低空经济没有经验可循，必须以问题和目标为牵引，在守好安全底线基础上，审慎有序推动低空经济适航稳行。

关键词：低空经济　高质量发展　安全底线　高水平法治

2025 年 2 月 4 日，由南开大学竞争法研究中心主办的"加快新质生产力发展法治保障暨南开大学竞争法研究中心跨学科学术沙龙"成功举办。

---

* 本次沙龙是教育部人文社会科学重点研究基地重大项目"全球数据竞争中人权基准的考量与促进研究"（19JJD820009）的阶段性成果，同时得到了南开大学竞争法研究中心的大力支持。

** 综述整理编辑：陈兵，南开大学竞争法研究中心主任，南开大学法学院教授，研究方向为竞争法学、数据法学、人工智能法治；胡一帆，南开大学竞争法研究中心研究助理，南开大学法学院硕士研究生，研究方向为经济法学。如对发言嘉宾观点有错误表达，敬请谅解。

西北工业大学、北京理工大学、东南大学、四川大学、南京航空航天大学、中国民航大学、中国人民警察大学及南开大学等高校学者，《法学论坛》《中国企业报》《大众日报》等报刊专家，山西华炬律师事务所、北京法炬律师事务所等实务部门专家，以"低空经济创新与安全发展法治"为主题，聚焦当前国内外低空技术、产业发展及安全防治的现状、挑战与问题，围绕低空经济产业发展法律体系、低空安全治理法律挑战与应对等话题，展开研讨。

南开大学竞争法研究中心主任陈兵教授作为此次沙龙活动主持人，介绍了活动召开的背景与意义。本次沙龙是南开大学竞争法研究中心渐次恢复各类学术活动的再次努力。相较于南开大学经济法论坛、中韩竞争法前沿论坛等综合性、专业化、规模化的年度学术项目，跨学科沙龙讲求时效性，注重"小活快"，即"规模小""形式活""转化快"，着力推动社会科学研究阐释与其他学科的交融，以及促进理论与实务的双向反馈。本次跨学科学术沙龙是 2025 年第 1 期，从加强新质生产力发展法治保障的大背景出发，聚焦低空经济创新发展产业链、供应链、价值链，以及"三链"融合推进中的诸多技术、管理、法治问题，邀请国内知名高校、专业部门、实务单位的学者专家各抒己见，拉开 2025 年度跨学科学术沙龙序幕。在此次沙龙上，与会专家学者就低空经济创新与安全发展相关问题展开了讨论。

一　以问题和目标为导向审慎有序推动低空经济发展

广州市通过了《广州市低空经济发展条例》，并定于 2025 年 2 月 28 日正式施行。这一条例的出台，不仅为广州低空经济的蓬勃发展提供了坚实的法治保障，也标志着低空经济即将迈入一个全新的高质量发展阶段。当前，"低空经济"已成为地方两会的热门议题，各地投资热情持续高涨。据艾媒咨询预测，2025 年中国低空经济市场规模预计达 5615 亿元，2035 年有望突破 3.5 万亿元。

低空经济作为跨学科领域的代表，发展潜力巨大，但也面临诸多待探讨的问题。其中，安全问题是制约低空经济发展的关键因素。空域的开放、适航审定以及场景应用的拓展，都直接受到安全因素的制约。因此，调整监管思路，从单纯强调安全转向发展与安全并重，成为当务之急。这需要改变监管模式，实现分类分级、因地制宜的监管，并依靠技术、伦理、政策、法律等多重手段构建完善的法律规则体系，确保低空经济的安全发展。

低空经济的革命性发展，不仅为数字经济与新型基础设施的深度融合提供了新的增长点，也使传统航空法律体系面临结构性挑战。自然垄断产业的处理、新型法治框架的构建、空域权属制度的矛盾、责任认定机制的危机、数据治理体系的缺陷以及技术规制体系的落差等问题，都亟待解决。与会专家建议，当前应着力改革和完善低空空域权属制度、健全数据治理框架、创新责任认定规则，系统性推进相关改革，以适应低空经济三维空间生产关系的新需求。

二　低空经济高质量发展需统筹新型安全与创新

南京航空航天大学人文与社会科学学院院长高志宏教授首先介绍了低空经济的发展背景，低空经济自 2023 年中央经济工作会议提出后，经全国两会上升为国家新兴战略产业，党的二十届三中全会也强调大力发展通用航空和低空经济。与此同时，国家和地方出台一系列相关政策，其中 2024 年 1 月 1 日起施行的《无人驾驶航空器飞行管理暂行条例》解决了低空飞行规则问题，各地投资热情高涨。但高志宏教授所在的南航团队经调研发现低空经济发展存在盲目投资、整体规模小、社会需求不足等问题，导致低空经济增长新引擎作用未充分发挥。进一步分析低空经济发展受限的原因，高志宏教授认为包括顶层设计、空域管理、基础设施、应用场景等多方面因素，但安全因素是影响低空经济发展的最深层次原因，对安全的过度关注主要体现在影响空域开放共享、适航审定速度力度和场景应用拓展三方面。开放共享空域是低空经济发展的前提，开放意味着风险，管理部门出于国防安全、航空安全以及公共安全等因素的考量不愿意开放空域；低空飞行设备需要进行适航审批，民航局由于技术原因、人力资源原因以及最重要的安全原因，适航审批速度慢；出于安全考虑，低空作业、低空文旅、低空物流等场景较少。高志宏教授指出，低空安全是包括国家安全、航空安全、公共安全、数据安全在内的新质安全。低空安全风险带来重大监管挑战，第一，低空飞行"低、小、慢"的特点加大安全监管难度；第二，管控手段的缺乏加剧低空飞行安全风险；第三，低空飞行尚未形成军地民三方协同管理机制。对此，高志宏教授建议首先要调整监管思路，从单纯强调安全转向发展与安全并重；其次要改变监管模式，由强监管转向弱监管，并且进行分类分级监管，由一体化监管转向精细化监管；最后要因地制宜监管，从传统依赖管理的监管手段转向技术、伦理、政策、法律协同的监管手段，保障低空经济安全。

四川大学法学院袁嘉副教授从法律规制角度切入，以济南市平阴县事件为例，探讨低空经济领域引入特许经营权的现实必要性、可行性问题，赞同引入特许经营权并合理平衡竞争关系以促进低空经济创新发展。在必要性问题上，袁嘉教授认为如果完全放开而不进行行业管制则低空安全无法保障，并且低空经济发展包含网状建设需求，需要引入特许经营权。因此，基于新质安全和自然垄断需求，对低空经济领域进行行业管制是必要的。在可行性问题上，袁嘉副教授指出要明晰行业管制主体、完善相关立法。同时，在特许经营条例制定过程中重点明确行业管制主体并合理平衡特许经营环节之外的其他环节的自由竞争关系。最后，针对安全与发展如何平衡的问题，袁嘉副教授建议分阶段处理，在行业发展初期应当鼓励先行先试，适当降低安全标准，在发展成熟期安全隐患凸显时进行漏洞填补。

西北工业大学公共政策与管理学院宋丁博男副教授的分享围绕低空安全治理中面临的法律困境以及相应的应对策略展开。低空经济在数字经济与新型基础设施深度融合的背景下，已经成为新质生产力的重要增长极。实践的快速发展使得传统航空法律体系面临困境，亟须构建一个适配三维空间生产关系的新型法治框架。低空经济目前面临的法律困境包括空域权属制度矛盾、责任认定机制危机、数据治理体系缺陷、技术规制体系落差等。具体而言，空域权属制度在一定程度上面临体系性矛盾，例如空域的分层管理模式存在失灵状况，出现军民空域协调机制缺位、空间使用权法律属性模糊等；责任认定机制存在责任主体认定难、产品缺陷认定标准滞后、保险制度覆盖不足等问题；数据治理体系存在系统性缺陷，地理信息安全边界泛化导致部分商业应用陷入合规困境、敏感个人信息被滥用、关键基础设施数据泄露等均体现出数据安全防护标准缺失；技术规制体系存在代际落差，例如适航审定机制僵化、国内国际规则不适配等。为应对以上困境，宋丁博男副教授从法学层面提出构建空域资源产权制度、创新责任认定规则、完善数据治理框架等法治化转型路径建议，并且基于以上三个层面，提出有必要重塑技术层面的标准法治体系。针对目前立法、司法及监管中存在的问题，宋丁博男副教授从法治保障系统层面出发，提出启动专项立法、建立国家低空安全监管云平台、推行数字监管员制度、建立技术陪审员制度、研发司法区块链存证系统等建议，强调以系统性思维推进相关制度创新与改革，为全球低空经济发展贡献具有中国特色的法治方案。

西北工业大学公共政策与管理学院张敏教授认为低空经济发展受制约的原因在于其特殊之处，主要体现在两方面，一是低空飞行应用场景的特殊性，《深圳经济特区低空经济产业促进条例》明确了低空经济的定义，结合《广州市低空经济发展条例》可以看出低空经济特点表现为最终产品的应用场景是低空飞行，由此面临空域开放等问题。二是低空经济管理理念和管理体制的特殊性，过度关注安全的管理理念导致多方管理的特殊管理体制。张敏教授通过对低空经济现有立法和产业政策的梳理，总结目前我国经由《无人驾驶航空器飞行管理条例》已经基本上构建了飞行器这一重要低空经济产品的链条式管理体系。在空域管理方面，我国通过一系列政策文件明确了深化低空空域改革的总体目标、阶段步骤以及主要任务。在适航审定方面，由《中华人民共和国民用航空器适航管理条例》及民航局制定的一系列民航规章进行规定。随后张敏教授分享关于低空经济法律规制的思考，提出三点建议：一是国家尽快出台空域管理条例解决机制问题和空域管理问题，呼吁尽快出台《中华人民共和国空域管理条例》；二是民航局结合低空飞行航空器特点确定适用于低空飞行航空器的适航审定范围、标准和程序；三是通过多层次法律体系，利用部门规章、地方性法规和产业政策促进低空经济发展。

中国民航大学杜红兵教授系统梳理了 2017~2023 年的全球航空安全数据，涵盖运输航空、商业航空全球事故情况及通用航空飞行类型事件数。杜红兵教授还阐述了航空安全法规体系，包括涉及航空技术体系的芝加哥公约、涉及航空运输体系的华沙公约以及涉及航空刑法体系的东京公约—海牙公约—蒙特利尔公约，在这些公约的基础上我国制定了《中华人民共和国民用航空法》。杜红兵教授介绍道，目前我国在民航安全监管方面的法律依据主要包括《中华人民共和国民用航空法》、《中华人民共和国安全生产法》以及《中华人民共和国突发事件应对法》，并提及因法律冲突导致事故等级分类产生新要求，这些为安全监管提供依据并提出新要求。最后，杜红兵教授对低空经济安全监管问题发表个人思考：第一，通用航空涵盖范围广，包括飞行训练、灭火救援、海洋搜救等；第二，通用航空监管能力弱，现设通航处的职责不足以应对复杂的低空发展监管要求；第三，通用航空事故影响大，国家层面对于通用航空事故重视程度高，相关主体安全监管压力大；第四，国家层面对通用航空非常重视，同时地方的投资热情高涨，但相对于运输航空而言，通用航空发展成熟的道路还很长；第五，通用航空空域开放管制难度大；第六，通用航空监管模式创新要求多，对比美国和加拿大监管模式，杜红兵教授认为目前可参照的国际法规和标准较少，这就对监管模式提出更多的创新要求。

中国民航大学黄燕晓教授从民航角度对低空经济做注解，提出低空经济发展需要把握两个基本原则，一是坚持安全首位原则并明确职责划分，二是在空域管理上，与欧美国家不同，我国应当坚持军方牵头、民航参与的综合管理体系，要在保障军方空运及民航运输的基础上考虑通用航空领域的低空空间。黄燕晓教授还介绍了低空经济来源于通用航空，是基于通用航空与经济高质量发展高度融合的新领域。21 世纪以来，低空经济发展分成了很多阶段，包括严格管制、初步开放、试点探索以及深化改革和全面发展阶段，目前相关法律法规较为完善，但在落实方面需要各方主体共同推动并制定相关细则。此外，黄燕晓教授还提及低空经济在安全管理、空域开放上的进展，如 600 米以下空域授权地方管理。与此同时，在民航局统一管理的前提下，低空安全管理的主体也发生了由军方向地方政府的不完全转变。黄燕晓教授指出低空经济发展面临安全问题，强调安全是发展的首要前提，需要从法律细化、技术创新、协同管理等方面进行完善，在保证安全的前提下实现低空经济的开放竞争及发展。

北京理工大学智能科技法律研究中心王磊研究员认为，低空经济在法律层面是新事物，在发展过程中可能带来一些新的增长点，但要把握好安全与发展的关系，保持相对开放的思路，借鉴沙盒监管思路为其发展设定底线和红线。目前，低空经济发展面临制度供给不足的问题，而制度供给对于低空经济发展是否有效甚至有效率也是一个值得探讨的问题。他认为在对于行业秩序的规范中，标准是一个非常有效的敏捷治理工具。王磊研究员还提到要关注数据安全利用问题，对敏感数据、核心数据进行分类分级。在出台规范性文件方面，王磊研究员认为规范性文件的出台具有一定的周期性且在发展中存在适配性问题，建议不必过于积极地推动相关规范性文件制定工作，可以通过协会及标准等多种形式有效引导低空经济发展。此外，王磊研究员还谈到在低空经济发展中要重视技术融合和协同机制。在低空经济创新发展的法治保障上，一方面需要政策工具发挥作用，另一方面企业和产业树立合规意识也非常重要，要通过交流形成最佳实践以促进低空经济发展。

东南大学法学院于立深教授指出低空经济存在一些问题，主要体现在：第一，低空经济的术语是借用民航术语，没有自己的术语体系尤其是没有空域话语体系。低空经济最核心的是交通运输问题，交通运输有自己的交通符号及路权术语，但低空经济在具有的交通运输功能上没有自己的术语体系。第二，空域概念不清楚，领空、空域、空间三个概念中，空域是最大的概念也是最小的概念，不等同于通用航空中空域的概念。低空空域的最高点应当由军方、民航局来确定，最低点也需要进行确定，否则会和现行法律产生冲突。第三，管制措施创制中未体现全过程人民民主，若开放学校、医院、绿地等公共场所空域，潜在的安全风险及应对措施理应事前告知社会公众。但当前在出台低空管制措施时公众参与度相对有限，具体措施所关涉的各部门之间也缺乏充分沟通和有效协同。第四，产业管制和安全秩序管制需要统一，安全问题上，除了产业自身技术标准统一之外还需要和交通秩序标准统一，与智能汽车可以利用传统路权、交通规则不同，低空经济中无人机空中飞行权与交通运输规则缺乏。第五，产业规制问题，以无人机为主的低空经济发展依赖电池技术、遥感技术、摄像技术，包含自动收集、自动决策、自动运行等内容，本质是数字经济，在高点上涉及数字主权和国家安全，在低点上涉及隐私问题，需要进行规制。于立深教授认为低空经济关系中国命运，在介绍英国蒸汽机时代管制经验及布鲁塞尔效应，对比特拉华效应及加州效应之后，提出中国可以探索推广杭州的管制模式。最后，于教授称低空经济不同于传统的民用航空，本质上是交通运输产业，需要各部门联合进行管理。

中国人民警察大学研究生院陈海涛副院长从公安工作出发，指出公安工作涉及治安、管控、刑事案件侦查处理以及重大活动安保等，因此公安部一直重视和配合推进低空经济的发展。当前低空安全管理在公安工作中的具体应用有两大场景：一是日常管控中的公安工作；二是重大活动安保期间保障低空安全的公安工作。目前在低空安全管理方面没有明确的职责划分，大部分城市主要依托警航部门以及派出所相互配合推动具体工作实施，在重大活动安保期间通常设立指挥部，但具体的无人机反制、管控区域地面排查等工作仍然由警航部门实施，执法多依托当地政府和公安部出台的暂行条例或指导意见。陈海涛副院长总结道，低空安全保障最终是通过执勤执法有效控制不安全因素出现实现的。

随后，陈海涛副院长介绍了中国人民警察大学在低空经济领域开展的主要工作。一方面，中国人民警察大学开展无人机警务和低空安全领域人才培养，学校已经设立警务装备技术学院及警用无人驾驶航空器应用方向，正在推进设立低空安全警务管理工程新专业，培养服务低空经济发展和具备低空管理能力的复合型警务人才，以应对低空安全新风险、新挑战。另一方面，介绍了其团队在低空经济领域开展的学术研究，主要包括无人机预警跟踪打击技术装备研发及低空警务体系标准规范、战术战法层面相关研究，研究中突出智能化多模异构预警与智能化打击自动跟踪手段等。

最后，陈海涛副院长强调低空安全关乎国家安全，要在保障国家安全的前提下创新有序发展，同时，低空安全是低空经济顺利推进的有效外部条件保障，在低空安全管控上需要技术与管理、硬件与机制各层面的系统推进。

中国民航大学飞行理论系主任郝红勋教授分享对低空经济与通用航空关系的理解，认为通用航空属于低空经济范畴，低空经济内涵更丰富。郝红勋教授介绍其团队目前进行的工作主要是航空应急救援及航空器健康管理。前者涵盖西藏高原机场型号飞机应急救援改装试飞交付、按照国家应急救援需求批量改装国外飞机提供应急救援服务、开展应急救援型号航空器设计制造等。后者主要是针对国产民机的交付运行需求及与之配套的国产航发研发需求，借鉴国外同型号飞机发动机的运行管理可靠方法开展故障检测、状态评估等，以支持民用航空器的全寿命健康管理。之后，郝红勋教授具体介绍青藏高原林草火灾航空灭火关键技术研究项目，包括参考多年火灾数据构建的关联数据体系与分析模型，验证直升机外挂物改装的安全性与适航性，建立姿态仿真模型以提升灭火效率；还提及机型选择与适航验证、洒水效果优化研究等工作，以及后续将在多种飞机加改装方面开展工作。

山西华炬律师事务所高级合伙人邵华律师从实务角度出发，指出低空经济在监管、机制层面产生的诸多问题在现实中反馈少，较多的是数据收集方面产生的合规与安全问题。邵华律师预计低空经济"飞起来"后将会面临三大问题：一是"能不能飞"的问题，涉及空域管理、空域机制资源分配等问题；二是"敢不敢飞"的问题，涉及低空经济合规体系架构问题，这是律师在实务中应当重点关注并解决的问题，可以从合规体系建立、应急处理等角度为客户解决相应问题；三是"能不能飞好"的问题，涉及收益模型的搭建。

邵华律师指出当前法律体系缺乏统一逻辑，目前是以航空法、民用航空法为核心，但通用航空领域和无人驾驶航空器领域的规范性文件比较散。对于此问题，邵华律师认为应当通过立法精细化、技术赋能监管以及跨部门跨区域协同路径完善逐步破解，而短期内需要解决企业在合规框架内探索创新边界的问题。邵华律师还探讨了技术创新与法律监管平衡机制的问题，即究竟是应当先立法确定边界还是先鼓励技术试错后立法，并给出沙盒监管及动态立法的思路。此外，邵华律师认为低空经济是数字经济的一个具体应用场景，其价值能够最大化释放的基石在于产生的数据以及对数据的开发利用，在这一过程中产生的数据安全问题需要得到重视。

三　以系统化的制度建设为基础保障
低空经济适航稳飞

本次跨学科学术沙龙重点讨论了审慎有序推动低空经济高质量发展中面临的空域管理制度改革、低空经济产业管制及特许经营、数据安全与开放联通综合体系、通用航空适航取证规则调整、智能化通航技术搭载适配、低空技术与管理技术专业人才培养、本科及专业学位硕士方向设置以及专门性、复合型人才培养等问题，各位专家学者输出和汇聚了大量学术观点，具有极强的启发性和创新性，为新质生产力发展下低空经济的创新与安全发展提供理论支持与实践进路。

具体建议如下：首先，国家层面应尽快出台空域管理条例，以全面规范低空空域的使用和管理，解决当前低空经济领域存在的空域划分不明确、使用权责不清晰等问题，为低空经济的发展提供坚实的法治基础。这一建议结合了低空经济涉及多方利益、需要统一管理的特点，需要通过顶层设计确保各方权益平衡。

其次，民航局应结合低空飞行器种类繁多、操作复杂等特点，确定适航审定标准和程序，确保低空飞行器的安全性和可靠性，解决低空飞行器适航审定无标准可依的问题。这一建议旨在通过专业机构的专业标准，提升低空飞行器的整体安全水平。同时，应通过构建多层次法律体系，包括国家规章、地方性法规和产业政策等，形成上下联动、协同推进的法规体系，促进低空经济的规范发展。这一建议考虑了低空经济发展的地域性和差异性，允许地方根据实际情况制定相应法规，同时辅以产业政策引导，形成全面发展的良好环境。

通用航空作为低空经济的重要组成部分，虽然涵盖范围广、产业推动能力强，但监管能力弱、事故影响大，且发展成熟尚需时日，因此低空经济的发展需把握安全首位的原则，明确各方职责，确保监管到位；同时，空域管理要在保障军方和大飞机运输安全的基础上，合理规划和分配低空空域，为低空经济的发展提供足够的空间。这一系列建议综合考虑了低空经济的特殊性、安全性和发展性，旨在通过完善的法规体系和管理机制，推动低空经济健康、有序发展。

值得注意的是，在低空经济的立法和规范性文件制定方面，应保持谨慎和稳定。立法者需要关注立法与业态的矛盾，以及企业与监管的困境。短期内，企业应在合规框架内探索创新边界，同时探讨技术创新与法律监管的平衡问题。监管沙盒内试错及动态立法等思路的提出，为低空经济的创新发展提供了新的路径。此外，低空经济的数据安全问题也不容忽视。立法者应努力实现实践与理论研究的平衡，通过立法精细化等路径，逐步推进低空经济的高质量发展。

	Vol. 4
DIGITAL ECONOMY AND LAW	May. 2025

Abstract

Academic Monograph

The Dilemmas and Solutions of the Application of the Law to Cross-Border Infringement of Personal Data   Wang Yalin, Fu Yuyuan / 3

Abstract: With the rapid development of the digital economy, cross-border infringements of personal data have become increasingly frequent. Since China has yet to establish specialized conflict-of-law norms for cross-border infringements of personal data, judicial protection of personal data remains insufficient. Currently, there are three main theories regarding the legal nature of personal data rights: personality rights, property rights, and intellectual property rights. However, cross-border infringements of personal data face practical difficulties when applying conflict-of-law norms for personality rights infringement, general torts, and intellectual property infringement, including challenges in determining connecting factors, inadequate protection of the infringed party's rights, and obstacles to the development of the digital economy. Therefore, it is necessary to reform and innovate the existing conflict-of-law norms by introducing the principles of party autonomy and protection of the weaker party, softening the application of the lex personalis, and enhancing the use of the principle of closest connection. Additionally, the introduction of the data origin country and the country with the strongest protection as supplementary and exceptional connecting factors is essential to constructing a specialized conflict-of-law norm for cross-border personal data infringements.

Keywords: Cross-Border Personal Data Infringement; Legal Application; Lex Personalis; Data Origin Country's Law; Law of the Country with the Strongest Protection

The Construction Logic and Institutional Guarantee of Public Training Data Resource Platform

Yuan Kang, Xia Fei / 22

Abstract: Training data is a key element of AI model training, but today the lack of high-quality training data and the difficulty of acquiring data resources have formed the data dilemma of AI, which hinders the innovative development of AI. Under the background that the current data element platform cannot meet the large-scale, high-quality and low-cost training data needs of AI, the construction of a public training data resource platform should be accelerated. Focusing on the data needs of AI, the platform should have the basic functions of aggregating and processing data resources as well as providing training data products. Accordingly, it derives the functional positioning of the platform as the digital infrastructure of AI, the provider of training data and the main body of value discovery, creation and sharing of data elements and the inherent principle of building the platform, and establishes the operation mode of platform operation organization, data resource aggregation, training data processing and data product provision, and effectively guarantees the platform by exploring the incentive mechanism of platform eco-development, optimizing the data quality management system of the platform, and constructing a safe and trustworthy system in three aspects. By exploring the incentive mechanism for platform ecological development, optimizing the platform data quality management system, and constructing a safe and trustworthy system, the platform's functions will be realized, and the platform's role in promoting the development of AI innovation and economy of scale will be brought into play.

Keywords: Artificial Intelligence; Training Data; Digital Infrastructure

The Slogans and Goals of Antitrust Law

Herbert Hovenkamp, Yang Liping, Liang Peixin / 41

Abstract: Currently, there are three mainstream perspectives on the objectives of antitrust law: controlling corporation size, protecting the competitive process, and enhancing consumer welfare. Each approach demonstrates distinct strengths and weaknesses in legal practice. For instance, the focus on controlling corporation size risks overlooking the critical role large enterprises play in driving economic growth and fostering innovation, while the emphasis on protecting the competitive process lacks a clear legal foundation and operational decision-making framework. Although the enhancing consumer welfare standard holds theoretical appeal, its practical application is rarely directly evaluated, and its definition and measurement criteria remain subject to ongoing debates. Consequently, antitrust law should be more explicitly focused on promoting market competition and enhancing consumer welfare rather than fixating on corporation size or abstract notions of competitive processes. Moving forward, antitrust policies and enforcement should concentrate on actual changes in output and pricing, as well as their tangible impacts on the welfare of consumers and workers.

Keywords: Antitrust Law; Corporation Size ; Competitive Process; Consumer Welfare

Application of the Three-Layer Selection and Ranking Method to the Determination of Liability for Personal Information Infringement   Liu Jingjing, Liu Siting / 99

Abstract: Although the tort liability system based on the traditional elements theory has been basically established, the contradiction between the static elements and the diversified social scenarios in the information and digitalization era has been highly criticised, which has led to the questioning of the validity of the 'elements-effect' model. The logical purpose of the 'element-effect' model is to overcome the general provisions of the ethereal and broad, and accurately evaluate the actual law in the social scene, but in the personal information infringement disputes, there are difficult to apply the dilemma. As a new trend in the development of law, the dynamic system theory can make the principles of law hidden behind the legal rules visible, and provide a broad discretionary space for judges to implement value judgement in individual cases. The three-layer selection and ranking method draws on the dynamic system theory to promote the evaluation of the actual law in the social reality of the logical framework from the 'elements - effect' mode to the 'flexible norms + dynamic construction' mode, in order to effectively balance the stability of the law and the variability of the objective life, to achieve the comprehensive protection of personal information infringement. To effectively balance the stability of the law and the variability of the objective life, so as to achieve the comprehensive protection of personal information infringement.

Keywords: Digital Society; Three-Layer Selection and Ranking Method; Dynamic Systems Theory; Personal Information; Tort Liability Determination

Legal Column in Emerging Fields

On the Construction of the Effectiveness System of Data Property Registration

Zhang Long, Dong Qing / 127

Abstract: The effectiveness of data property registration was generated during the initial stage of the construction of the data property registration system. The existence of legislative gaps, significant theoretical research differences, and insufficient supply of supporting institutional norms in the nationwide data property registration effectiveness has caused difficulties in the construction of data property registration effectiveness. The data property registration belongs to the administrative fact confirmation act in administrative actions, and the registration effect is generated by relevant legal provisions. The nature of data property rights is closer to property rights, and the private law construction of the effectiveness of data property registration needs to draw on the relevant rules of the effectiveness of real estate property registration and make corresponding modifications. The effectiveness of data property registration include effectiveness and publicity effectiveness. According to the different entities claiming effectiveness, publicity effectiveness can be further distinguished into credibility effectiveness and adversarial effectiveness. The registration of data property rights adopts the registration effectiveness principle in the establishment, change, circulation, and termination of rights. The guarantee of data property rights is essentially a pledge of rights, established at the time of registration, and registration is a disposal requirement for the rights holder to dispose of the data property rights again if it is not caused by legal acts. Rechtsschein and administrative authority constitute the theoretical basis for the credibility of data property registration. The occurrence of credibility is based on the reasonable trust of the counterparty, that is, good faith, and is judged based on the criteria of not knowing and fulfilling the duty of care to query registered public information. The adjustment of the adversarial effect of data property registration refers to the competitive behavior of data resource utilization. The rights of multiple entities can coexist on the same data, and agreements that prohibit or restrict the disposal of data property rights do not have adversarial effect after registration.

Keywords: Data Property Registration; Registration Effectiveness; Effectiveness; Public Credibility Effectiveness; Adversarial Effectiveness

Research on the Guarantee Rules of Data Assets Under the Background of Digital Economy

Li Tianxin, Kong Dongju / 154

Abstract: Data asset guarantee, as a novel form of guarantee, constitutes a crucial measure for the capitalization of data. Data assets have property attributes, and their own exchange value conforms to the core judgment elements of eligible collaterals. Constrained by the particularities of data, which distinguishes it from traditional properties, and the risks in value realization, among other characteristics, there remains controversy over the selection of specific guarantee methods, and the current relevant rules are in urgent need of improvement. Data asset guarantee can be based on the fundamental principles of guarantee, referring to the guarantee mode of pledge, build and rely on a national integrated data registration institution, implement the registration essentialism and dynamic public announcement mechanism for its practical application. Meanwhile, it is necessary to establish and improve the basic legal system of data asset pledge, establish a unified standard and system for the assessment and recognition of data asset value, and establish a diversified guarantee mechanism for data asset pledge, so as to effectively guarantee the effective exercise of the right of data asset pledge.

Keywords: Data Assets; Guarantee System; Registration Requirements

Research on the Optimal path of Network Platform Governance

Li Junhui, Cheng Baoku / 177

Abstract: There are three modes of internet platform market governance: self-governance, external governance, and "platform-government co-governance." Self-governance is primarily led by platform companies and uses algorithms and other technologies to ensure the smooth operation of the platform market. However, there are moral hazards and market failures associated with the formulation, implementation, supervision of platform rules and technology application. External governance by the government is hindered by regulatory lobbying, regulatory capture, and regulatory evasion, and cannot replace self-governance or overcome moral hazards and market failures. The platform-government co-governance model has limitations because the government's representation of public interests may prevent it from focusing on the vital interests of operators and consumers on the platform, and operators and consumers cannot fully participate in the governance process to express their legal interests. Effective governance of the platform market requires participation from the government, platforms, operators, and consumers in the formulation, implementation, and supervision of platform rules, promoting a healthy and orderly operation of the internet platform market.

Keywords: Internet Platform Market; Platform Market Governance; Market Failure; Moral Hazard

Research on Judicial Practice

On the Principle and Application of Liability for Infringement of Personal Information—A Study Based on Article 69, Paragraph 1, of the Personal Information Protection Law

Chen Yu, Zeng Rongyu / 205

Abstract: In 2021, the "Personal Information Protection Law of the People's Republic of China" was promulgated and implemented, in which Article 69, paragraph 1, clearly stipulates the principle of liability for the application of presumed fault liability to civil liability for personal information infringement, which promotes the development of China's personal information protection legal system. However, in the specific application of this law, there are still problems such as insufficient judicial attention to the principle of liability for personal information infringement, confused application, weak ability of right holders to prove subjective faults of network service providers, and high loss rate. Meanwhile, there are also disputes in the theoretical circle over the principle of liability for personal information infringement. Based on this, it is necessary to distinguish and define the processors of personal information, construct a "new three-way imputation system" of the imputation principle of personal information infringement, and pay attention to the normalization and unity of the application of the imputation principle of personal information infringement in judicial practice, so as to promote the continuous improvement of the legal system of personal information right protection in China and promote the realization of social fairness and justice.

Keywords: Personal Information Protection; Liability for Tort; Three-Way Accountability System

The Difficulties and Solutions to the Implementation of Right to Refuse Automated-decision in Intelligent Adjudication
Xing Hetong, Du Meixin / 226

Abstract: AI-based intelligent adjudication involves the processing of personal information and algorithmic automated decision-making, entailing relevant legal risks. Given that the right to refuse automated decision-making under the Personal Information Protection Law is not only grounded in constitutional protections for digital human rights but also safeguards judicial fairness and credibility, it is imperative to permit litigants to exercise this right in intelligent adjudication scenarios. However, the operationalization of this right faces three principal challenges: ambiguous eligibility criteria for its invocation, procedural discontinuities in enforcement mechanisms, and inadequate institutional safeguards. Drawing upon a jurisprudential analysis of digital governance and comparative insights from transnational legal frameworks, this study proposes that the Supreme People's Court formulate the Procedural Rules for AI-Assisted Adjudication in People's Courts. Specifically, the framework should: (1) clarify eligibility criteria for invoking the right to refuse automated decisions; (2) establish procedurally coherent AI adjudication mechanisms; (3) grant limited appellate rights to data subjects; and (4) enhance judicial liability regimes for violations of automated decision refusal rights. This institutional approach aims to resolve implementation barriers by codifying application rules and instituting procedural safeguards for automated decision refusal rights in judicial contexts.

Keywords: Intelligent Trial; Automated-Decision; Right to Refuse Automated-Decision; Digital Human Rights

On the "Three-Dimensional Positioning" Data Rights Confirmation Method Based on Data Attributes
Chen Fu / 244

Abstract: Currently, there is no consensus within the industry regarding the attribute of data rights, and there are no stipulations in the effective laws of our country as to what type of rights data pertains to. As a result, it is difficult to confirm data rights in practice. This paper, by studying the current state of data rights determination and related theories, and through an in-depth analysis of the attributes of data, proposes a "three-dimensional positioning" method for data rights determination. This method accurately locates the use, type, and ownership of data through three dimensions: scenario (X-axis), phase (Y-axis), and identity (Z-axis), thereby addressing industry challenges such as unclear data ownership and irregular data transaction practices.

Keywords: Data Rights Confirmation; Data Attributes; Personal Rights of Data; Property Rights of Data; Data Essentials

Conference Summary

High-Level Legal Framework Safeguards and Promotes High-Quality Development of Low-Altitude Economy: A Review of the Legal Salon on Innovation and Safety in Low-Altitude Economy Chen Bing, Hu Yifan / 265

Abstract: Low-altitude economy is a new comprehensive economic form spawned by new quality productive forces, with low-altitude flight activities at its core. The Third Plenary Session of the 20th CPC Central Committee explicitly proposed to expedite the formation of production relations better aligned with new quality productive forces and promote the convergence of various advanced production factors toward developing such forces. The low-altitude economy has been identified as a crucial domain for China's future growth. However, with the rapid development of low-altitude economic industries including drones and general aviation, issues such as legal regulations, airspace management, privacy protection, and safety oversight have become increasingly prominent. There is an urgent need to establish an integrated and coordinated system encompassing technical standards, scientific ethics, business ethics, industrial policies, and legal regulations. This requires the combined application of both soft and hard laws, emphasizing categorized and tiered approaches while focusing on scenario-based governance through high-level autonomous legal practices. At present, there is no experience to develop low-altitude economy, China must adopt a problem- and objective-driven approach. While consolidating safety baselines, the country should prudently and orderly advance the airworthiness and stable operation of low-altitude economy.

Keywords: Low-Altitude Economy; High-Quality Development; Safety Baselines; High-Level Legal Framework

约稿函

  《数字经济与法治》是南开大学竞争法研究中心主办的以数字经济与法治发展前沿为主题的学术集刊，由社会科学文献出版社周期出版，一年两辑。

  本集刊以中国为观照、以时代为观照，立足中国实际，解决中国问题，面向全球与未来，聚焦世界数字经济与法治领域研究前沿，关注多维度、多学科、多规则、多工具下的理论认知与实践经验，致力于对数字经济发展及数字经济法治化展开全面、系统、前沿研究，推进数字中国建设的整体性、系统性、协同性，总结数字经济与法治共益发展的实践规律，推动具有新时代特征、立足新发展格局的中国数字法学学科体系、学术体系、话语体系的建设与完善。

  《数字经济与法治》现面向国内外学术界和实务界公开征稿，诚邀各界人士不吝赐稿！

一　征稿范围

  包括但不限于以下相关主题：

1. 数字经济发展与中国式现代化建设。

2. 数字中国建设的基础理论与法治前沿。

3. 数字经济与法治共益发展的基础理论与实践。

4. 数字经济发展中要素治理的理论与实践。

5. 数字经济竞争与治理中的国际合作。

6. 数字经济、数字政府、数字社会治理的前沿问题。

7. 数字司法、数字检察、数字监管中的理论与实践。

二 栏目设置

(一) 名家观点

本栏目将邀请权威知名专家学者，刊登其在数字经济领域具有基础性、创新性的文章、笔谈等。

(二) 数字法治专题

本栏目将定期总结归纳数字经济与法治领域的核心问题，包括但不限于数据、算法、人工智能等前沿热点问题，鼓励师生围绕上述问题以多元视角展开剖析与说理，以达到准确把握、精确分析，最终有效解决问题的目的。

(三) 国际视野

本栏目旨在及时反映国际数字经济与法治发展动态，认真研究现有国际规则，遵循国际法治发展规律，引进国际经验，对接国际市场，借助国际法治的预见性、稳定性和强制性，为数字经济与法治发展创造新机遇。

（四）实务研究

法律实务是推动法治进程的重要元素，法律工作者在实践中办理案件的经验则是法学发展不可或缺的宝贵资源。本栏目旨在集合法律实务人员的智慧，以期为法学理论提供源源不断的经验支撑。

（五）青年沙龙

本栏目为青年学者积极搭建平台，促进数字经济与法治学脉学统和优良学风的薪火相传，助力数字经济与法治的健康持续发展。

三　原创性要求

投稿论文原则上要求未公开发表在其他正式出版物上，作者应确保论文的原创性和前沿性，符合学术规范。所载文章，均由作者授予自发表之日起一年的专有使用权。刊稿仅反映作者个人观点，不代表主办单位的立场。

四　格式要求

（一）文稿体例

文稿由题目、摘要、关键词、正文和注释构成。需同时提供英文版的题目、摘要和关键词。摘要在300字左右；关键词3~6个。稿件字数一般不少于1.5万字。正文采用宋体、五号字，首行缩进2个字符，1.5倍行距。

（二）基金项目

如果文稿得到基金项目的资助，请在首页脚注中标明资助背景，包括基金项目的类别、名称、批准号，感谢语尽量简化。

（三）作者简介

文稿应在文章首页脚注中按如下顺序标明作者信息：姓名、单位、职称（职务）、研究方向等。作者通常仅标明所在单位及技术职务，同一作者原则上只标明1个工作单位，最多不超过2个。作者的联系地址、邮编、联系电话、电子信箱等内容放在文末单独附页，不作为文章内容，为方便联系作者使用，应单独统计。

（四）各级标题

文稿标题应层次分明，标题前的数字按不同级别依次使用。文内体例顺序一般采用：一、（一）、1.、（1）、①、A.、a.。其中：标题一的样式采用四号字、黑体，首行缩进2个字符；标题二的样式采用小四号字、宋体、加粗，首行缩进2个字符；标题三以下的标题采用五号字、宋体，首行缩进2个字符。

（五）注释体例

参见《社会科学文献出版社编辑工作手册》。

五　投稿方式

本集刊采用电子邮箱投稿。

投稿邮箱：szjjfz@ nankai. edu. cn。

作者需提交 Word 版本和 PDF 版本稿件各一份。编辑部将对论文进行初步审核，初审不超过 15 个工作日，初审通过后，将对稿件进行外审，根据外审意见，提交编辑委员会决定是否录用，整个审稿周期不超过 45 个工作日。本集刊不收取审稿费、版面费等任何费用。

《数字经济与法治》编辑部

图书在版编目（CIP）数据

数字经济与法治 . 2025 年 . 第 1 辑：总第 4 辑 / 陈兵
主编 . --北京：社会科学文献出版社，2025.5.
ISBN 978-7-5228-5246-1

Ⅰ.F492-55；D922.174-55

中国国家版本馆 CIP 数据核字第 2025H9V651 号

数字经济与法治 2025 年第 1 辑（总第 4 辑）

主　　编／陈　兵

出 版 人／冀祥德
组稿编辑／任文武
责任编辑／郭　峰
文稿编辑／白　银
责任印制／岳　阳

出　　版／社会科学文献出版社·生态文明分社（010）59367143
　　　　　地址：北京市北三环中路甲 29 号院华龙大厦　邮编：100029
　　　　　网址：www.ssap.com.cn
发　　行／社会科学文献出版社（010）59367028
印　　装／三河市龙林印务有限公司

规　　格／开本：787mm×1092mm　1/16
　　　　　印张：18.25　字数：302 千字
版　　次／2025 年 5 月第 1 版　2025 年 5 月第 1 次印刷
书　　号／ISBN 978-7-5228-5246-1
定　　价／88.00 元

读者服务电话：4008918866

▲ 版权所有 翻印必究